英語のスタイル
教えるための文体論入門

STYLISTICS FOR ENGLISH LEARNERS
MASANORI TOYOTA / MASAHIRO HORI / OSAMU IMAHAYASHI

編著 豊田昌倫
　　 堀　正広
　　 今林　修

はしがき

　本書の目的は、言語学と文学研究の境界領域に位置し、両者の架け橋である文体論の観点から、英語教育、特に、英語の4技能(聞く、話す、読む、書く)の修得や教授において有益と思われる文体論の知見を提供することにあります。英語教育における文体論の専門的な概説書というよりはむしろ、わかりやすく書かれた入門書として企画されていますので、文体論になじみのない方々にも、文体分析や文体論に興味を持っていただける内容になっています。

　対象は、中学校、高等学校、大学などの英語教師、ならびに大学で開講されている「英語入門」、「英語学入門」、「英語文体論入門」のような教養もしくは専門における入門科目の受講生を念頭に置いています。

　本書の特徴でもあり、また、執筆者が始終意識しながら執筆しました点は、以下の通りです。

(1) できるだけ専門的な用語は使わないで、理論より実践面を重視する。
(2) 英語の4技能を念頭に、会話(リスニング・スピーチ)編、読解(リーディング)編、英作文(ライティング)編に分けて、中学校、高等学校、大学での授業・講義・演習で役立つように構成する。
(3) 英語文体論の入門書として、授業や講義でテクストや参考書として使用することができるよう配慮する。

　本書の出発点について少しだけ触れさせていただきます。2015年5月24日に立正大学で開催されました日本英文学会第87回大会のシンポジウム「文体論に基づく英語教育再興」(司会・コメンテーター　豊田昌倫、講師　中川憲、菊池繁夫、堀正広、斎藤兆史)が、本書の起源です。文体論の知見から現行の英語教育を問い直すことをテーマとしたシンポジウムでした。このシンポジウムは、聴衆の数が多いだけでなく、北は北海道から南は九州まで、大学の教員のみならず、学生、院生、そして、中学校、高等学校の教師など実に様々な人が参加し、有り難いことに好評でした。この結果に勇気づ

けられて、シンポジウムの目的に沿った「文体論から英語教育への貢献」を趣旨とした企画本を出版しようという構想が持ち上がりました。

　このシンポジウムの背景には、今日の英語教育では「英語」より「教育」が先走り、英語科内容学が軽視されていることへの不安や不満や不信を払拭しようという意気込みがあったように思います。英語教育にとって「英語」と「教育」は車の両輪のように等しく同じ方向に同じだけ進んでいかなくてはなりません。教え方を議論するのも結構ですが、英語のスタイルに注目してもっと英語そのものを大切に扱うと、今までとは違った新しい英語教育が展開できるのではないでしょうか。是非、英語の扱い方をそれぞれの分野のスタイル分析の達人から学んでください。どの章から読んでいただいても、内容がわかるようになっていますから、興味関心のある分野から読み始めていただいて構いません。

　教える側が今までは意識せずにいたスタイルについて意識し、さらにそれを学ぶ側に気づかせることで、学校や大学での授業や講義内容に変化が生まれるでしょう。そして、文体論の基礎を理解することによって、英語の4技能の修得や教授に進歩と発展が見られることを心より願っています。

　最後になりましたが、企画・立案より出版に至るまで、時には厳しく、しかし常に辛抱強く編集の作業を懇切丁寧に支えていただきました研究社編集部の津田正氏と煩雑な校正と索引作成にご尽力いただきました高野渉氏に、末筆ながらここに衷心より感謝申し上げます。

　　2017年1月

　　　　　　　　　　　　　　　　　　　　　　　　　　　　今林　修

目次

はしがき　今林　修　iii

I　はじめに　　　　　　　　　　　　　　　　　　　　　　　　　1

第1章　スタイル（文体）とは何か　　　　　　　　　豊田　昌倫　2

1　はじめに 2
2　スタイルとは 3
3　スタイルと文体 4
4　ヘッドラインのスタイル 5
5　選択とスタイル 8
6　おわりに 11

第2章　スタイル（文体）から英語学習を見直したい　　　今林　修　13

1　はじめに 13
2　鍵となる表現 14
3　単語の頻度数 16
4　繰り返し 17
5　選択と一貫性 18
6　物理的特徴と文体的特徴 19
7　連続する語の頻度数 20
8　修辞法と文体論 21
9　一貫性の欠如 22
10　作者エリック・カールかく語りき 22
11　おわりに 23

II　基礎編　　　　　　　　　　　　　　　　　　　　　　　　　25

第3章　音にはスタイルがある　　　　　　　　　　　豊田　昌倫　26

1　はじめに 26
2　音への「気づき」..... 27
3　骨格は子音 29
4　語頭と語末の /t/ 30
5　声門閉鎖音 32
6　異音としての [ʔ] 33
7　おわりに 35

第4章　語の選択とレジスター　　　　　　　　　　　野村　恵造　37

1　言葉を選ぶ 37
2　プラスイメージの語とマイナスイメージの語 38
3　堅い英語とくだけた英語 40
4　「単語を知っている」とは？..... 46

第5章　コロケーションとスタイルと英語学習　　　　堀　正広　48

1　はじめに 48
2　コロケーションとは何か 48
3　コロケーションと文法 49
4　コロケーション学習の重要性 52
5　コロケーションとスタイル 53
6　コロケーションと文学の言語 56
7　さいごに 59

第6章　文のスタイル　　　　　　　　　　　　　　　　　　　　菊池　繁夫　60

1　はじめに 60
2　能動態から受動態へ 60
3　態の選択と「聞き手が知っている事柄」 61
4　効果的な文章を味わってみる 65
5　効果的な文章を書いてみる 68
6　まとめ 69

III　会話（リスニング・スピーチ）編　　　　　　　　　　　　　　　71

第7章　会話の英語とは　　　　　　　　　　　　　　　　　　　豊田　昌倫　72

1　はじめに 72
2　会話の位置づけ 73
3　「実用会話」と「日常会話」 74
4　リラクゼーション 76
5　おわりに 86

第8章　会話のスタイル　　　　　　　　　　　　　　　　　　　山﨑　のぞみ　87

1　はじめに 87
2　ターンテイキング──ターンを交替する 89
3　相づち──聞き手としての役割 92
4　現実の会話──ターンテイキングと相づちのスタイル 95
5　おわりに 100

第9章　丁寧さのスタイル（ポライトネス）──アリスとハリーのおしゃべりに注目して　　椎名　美智　102

1　はじめに 102
2　距離感を示す「ポライトネス」について 103
3　人間関係を構築する「呼びかけ語」 104
4　呼びかけ語から見るアリスのネットワーク 105
5　呼びかけ語から見るハリーのネットワーク 108
6　おわりに 113

第10章　スピーチのスタイル　　　　　　　　　　　　　　　　　瀬良　晴子　115

1　はじめに──スピーチのスタイルから学べること 115
2　演説と修辞学についての文化的背景の違い 116
3　効果的な言葉の技法 118
4　声について──大きさ、話す速さ 120
5　わかりやすさ比較──演説原稿を用いて 123
6　おわりに 124

第11章　映画で学ぶ会話のスタイル　　　　　　　　　　　　　山口　美知代　127

1　映画の会話とスタイル──『アナと雪の女王』 127
2　フォーマルなスタイル──『ローマの休日』 129
3　古めかしいスタイル──『ダーク・シャドウ』 131
4　インフォーマルなスタイル──『ベイマックス』 133
5　スタイルと社会言語学的特徴 135

IV　読解（リーディング）編　139

第12章　文体に注意を払って読むとは　　阿部　公彦　140
1. 小説を上手に読むために 140
2. ジョージ・エリオット『ミドルマーチ』の言語術 141
3. 長文の使い方 143
4. 一般論の使い方 145
5. 人物を登場させる 148

第13章　学習者用読み物 (graded readers) のスタイル　　魚住　香子　154
1. graded readers (GR) とは？ 154
2. GR とバリエーション 156
3. GR における描写場面 161
4. GR における authenticity 164

第14章　新聞・雑誌のスタイル　　高見　敏子　166
1. はじめに 166
2. 見出し (headline) の特徴 166
3. 雑誌 *TIME* の英語――"Timese" 170
4. 英国の新聞――大衆紙と高級紙 173
5. おわりに 176

第15章　小説のスタイルをどう教えるか　　佐々木　徹　178
1. はじめに 178
2. テクストの語り手 179
3. 「殺し屋たち」の分析――語り手による読者の誘導 180
4. 誰の言葉か？　誰の意識か？ 184
5. 「殺し屋たち」の分析――自由間接文体 186
6. おわりに――小説を味読する 188

第16章　詩のスタイルをどう教えるか　　中川　憲　191
1. はじめに 191
2. 英詩のリズムと韻律 192
3. 韻 (rhyme) 197
4. ヤーコブソンの詩的機能 197
5. 「水仙」に見られるこだま式押韻 200
6. 音の等価性（鏡像関係をなす音）..... 202
7. 意味の等価性 203
8. おわりに 205

V　英作文（ライティング）編　207

第17章　英作文とスタイル　　富岡　龍明　208
1. はじめに 208
2. 柔らかい表現 vs. 堅い表現 209
3. 簡潔で無駄のない表現 213
4. 語句や文の適切な配列 217
5. おわりに 221

第18章 e-mail のスタイル　　　奥 聡一郎　223

1. e-mail とは 223
2. e-mail と letter 224
3. 携帯端末（スマートフォン）での e-mail 227
4. e-mail のスタイルを分析する 229
5. さいごに 233

第19章 アカデミック・ライティングとは　　　竹下 裕俊・堀 正広　235

1. はじめに 235
2. good writing としてのアカデミック・ライティングのスタイル 236
3. 研究論文としてのアカデミック・ライティングのスタイル 240
4. さいごに 250

第20章 科学論文のスタイル　　　野口 ジュディー　252

1. 科学論文とは？ 252
2. 科学論文のスタイルの特徴を ESP の観点から捉える 253
3. コーパス活用の勧め 256
4. 典型的な論文要旨のムーブ・パターンと表現 258
5. 結び 259

第21章 創作英作文——理論と実践　　　斎藤 兆史　261

1. 外国語としての英語の学習者に創作は無理なのか 261
2. 創作文体論とは 262
3. 創作実践 264
4. 教育実践 268
5. 学習者レベルに合った創作英作文 274

読書案内　　　今林 修　277

1. はじめに 277
2. 英語文体論に関する日本語で書かれた基本的文献 277
3. 英語文体論に関する英語で書かれた基本的文献 283
4. 英語文体論に関する英語で書かれた重要文献リスト 285

索　引　288
執筆者一覧　294

I

はじめに

第1章

スタイル(文体)とは何か

豊田　昌倫

1　はじめに

　いつも利用する電鉄系のバスでは最近、英語のアナウンスをするようになりました。国際高等学校が近くにあって、生徒をはじめ外国人利用者のための放送なのでしょう。停留所が近づくと、

　（1）Please get off at the next stop.

とテープの声が流れます。とても丁寧な表現と口調で、日本語の「次のバス停で下車してください」の英訳かもしれない、などと考えているうちに思い出したのが、ロンドン市内バスのアナウンスです。

　（2）This is Percy Street. *Alight* here for the British Museum.

なんと、命令文の *Alight* here! 何よりも動詞 Alight を聞いて、一瞬、耳を疑いました。というのは、まず思い浮かべたのが、19世紀前半に出版されたトマス・ドゥ・クウィンシー(Thomas de Quincey)『英国阿片常用者の告白』のある場面だったからです。原文をお見せしましょう。

　（3）I found that we had reached Maidenhead—six or seven miles, I think, a-head of Salt-hill. Here I *alighted:* and for the half minute that the Mail stopped, I was entreated by my friendly companion . . . to go to bed without delay. (*Confessions of an English Opium-Eater*)[1]

---

[1] De Quincey, T. (2003 [1821]) *Confessions of an English Opium-Eater and Other Writings.* London: Penguin, 33.

主人公がロンドンからブリストルへ向かう乗合郵便馬車 (Mail Coach) から下車するときの描写です。この小説を初めて読んだテクストの 'Introduction' では、大塚高信博士が「『夕闇に咽び泣く胡弓の音のやうに深い哀感の流れ』ゆえにか、吾國では昔から英學者に親しまれて來た」[2] と紹介されていました。

Oxford Advanced Learner's Dictionary は、alight に 'to get out of a bus, a train or other vehicle' の語義を与えています。ただ、用法ラベルは '*formal or literary*' とありますので、フォーマルで文語体の語が、現在のロンドンでは、ごく日常的なアナウンスメントに使われている、ということになります。乗り物は21世紀の新型「ルートマスター」でありながら、英語は19世紀の古色蒼然たる馬車にふわしい alight. さすが、古き伝統を誇る英国ならではの言語事情です。

2　スタイルとは

英語学者のジェフリー・N・リーチ (Geoffrey N. Leech) は、

(4) The bus we got on was the one he'd *got off*.
(5) The bus which we boarded was that from which he had *alighted*.[3]

について、口語的な (4) に対して、(5) は文語的で「おおげさな」(pompous) 文、と述べています。その根拠として関係代名詞、縮約形、文末での前置詞の有無などが挙げられていますが、重要なのは語彙の get on と board, get off と alight の対比でしょう。(4) を標準的で基本的な文とすれば、(5) はフォーマルで文語的、もったいぶった変種と考えられます。このような表現の様式をスタイルと呼びます。したがって、(5) は「おおげさなスタイル」とか「古風なスタイル」の文といえるでしょう。

2　大塚高信（編）(1956 [1949]) *Confessions of an English Opium-Eater.* 大阪：大阪教育図書, Introduction.
3　Leech, G. N. (1969) *A Linguistic Guide to English Poetry.* London & Harlow: Longmans, 10.

ところで、英国の鉄道用語では、フォーマルな表現が珍しくないようです。地下鉄でのアナウンスメントでは、形式ばった

(6) This train *terminates* at Edgware.

が聞かれますし、鉄道では car（客車）を accommodation, guard（車掌）を senior conductor, ticket（切符）を travel document と呼ぶことがあります。first class *accommodation* は「第一級の宿泊設備」ではなく、列車の「一等車」のこと。注意が必要です。Railspeak（鉄道用語）[4] と称される語彙は、官僚的なお役所仕事に関連があるのではないでしょうか。英国鉄道（British Rail）が民営化された今でも、大きな変化は見られないようです。

3　スタイルと文体

　これまでスタイルという語を用いてきましたが、英語の style は文体と訳されるのが普通です。stylistics は文体論となり、書き言葉の文体を研究の対象としてきました。これは訳語上の制約とともに、style が *stilus*（ラテン語で文字を書くための尖筆）という語源に由来していますので、例えば、「サリンジャーの文体」「村上春樹の文体」など、文学作品を中心とする文のスタイル論が、stylistics の主要な研究分野と考えられてきました。また、ピエール・ギロー（Pièrre Guiraud）は古典的な『文体論』(1959) で、スタイルを「文章の書きかたであり、作家が文学的な目標のためにいろいろの表現手段をつかって作品にまとめあげるやりかた」[5] と定義しています。このようにスタイルを「文章の書きかた」ないし文章の様式と解するのが、スタイル論の通則のようです。

　なお、文体という語のイメージを思い浮かべるには、次の多和田葉子氏による説明が参考になります。「人間だけではなくて、言語にもからだがあ

4　Rees, N. (1994) *The Politically Correct Phrasebook*. London: Bloomsbury, 119.

5　ギロー, ピエール (1995 [1959])『文体論：ことばのスタイル』(佐藤信夫訳) 東京：白水社, 13. (Guiraud, P. (1972 [1955]) *La stylistique*. Paris: Presses universitaires de France, 11.)

る、と言う時、わたしは一番、興奮を覚える。日本語にも、たとえば、文章のからだ、『文体』という言葉がある。文章はある意味を伝達するだけではなく、からだがあり、からだには、体温や姿勢や病気や癖や個性がある。つまり言語にも生きたからだがあり、意味内容だけに還元してしまうことはできない」[6]。

　他方、書き言葉以外のスタイルも忘れられたわけではありません。外山滋比古氏はすでに『日本語の感覚』(1975) の中で、文体に対して「話体」(話し言葉のスタイル) という語を用いられています[7]。また、近年改訂された多くの国語辞典は、「話体」を見出し語に採用して、「話し言葉特有の語や表現形式」などと定義しています。具体的には、スピーチや会話など音声による言葉のスタイルを指すのでしょう。

　しかし、残念ながら、この用語の使用は少数派に限られて、今のところ、一般には広まっていないのが実情です。ただ、スタイルを部門に下位区分して、文、語そして音を対象とした場合、語の文体とか音の文体では意味をなしません。したがって、この場合は「語のスタイル」とか「音のスタイル」と言わざるをえないようです。そこで、本章では「話し言葉と書き言葉の様式」の意味で、また包括的な用語として、スタイルを用いることにしました。次の項目で扱う新聞英語や広告など視覚を重視するテクストに関しては、スタイルが最も適切な用語となりそうです。

4　ヘッドラインのスタイル

　2011年8月上旬、ロンドン市内で暴動が発生。——この事件は日本でも「ロンドン燃ゆ」として大きく報道されました。現地では炎に包まれる首都の様子が連日テレビで放映され、私が滞在していたホテルに近いボーダフォンのショップにも、投石により破壊された跡が残り、不穏な数日を過ごしました。青年層失業率の増加、前年に解禁された大学授業料の値上げ、不法移民による治安の悪化など、暴動へ向かう潜在的な要素が、1つの発砲事件をきっかけに火を噴いたのでしょう。

---

[6] 多和田葉子 (2003)『エクソフォニー：母語の外へ出る旅』東京：岩波書店, 178.
[7] 外山滋比古 (1975)『日本語の感覚』東京：中央公論社, 34–43.

8月9日付の新聞各紙の見出しを御覧ください。

(7) ANARCHY (*The Sun*)
(8) YOB RULE (*Daily Mirror*)
(9) ANARCHY IN THE UK (*Daily Star*)
(10) THE ANARCHY SPREADS (*Daily Mail*)
(11) Mob rule (*The Independent*)
(12) Mobs rule as police surrender streets (*The Times*)
(13) Cameron flies back from holiday to tackle crisis as riots spread through London (*Financial Times*)

いずれも朝刊の第1面に掲載されたヘッドライン。とりわけ、黄色に燃え立つ炎の中、建物の4階から飛び降りる女性の黒いシルエットを写した *Daily Mirror* と *The Times* の紙面は衝撃的で、今なお脳裏から消えることはありません。

さて、上のヘッドラインにはそれぞれ特徴があり、どれも個性的であるのが一目瞭然です。例えば、(7) では ANARCHY の1語であるのに対して、(9) では in the UK を加えて、ANARCHY が全土に広がったとの印象を与えます[8]。対照的なのは、(13) の経済専門紙 *Financial Times* で、トップ記事にはアメリカにおける株価の急落が選ばれ、ロンドンの暴動は1面の最下段で小さく掲載されているにすぎません。中立性と横並びが好まれる日本の新聞とは異なり、各紙に見られる個性的なスタイルには目を見張ります。

以上7紙のレイアウト、活字、動作主、語数について、次の表にまとめてみました。

---

8 ANARCHY IN THE UK には、英パンクロック・グループ「セックス・ピストルズ」(Sex Pistols) が、1976年にリリースして一世を風靡した同名のソングがあり、大衆紙ならではのひときわ際立つヘッドラインになっています。

表1　ヘッドラインの構成

新聞名	レイアウト	活字	動作主	語数
(7) *The Sun*	全部	大	ANARCHY	1
(8) *Daily Mirror*	全部	大	YOB	2
(9) *Daily Star*	全部	大	ANARCHY	4
(10) *Daily Mail*	全部	大	THE ANARCHY	3
(11) *The Independent*	全部	小	Mob	2
(12) *The Times*	全部	小	Mobs / police	6
(13) *Financial Times*	一部	小	Cameron / riots	13

　レイアウトは第1面の「全部」か「一部」か、また活字は文頭を除いて「大」文字か「小」文字か、などの対比を示してあります。全紙が異なる構成素をもつところから、ヘッドラインの多様性が裏書きされるでしょう。また、活字では4紙が白抜きの特大フォントを採用し、最も大きいのが (7) の *Sun* 紙。ANARCHY がタブロイド版の1行を埋めつくしています。

　動作主ないし事件への参加者に関しては、1. (THE) ANARCY, 2. YOB, Mob(s), riots, 3. police, Cameron の3つのタイプに区分できます。目を引くのは、(8) の YOB と (13) の Cameron です。yob は boy の逆つづり語で、隠語ないし俗語のレベル。このようにセンセーショナルな関心を引く語から、対象となる読者層が容易に想像されるでしょう。(13) は暴動の描写を as 以降の従属節に遅らせて、キャメロン首相の動静に焦点を合わせる独特のヘッドラインです。事件から距離をおいて、冷静に報道しようとする姿勢がうかがえる書き方です。

　同一事件に関する報道の仕方がこのように異なり、スタイルの多様性を見せるのは、英国社会に抜きがたく潜む階級意識の反映ともいえるでしょう。事実、「大衆紙」の (7), (8), (9), (10) ではすべて大文字が使用され、視覚に訴える報道姿勢の一端をうかがわせます。ANARCHY は3種の大衆紙に採用され、他方、「高級紙」と目される (11), (12), (13) では、より穏健な書き手の態度が見てとれます。象徴的なのは (8) の *YOB* RULE と (11) の *Mob* rule の対比でしょう。標準語から俗語に至る同義語の中から YOB や Mob など特定の語を選ぶこと。こうした複数の変種ないし可能性からの選択が、表現のスタイルを生み出す契機になります。

5 選択とスタイル

5.1 Pardon?

次に、同義表現から選択される例として、相手の言葉を聞きもらしたときの「なんですか」に相当する言い方を考えてみます。よく知られている例は、Pardon? と What?. この 2 語をめぐって、英国ではすでに 1950 年代から議論されてきました。言語学者アラン・S・C・ロス (Alan S. C. Ross) は、1954 年に発表した論文「U とノン U」('U and Non-U') の中で、U (上流階級 (upper class)) と non-U (それ以外の階級) の英語をこの二分法で説明しています。「Pardon? は non-U が使う語で、U は What? と言う」とロスは述べています[9]。

この論文を収めた Penguin 版 *Noblesse Oblige* の出版 (1956) 以降、上流志向の中産階級が Pardon? を避けるようになってきました。今にして思えば、学生時代に英国人教師から、聞きなおすときには Sorry? を使うように、と教わったのは、Pardon? を避けるための方策だったのかもしれません。となると、What? Pardon? Sorry? という 3 つの選択肢が考えられますが、現在、第 4 の可能性があることを知りました。2 つの説をご紹介しましょう。

まず、批評家のテリー・イーグルトン (Terry Eagleton) は、『アメリカ的、イギリス的』(2014) の中で、次のように述べています。

(14) What?　　（上流階級）
　　　Sorry?　　（中産階級）
　　　Pardon?　（下層中産階級）
　　　Aye?　　　（労働者階級）[10]

Aye? はイングランドというよりも、アイルランドなどの地方方言のように

---

[9] この論文は Mitford, N. (ed.) (1956) *Noblesse Oblige*. Harmondsworth: Penguin, 9–31 に収められています。Pardon? と What? については、p. 27, 'Pardon!' の項目参照。

[10] イーグルトン, テリー (2014)『アメリカ的、イギリス的』(大橋洋一・吉岡範武訳) 東京：河出書房新社, 32. (Eagleton, T. (2013) *Across the Pond: An Englishman's View of America*. New York: Norton, 17)

思われるのですが。

　第2の説では、労働者階級は上流階級と同じ What? を使用するが、発音の仕方が異なる、とされています。すなわち、社会人類学者ケイト・フォックス (Kate Fox) の *Watching the English* (2014) では、U と non-U はいずれも What? と言うが、労働者階級は「t を落として」Wha'? と発音する[11]と説明されています。Wha'? は語末の t を「落とす」というよりも、最近はやりの声門閉鎖音を用いる「ウォッ」に近い発音を指すのでしょう。となると、フォックスによれば、現在の英国においては、

(15)　　What?　　（上流階級）
　　　　Sorry?　　（上層中産階級）
　　　　Pardon?　 （中層中産、下層中産階級）
　　　　Wha'?　　 （労働者階級）

という、社会層と関連する4つの選択肢があることになります。

　これは特定の表現から、話し手や書き手の身元、とりわけ階級を識別できるという発想です。このようにスタイルは、「個人の特徴」ないし「身元証明」(identification) の意味で使われることもあります。

　なお、われわれ外国人が話すときには、両極端の What? や Wha'?, あるいは Aye? を避けて、Sorry? か Pardon? でいいと思います。ただ、フォックス は Pardon? を言葉による「7つの大罪」(Seven Deadly Sins) の1つに挙げていますので、英国では Sorry? を使うほうが無難かもしれません。実際の用法を観察して、選択とその社会的な背景を考えるのも一興です。

5.2　indisposed

　観察の一例を永遠の名画『ローマの休日』(*Roman Holiday*, 1953) からとってみましょう。オードリー・ヘップバーン (Audrey Hepburn) 扮する王女が、ホテルを抜け出して、お忍びで新聞記者のジョーと「休日」を過ごし、彼のアパートで1泊した後、大使の待つ滞在先に帰ってきたシーンです。

11　Fox, K. (2014) *Watching the English*, 2nd ed. London: Hodder & Stoughton, 105–106.

(16) Ambassador: Your Royal Highness...twenty-four hours...they can't all be blank.
　　　Ann: They are not.
　　　Ambassador: But what explanation am I to offer Their Majesties?
　　　Ann: I was *indisposed*. I am better.

「空白」の24時間について詰問する大使、それに対する王女アンの応答は、I was *indisposed*. 「具合が悪い」を意味する他の同義語、ill, sick, unwell などを使ってもいいところですが、選ばれたのは indisposed でした。本来語 ill, sick, unwell のもつ具体性に対する外来語 indisposed の抽象性、本来語に対する外来語が暗示するよそよそしさ、そのコントラストは明白でしょう。それどころか、この indisposed からは、大使に対する反感、いや敵意さえ伝わってくるように思われます。
　こうした語彙の意味特性をさらに補強するのが、王女アンの声、音のスタイルです。最後の2つの文は大略、

(16–1) I was indis‚posed. I am ‚better.

のように聞こえます。いずれも下降調で発音されていますが、ピッチが中位から低位に下降する「低下降調」(low fall) であることに注意ておきましょう。次に示す (16–2) は、これに対して、高位から低位に下降する「高下降調」(high fall) です。

(16–2) I was indisˋposed. I am ˋbetter.

いずれの下降調も文とメッセージの完結を意味しますが、ピッチの差異は、どのような話者の態度を伝達するのでしょうか。
　音声学者のJ・C・ウェルズ (Wells) は、2つの音調の差異は「感情的関与の度合い」による、と説明しています[12]。すなわち、高下降調は「関心」

12　ウェルズ, J. C. (2009)『英語のイントネーション』(長瀬慶來監訳) 東京：研究社, 326–27. (Wells, J. C. (2006) *English Intonation: An Introduction*, Cambridge: Cambridge University Press, 218)

「興奮」「感情」「関与」の度合いの高さを示し、一方、低下降調は低さを含意する、というわけです。卑近な例を挙げますと、例えば、学生のレポートの評価として "Good" と書かれていると、文字の上ではおよそ60パーセントの達成度で「良」、"Excellent" は80パーセント程度の達成度で「優」を意味します。

しかし、口頭で伝えるとなると、その評価はピッチの取り方によって大きく変動することになります。つまり、Good は低下降調であれば、ほぼ60パーセントですが、母音をゆっくり引きのばして発音し、明確な高下降調を使えば、80パーセント近くにまで上昇させることも可能です。逆に、Excellent が低下降調で発音されれば、評価はかなり下落するかもわかりません。このように句や節の中で最も重要な強勢、すなわち、核強勢 (nuclear stress) をもつ語のピッチの高低は、話者の選択に任されており、その選択は音のスタイルを生み出します。

V・J・クック (Cook) は、教育的観点から高下降調と低下降調の対比を簡略化して、前者を 'polite and friendly', 後者を '(very) cold and reserved' と解説しています[13]。会話における話者の人間関係は本来、'polite and friendly' であるべきでなので、高下降調が基準となり、低下降調は逸脱したイントネーションであることがわかります。

話を『ローマの休日』に戻しましょう。公の場面では決まり文句や距離をおいた低下降調で話す王女も、ジョーとの「休日」では、髪をショートに刈り込み、恋する1人の女性に変身して、見違えるように生気を取り戻し、声のピッチも高くなります。最後の記者会見で、実はジョーが新聞記者であることを知ったアン王女。揺れ動く「王女のスタイル」と「アンのスタイル」は、見る人の心を打たずにはおられません。

6　おわりに

本章ではいくつかの例を挙げて、スタイルの原理や考え方を説明してきました。英語のスタイル感覚を身につけるには、「観察」が出発点となるこ

---

13. Cook, V. J. (1980 [1968]) *Active Intonation*. London: Longman, 1–5, 60–64.

とは、すでに明らかでしょう。観察とは「ありのままの姿を注意してみること」と定義されますが、「注意してみる」とは、具体的にどのようにみればいいのでしょうか。

（16）の最終行、王女のセリフで考えてみましょう。まず、次の図を御覧ください。ここでは便宜上、語の意味と音を別個に図示してあります。

読み手ないし聞き手は、indisposed の意味を理解すると、すぐ次の語に移るのが普通ですが、そこで瞬時、立ち止まって、その語が浮上するプロセスを考えてみる。つまり、コンテクストを勘案して、他の可能性が排除されたプロセスに目を向ける、というわけです。具体的には、図1では同義語、図2では他の音調を考えてみればいいでしょう。生み出された結果としての indisposed だけではなく、生み出される過程を考えてみる、という読み方であり、聞き方です。

これから英語を読むとき、短時間でもこのような観察、言い換えれば「スタイル読み」を試みてみませんか。遅読になる可能性は大いにありますが、スタイル感覚を磨き、ひいては読解、聞き取りをはじめとする英語力の向上につながります。英語を聞くときも同様です。苦手だったヒアリングも楽しくなる、と予言しておきましょう。

第2章
スタイル(文体)から英語学習を見直したい

今林　修

1　はじめに

　一昔前、若者の中で「KY語」なるものが流行り、物議を醸しました。KYとは「空気を読めよ」ないし「空気が読めない奴」を表すようです。KY語が日本語に定着することはありませんでしたが、それ以来、「空気が読めねぇなぁ」とか「もっと空気読んでちょうだいよ」なんてことをよく耳にするようになりました。若者の世代にとっても、「空気を読む」ことは社会生活を送る上で重要なスキルなのです。

　では、私たちはどうやって空気を読んでいるのでしょうか。

学生：先生、背広を着てきたから教授会の日だな。イライラしているから
　　　近づかないでおこう。
先生：[大学の裏門で]あれ、うちのゼミ生のAくんとBさんだな。なん
　　　だかマズそうな雰囲気だから気づかないふりをしよう。

　このように、服装とか表情（ひょっとすると会話が聞こえたかもしれませんが）から空気を読むのは、互いをよく知っている「学生」と「先生」だったら、たいして難しくはありませんね。しかし、互いにまったく面識がないとしたら状況は変わってきます。大学の先生が背広を着るのは少しも変ではないし、AくんとBさんが付き合っているなどとは、シャーロック・ホームズでない限り、すぐに気づくことは困難でしょう。ひょっとするとBさんがAくんからストーカーまがいのことをされてるのでは、と誤解する人もいるかもしれません。

　実は、英語の話し言葉と書き言葉も、普段着から晴れ着まで様々な衣装をまとっていることもあれば、非常に繊細な表情をしていることもあるの

です。上の「学生」と「先生」のように互いをよく知っているならともかく、相手のことを知らない場合には、それらの衣装や表情に「気づかず」に通りすぎてしまっていることが多いのではないでしょうか。

　この章では、英語がまとっている衣装や様々な表情、つまり英語のスタイル（文体）に「気づく」、もしくはそれを「意識する」ことが、外国語としての英語学習者[1]にどのような恩恵をもたらすのかを考えてみたいと思います。

　このことを考えるに当たって、取り上げる題材は、エリック・カール（Eric Carle, 1929–）の *The Very Hungry Caterpillar* (1969)[2]、もうすぐ出版50周年を迎える絵本のベスト・セラーです。本書を手にとって読んでくださっている読者なら、ひょっとしたら原書をお読みになったかもしれません。また、原書でなくても和訳『はらぺこあおむし』を読んだ、あるいは、人に読み聞かせてもらったことがあるのではないか、と考え、以下でその内容を見ていきます。

2　鍵となる表現

　アリスの 'what is the use of a book . . . without pictures or conversations?'[3] が聞こえてきそうですが、エリック・カールの素晴らしい絵を抜きにして、*The Very Hungry Caterpillar* のお話を原文で見てみましょう。便宜上、番号を施しました。

（1）In the light of the moon a little egg lay on a leaf.
（2）One Sunday morning the warm sun came up and—pop!—out of the egg came a tiny and very hungry caterpillar.
（3）He started to look for some food.

1　英語学習者にとっての英語は、次の３つに大別されます：English as a Native Language（NFL）、English as a Second Language（ESL）、English as a Foreign Language（EFL）。多くの日本人は、EFL を学んでいます。
2　本稿では、New York の Philomel Books から1987年に出版された絵本を使用。
3　Lewis Carroll（1832–98）の *Alice's Adventures in Wonderland*（1865）の第１章に出てくる有名なくだり。

(4) On Monday he ate through one apple. But he was still hungry.
(5) On Tuesday he ate through two pears, but he was still hungry.
(6) On Wednesday he ate through three plums, but he was still hungry.
(7) On Thursday he ate through four strawberries, but he was still hungry.
(8) On Friday he ate through five oranges, but he was still hungry.
(9) On Saturday he ate through one piece of chocolate cake, one ice-cream cone, one pickle, one slice of Swiss cheese, one slice of salami, one lollipop, one piece of cherry pie, one sausage, one cupcake and one slice of watermelon. That night he had stomachache!
(10) The next day was Sunday again.
(11) The caterpillar ate through one nice green leaf, and after that he felt much better.
(12) Now he wasn't hungry any more—and he wasn't a little caterpillar any more.
(13) He was a big, fat caterpillar!
(14) He built a small house, called a cocoon, around himself. He stayed inside for more than two weeks. Then he nibbled a hole in the cocoon, pushed his way out and ....
(15) he was a beautiful butterfly!

　それでは、このお話の中のキーワードでもキーフレーズでもキーセンテンスでもいいですから、どれか1つ頭の中に思い浮かべてください。そして、必ずそれを選んだ理由も考えてください。

　私が担当している授業や講義[4]では、次のような回答（括弧内は理由）がありました。hungry（はらぺこだから）、caterpillar（主人公だから）、a tiny and very hungry caterpillar（小さくて、とてもはらぺこなあおむしが、この話の起点だから）、a big, fat caterpillar（たくさん食べて大きくなったから）、he was still hungry.（食べても食べてもはらぺこだから話が続く）、he/the caterpillar ate through ...（はらぺこあおむしが次から次へと食べていく様を表現しているから）、he wasn't hungry any more—and he wasn't a little caterpillar any more.（たくさん食べて、もうは

4　筆者が2014年度から2016年度前期までに担当した広島大学、岡山大学、広島修道大学での講義や演習に参加してくださった学生からの回答です。この場を借りて感謝します。

らぺこでも、小さなあおむしでもなくなったから)、he was a beautiful butterfly.（綺麗な蝶になってお話が完結するから）など。

また、こんな興味深い回答もありました。That night he had stomachache!（いくらお腹が空いても食べ過ぎてはいけないという教訓を発しているから）。この回答は、絵本における重要な側面を突いています。伝統的に良い絵本とは、「面白い」（amusing）ばかりでなく、「教訓的」（instructive）でないといけないのです。

3 単語の頻度数

次に、学生が挙げたキーワード、キーフレーズ、キーセンテンスの共通点を考えてみましょう。そうです。すべてにcaterpillar（heはcaterpillarを指す）が関係しています。先ほどは挙げませんでしたが、キーワードにHe/heを挙げた学生も少なくありませんでした。そして、そのうちの多くが、「このお話の中で最も多く使われているから」をその理由にしていました。

では、このお話に使われている語彙をコンピュータのソフトウェアであるコンコーダンサー[5]を用いて分析してみましょう。

表1 単語の頻度数とその割合

頻度（回）	割合（%）	単語
21	9.42	he[6]
13	5.83	one
9	4.04	a
8	3.59	was
7	3.14	ate, hungry, of, on, the, through
6	2.69	and
5	2.24	but, still
4	1.79	caterpillar

---

5 Windows用としてはKWIC Concordance, Mac用としてはCasualConc, 両方で使えるのはAntConcがあり、いずれも日本の大学の研究者（最後のはイギリス人）が作成したものです。この分野は日本が進んでいます。今回は、CasualConcを使用しました。
6 大文字と小文字は区別されず、すべて小文字で表記されます。

3	1.35	more, slice
2	0.90	any, came, cocoon, egg, for, in, leaf, little, out, piece, sunday, that, two, wasn't
1	0.45	after, again, apple, around, beautiful, better, big, built, butterfly, cake, called, cheese, cherry, chocolate, cone, cupcake, day, fat, felt, five, food, four, friday, green, had, himself, his, hole, house, ice-cream, inside, lay, light, lollipop, look, monday, moon, morning, much, next, nibbled, nice, night, now, oranges, pears, pickle, pie, plums, pop, pushed, salami, saturday, sausage, small, some, started, stayed, stomach-ache, strawberries, sun, swiss, than, then, three, thursday, tiny, to, tuesday, up, very, warm, watermelon, way, wednesday, weeks

　すると瞬時に、総語彙数（tokens）223語、異なり語数（types）106語が計算されて、表1ができあがるのです。
　今回は、総語彙数が223語と比較的少なかったので、短時間の間に手で数えることもできましたが、長編の小説や大規模なコーパスを扱う場合はそうはいきません。コンコーダンサー、解析ソフト、統計ソフトを駆使し、客観的に得られたデータ（empirical dataといいます）をもとにして、従来、人間の経験や直感では捉えることができなかった文体の特徴に新たな光を投げかけたのが、コーパス文体論（corpus stylistics）という新しい学問領域で、コンピュータの発達とともに1990年代より目覚ましい発展を遂げてきました。

4　繰り返し

　たしかに学生が指摘している通り、He/heは21回使用され、総語彙数に占める割合が約1割と非常に高いことが検証されました。He/heは、特定のページにたくさん出てくるのではなく、当然のことかもしれませんが、ほとんどのページに「繰り返し」満遍なく使用されています。実は、このHe/heの「繰り返し」（repetition）が、このお話の1つのスタイルになっているのです。つまり、He/heが現れる度に、このオスのあおむしの一挙手一投足に、読者や読んでもらっている子どもたちの注意が注がれる仕組みに

なっているのです。

　もう1つ興味深い「繰り返し」があります。先ほどの表からも明らかですが、one が 13 回も使用されています。ところが今度は、この one の使用に偏りがあるのです。(9) の長い文の中には、10 回も one が「繰り返し」使われています。しかし、one の「繰り返し」と He/he のそれとには、本質的に大きな違いがあります。それは、「繰り返し」を用いた作者の意図です。大学での講義や演習では、学生に作者の意図の違いを考えさせています。

　あおむしは、月曜日から日を追うごとに、1つ、2つ、3つ、4つ、5つと食べる果物の数が増えていきますが、土曜日になると、あおむしは手当たり次第に自身によくない食べ物を1つずつ、10 個も食べ、その結果、おなかが痛くなるのです。この単音節の数詞の「繰り返し」には、読者と読んでもらっている子どもたちに、これも、これも、これも、これも、という具合に、いろいろな種類の食べ物を食べたのだと意識づける効果があるのではないでしょうか。

5　選択と一貫性

　実際の講義の中で、次のような鋭い質問が出ました。「たしかに、そのような効果があるように思いますが、それならば one ではなくても、a でもよかったのではないでしょか」。読者のみなさま、いかがでしょうか。なぜ、エリック・カールは one を「選択」(choice) し、a を「選択」しなかったのでしょうか。学生も私も一生懸命に考えました。

　私は、このような場合、必ず声に出して読むことにしています。するとすぐに次のことに気がついたのです。皆さんも one の代わりに a を入れて読んでみてください。1箇所引っかかるところがあります。a ice-cream cone ではなくて、母音の前なので an ice-cream cone ですね。文法的には、不定冠詞で「一貫性」(coherence) がありますが、音韻的には、/ə/ と /ən/ で、「一貫性」に欠けます。しかし、受講生は疑心暗鬼な表情をしています。そして、この件は双方の宿題となりました。

　それから数日、頭の片隅にこの宿題を置きながら、日々の講義と雑務と

論文指導に追われていました。日曜日の夜になって、何気なくこの絵本を手に取り、読んでいますと、なるほど、やはり one でないといけないんだ、と確信を持ったのです。(9) の中だけに「一貫性」を求め、その前後との「一貫性」を考慮に入れていなかったことに気づいたのです。視野が狭かったのです。月曜日の one apple から始まって、日曜日の one nice green leaf に至るまで、「一貫」して数詞が使われているではありませんか。つまり、数詞を「一貫」して使う、文法上の「一貫性」が、作者に one の「選択」をさせたのだと考えたのです。そして、1 週間後の講義では、宿題の回答を求めると、うれしいことに、数人の学生が私と同じ見解を示し、多くの受講生が納得した顔をしてくれました。

6　物理的特徴と文体的特徴

　この絵本、手に取ってすぐに気がつくことがあります。「穴」があいているのです。子どもの小さな細い指は通るけども、大人になった私の太い指は通らない、なんとも悪戯な小さな「穴」です。でも、幼い頃にこの「穴」に指を突っ込んだ感触は大人になっても忘れることはないでしょう。わが家の本の「穴」はもうボロボロで、2 つの「穴」が 1 つになっているところもあります。

　この絵本、本当によくできていて、月曜日から金曜日まで右側（奇数）のページに「穴」があいていて、1 つ、2 つ、3 つ、4 つ、5 つ、と「穴」が増えていきます。そして、土曜日は見開きになっていて、左右のページに 5 つずつ（1 つの食べ物に 1 つ）、計 10 もの「穴」が開いているのです。そして、次の見開きの左側のページには、青々とした 1 枚の葉っぱの上に「穴」が 5 つ開いているのです。

　自分の子どもたちに何度も日本語版を読んであげていて、この絵本にとっては、綺麗な絵もさることながら、「穴」はとっても大切なんだ、と思うようになりました。そして、原書を手にして読んでみると、なるほど、そうだったのか、とうなずけたのです。そうです、「穴」は英語で The caterpillar/he ate through ... と表現されていたのです。

　実は、「穴」と The caterpillar/he ate through ... は、この絵本を構成する

屋台骨になっています。換言すると、たくさんの「穴」がこの絵本を特徴づける物理的特徴であるとするならば、The caterpillar/he ate through . . . の「繰り返し」は、この絵本を特徴づける文体的特徴ということができるでしょう。

少し本筋から離れますが、指を「穴」に突っ込んで、その指が「穴」を通る感触こそが through の本質なのです。前置詞を教えるときに大切なのは、まず身の周りの「空間」から「時間」の概念に広げていくことですが、まさにこの絵本は、英語を外国語として学んでいる日本人に前置詞 through の本質 (core meaning) を体得させる良い教材といえます。是非、初期の英語教育において、選りすぐった絵本の多読を実践していただきたいと切望しています。

7 連続する語の頻度数

今一度 CasualConc を使って、別の分析を行ってみましょう。先ほどは、単語の頻度数と総語彙数に対する割合を算出しましたが、今度は、Ngram における頻度数を出してみます。これによって、連続する2語、3語、4語、5語にどのような頻度上の特徴があるのかが一目でわかります。

表2 2-grams における頻度数（頻度数が3回以上）

頻度（回）	2-grams
7	ate through, he was
6	he ate
5	but he, hungry on, still hungry, was still
3	one slice, slice of, through one

表3 3-grams における頻度数（頻度数が3回以上）

頻度（回）	3-grams
6	he ate through
5	but he was, he was still, still hungry on, was still hungry
3	ate through one, one slice of

表4　4-grams における頻度数（頻度数が3回以上）

頻度（回）	4-grams
5	but he was still, he was still hungry, was still hungry on

表5　5-grams における頻度数（頻度数が3回以上）

頻度（回）	5-grams
5	but he was still hungry, he was still hungry on

　以上の Ngram 分析から、2-grams においては、ate through と still hungry, 3-grams においては、he ate through と was still hungry, 4-grams においては、he was still hungry, 5-grams においては、but he was still hungry が意味を保持している高頻度 Ngram といえます。つまり、Ngram 分析においては、he ate through と he was still hungry がこの話の中で高頻度に出現する連続した意味を持つ語群であることがわかるのです。

　コンピュータの目から見ても、he ate through の「繰り返し」は、この絵本を特徴づける文体的特徴ということができるのではないでしょうか。

　今回の Ngram 分析は、総語彙数 223 語の小さなテクストが対象になりましたが、大規模なコーパスを用いると作家によって特徴のある結果が出てきます。この結果を1つとっても、作家の文体的特徴を表す指標になるのです。

8　修辞法と文体論

　あおむしは、最初、a tiny and very hungry caterpillar と描かれます。しかし、よくないものもありましたが、たくさん食べて1週間後には、Now he wasn't hungry any more—and he wasn't a little caterpillar any more. と描かれます。ここには、遠い昔から英語の中に受け継がれてきた修辞法が隠れています。おわかりになりますでしょうか。前者と後者では、形容詞の順番が逆になっています（tiny—hungry / hungry—little）。

　この修辞法は、「交錯配列法」と呼ばれ、英詩やシェイクスピアの劇などの韻文によく見られますが、上例のように散文にも例は少なくありません。修辞法は、元来、人を説得する術でした。ここでの「交錯配列法」は、否

定語 not と一緒に、もう今は以前とは逆で、tiny でも hungry でもないということを読者に伝えているのではないでしょうか。価値観がひっくり返ったり、過去と現在では状況が違うことを言外に表出するために「選択」するスタイルです。斎藤兆史は、『英語の作法』(2000: 153) の中で、修辞法は、「いわば、文体論の遠い祖先と考えていいでしょう」と述べています。実は、前述しました「繰り返し」も修辞法の1つに数えられるのです。

9 一貫性の欠如

　私は、このお話を原文で読んだときから、(14) と (15) には違和感を覚えました。それからずっとそう感じる理由を探していました。小さくてお腹が空いたあおむしは、たくさん食べたから、もうお腹も空いていないし、小さくもありません。生まれてから2度目の日曜日も迎えましたし、緑の葉を食べるのがいいことだという教訓も学んだはずです。また、繭を食い破った「穴」があってもいいはずなのに「穴」はなく、he ate through the cocoon. でなくとも、he nibbled through the cocoon. であったならば、納得したかもしれません。さらにもう1つ、Ngram 分析のところで、he was still hungry も高頻度でしたが、(14) と (15) には、hungry だから ate through する構図はなくなっています。この話の物理的特徴も文体的特徴も (14) と (15) には陰を潜めてしまいます。つまり、「一貫性」が欠如しているのです。そこで私は、(14) と (15) は後から付け加えられたのかもしれないと考えるようになりました。

10 作者エリック・カールかく語りき

　エリック・カール本人が、*The Very Hungry Caterpillar* の出版40周年を記念して、イギリスの本屋の大手 Waterstones 向けに、この絵本の制作過程について詳しく語っています[7]。要約しますと、エリック・カールは、あ

---

7 YouTube の Waterstones のページに 2009 年 2 月 27 日にアップロードされたものを参考にしています。https://www.youtube.com/watch?v=fvRcCKP5v6Q

る日、紙の束に穴開け器で「穴」を開けて遊んでいますと、開けた「穴」から bookworm（シミ、本につく虫）を連想して、*A Week with Willy Worm* という本を考えつきました。これが *The Very Hungry Caterpillar* の原型となったのですが、これら 2 つの絵本は終わり方が異なっていました。前者は、ウィリーが、大きくて太っちょな虫になったところで終わっていましたが、編集者のアン・ベネドゥースさんが、虫が嫌いだったので、本の虫以外のものにしようということになり、2 人が話し合いを続けているうちに、彼女が「それなら、アオムシはいかがかしら」、といい、「そうしたら、終わりをチョウにしよう」、とエリック・カールが同意して、*The Very Hungry Caterpillar* は産声をあげたのだそうです。

一連の he ate through . . . で表される「穴」は、遊び心の中から生まれたものだったのですね。また、このお話、原型では（13）で終わっていたのです。この動画を見た時に、自らの分析と推測が証明されたうれしさと同時に、スタイルに着目することの重要性を大いに感じました。

11　おわりに

本章では、鍵になる表現から「繰り返し」のスタイルを掘り起こし、肉眼では見落としがちなスタイルを、コンピュータの目で捉え、作者の「選択」に注目しながらスタイルの「一貫性」を追いかけました。次に「穴」をこのお話の物理的特徴と捉える一方で、それに対応する英語表現の Ngram 分析に裏打ちされた「繰り返し」が文体的特徴であることを述べました。さらに、修辞法の 1 つ「交錯配列法」もスタイルと捉え、この修辞法を「選択」した作者の意図に迫りました。（14）と（15）には、スタイルの「一貫性」の欠如に起因する違和感が存在しているところから、後で追加されたものではないかと推測し、作者本人の口からこのことが証明されました。

外国語としての英語を学んでいる日本人にとって、作者があるスタイルを「選択」した理由を考えたり、スタイルの「一貫性」に注目したりすると、言外の微妙な意味を捉えることができ、作者の意図がはっきり見えてくるのではないでしょうか。今回は幸いにも作者自身による証言がありましたが、普通はありません。しかし、いつもスタイルに気を配っていると

ちょっとした変化や作者の真の意図を理解できるのではないでしょうか。

　最後に1つ、ここまで読んでくださった読者のみなさまに問題です。なぜ、(4) 月曜日だけが、But he was still hungry. と But 以下が独立した別の文になっているのでしょうか。

II

基礎編

第3章

音にはスタイルがある

豊田　昌倫

1　はじめに

　2014年6月、ロシアのピアニスト、ヴァレリー・アファナシエフが来日し、公演の合間に、新作の短編小説集『妙なるテンポ』[1]について作家、吉本ばななとの対談が行われました。次に引くのはその報告記事の一部です。

　　日本のホテルで、湯沸かしのポットの使い方をフロントの女性に教わった。ボタンを指して「プッシュ」と説明する柔らかな発音が簡潔で美しくて、インスピレーションを受けた。次の創作につながりそうです。[2]

日本人女性のなにげない「プッシュ」の発音に感銘を受けるとは、なんとも率直で繊細な人柄を感じさせる発言です。
　ごくありふれた語「プッシュ」のどの音が、天性のピアニストに自作への「インスピレーション」を与えるほど、「柔らか」く「美しく」聞こえたのでしょうか。——「柔らか」という語から想像すれば、その印象を与えたのは、「プ」つまり子音 [p] の発音ではないかと思われます。というのは、英語の [p] は「硬音」（fortis）で強い音と考えられているからです。すなわち、語頭の [p] を発音するとき、両くちびるを合わせて息を止め、一挙に呼気を吐き出す。そのエネルギーの強さが、英語らしさのポイントです。
　これに比較すると、なるほど日本語の [p] は、破裂の度合いが低くて、弱く「柔らか」く聞こえませんか。日本人女性の優しさとあいまって、国際的に活躍するロシアからの客人には、そのフロントの女性の発する「プッ

---

[1] アファナシエフ, ヴァレリー（2014）『妙なるテンポ』（田村恵子編・訳）東京：未知谷.
[2] 「小説と演奏　通じる『空間』——ピアニスト・アファナシエフが短編集（藤崎昭子）」『朝日新聞』2014年8月26日.

シュ」の音が「美しく」聞こえたのでは、と想像できるでしょう。

2　音への「気づき」

　以下の説明では、抽象的な音の単位である音素 (phoneme) はスラッシュ (/ /) で囲み、具体的な音である異音 (allophone) はかぎ括弧 ([ ]) で囲むことにします。また、本稿ではイギリス英語を取り上げますが、これから述べるアプローチは米語などにも適用することができます。

　さて、絶対音感にすぐれたピアニストでなくても、言語の音に対する「気づき」はわれわれすべてに共通する能力ではないでしょうか。日本語に入った外国語を母語話者が発音するのを耳にして、どこか日本語での発音とは違う、あるいは、この人の発音には何か特徴があるなど、多分に無意識のうちに感じながらも、実際にはそれ以上追求することなく、聞き流してしまう。

　しかし、それが子音や母音、リズムやイントネーション、音の変化など、どんな些細な点であろうとも、しばし立ち止まって分析してみると、英語の特徴が明らかになってくるのが実感できます。その第一歩は、「気づき」ないしは感受性を養うことにあり、そのためには「音自体を聞きとる」習慣を身につけたいものです。

　では、実際に「音自体を聞きとる」とは、どのようにすればいいのでしょうか。音声学者 J・D・オコーナー (O'Connor) の外国人学習者に対するアドバイスを聞いてみましょう。「しばらくの間、語の意味を忘れて、単に音として聞いてみよう。一度に１つの音をとってみる。例えば、/t/ でもよい。すべての [t] に耳を傾け、集中して、どのように響くのかを聞いてみる。しかも、自国語であるかのように漫然と聞くのではなく、自国語とどこが違うのかに注意して、英語の特性 (Englishness) を発掘してほしい」[3]。微細な点にこだわり、いかにも遠回りのようですが、音のスタイル感覚を身につけるには、ぜひ実践したい勉強法です。

　指導者に恵まれなくても、独力での訓練も可能です。例えば、教材の一

3　O'Connor, J. D.（1980）*Better English Pronunciation*, 2nd ed. Cambridge: Cambridge University Press, 3.

節に出てくるすべての t に下線を引き、その後 CD などで「意味を忘れて」聞き分け、いくつかの [t] の特徴を比較して分析するというのはいかが。

まず、簡単な一文でオコーナー方式の予備練習をしておきましょう。

（1）Welcome to Tokyo Narita Airport.

2012 年 11 月、英国のアクセントコーチ、ジェフ・リンジー（Geoff Lindsey）博士が来日し、客室乗務員を目指す学部生に読んでみるように、と与えた課題が上の例文です。さて、学生の発音を聞いたコーチは首を横に振るばかり。プロの乗務員を目指すからには、完璧な英語を身につけるべきだというのが、彼の持論であるからです。

1 つの問題点は /t/ の発音にありそうです。ここで使われている [t] は、*to*, *Tokyo*, Nari*t*a それに Airpor*t*. これらの [t] を画一的に強く発音したくなりますが、それは初級者のレベル。その中に強弱の差があることに気づければ、中級から上級への道が開けてきます。

では、4 つの [t] を検討してみましょう。/t/ は舌と歯茎で肺からの呼気を閉鎖し、舌の後ろにたまった空気を一気に開放する無声破裂音で、/p/ と同様、「硬音」に分類されます。上の文では、語頭 (*to*, *Tokyo*)、語中 (Nari*t*a)、語末 (Airpor*t*) の順に破裂の度合いが下がる、と想定されます。したがって、この子音の強度は、語頭で強勢をもつ *Tokyo* の [t]、語頭で強勢を持たない *to* の [t]、続いて語中に位置する Nari*t*a の [t]、そして語末に位置する Airpor*t* の [t] の順になると思われます。強弱の度合いについてまとめると、

（1′）Welcome *to* *T*okyo Nari*t*a Airpor*t*.
　　　　$[t^2][t^1]$　　　$[t^3]$　　$[t^4]$　（^{1} は強、^{4} は弱）

のように示すことができます。

配列を変えて、例えば、3333 でも 3232 としても意味は変わりませんが、英語としては不自然で、母語話者には違和感を与えるでしょう。このように、語中の位置によって生じる強弱に「気づき」、その差異を聞き分けて自分で発音することによって、スタイルへの意識が生まれ、母語話者のもつ言語意識に一歩近づくことができます。

3　骨格は子音

　ここで1つ問題を解いてみましょう。次に示す (2) は文から子音を省いたもので、(3) では母音が省かれています。読み比べて、どちらがわかりやすいでしょうか。

(2) I --ea-e-　a --ea-　i-　-i-e　-o-e　-y.
(3) - dr--m-d - dr--m　-n t-m-　g-n-　b-.

(2) の --ea-e- は主語 I の次の語ですから、動詞では と予想できますが、それ自体としては、手がかりがほとんどありません。一方、(3) の子音だけの dr--m-d は、dreamed ではないかと見当がつきます。(2) と (3) を重ねあわせると、ミュージカル『レ・ミゼラブル』中の名曲、「夢やぶれて」からの1行、

(4) I dreamed a dream in time gone by.

が浮かび上がります。
　この比較で明らかになるのは、音声上、文で意味を担うのは母音よりも子音、という事実です。メッセージの骨格は子音が形成し、肉づけをするのが母音といえるでしょう。仮に、(3) のすべてのブランクの箇所に最も頻度の高い母音の /ə/ を入れて読んでみると、なんとか英語らしく聞こえませんか。逆に、(2) のブランクに高頻度の子音 /n/ を入れてみても、まったく意味をなしません。
　したがって、英語学習においては、声の基盤となる子音から始めるのが好ましく、また入りやすいと思われます。ただ、日本語との関連で、思わぬ盲点が潜んでいますから、引き続き子音 /t/ について、その観察ないし「深い聞き取り」('deep listening') を試みてみましょう。'deep listening' とは英社会学者アン・カープ (Anne Karpf) からの引用。彼女は『「声」の秘密』の結びの箇所で、「声を正しく理解するには、鋭い感性を身につけなければならない。『深く聞く』ことが必要だ」[4] と述べています。

4 語頭と語末の /t/

　日本語の「トップテン」と英語の top ten でも、「プッシュ」と push の対比が当てはまります。英語の場合、語頭の /t/ では歯茎での閉鎖が開放されるとき、[h] のような強い気息音 (aspiration) を伴います。その証拠に、ティシューを口の前に垂らして発音すると、英語では少し揺れますが、気息音の弱い日本語では揺れることはありません。

　語頭に加えて、文頭の /t/ はとりわけ強い印象を与えます。2015年11月14日、パリで勃発した同時多発テロを報じる英BBCテレビ、'BBC World' の第1声は、

（5）*Terror* from Paris.

同義語の horror とは異なり、乾いた無声破裂音で始まる 'Terror' は、凄惨な現場の映像とあいまって、恐怖と怒りをなぞるかのように響きます。

　11月21日付の英日刊紙 *Daily Telegraph* 電子版は、'Paris *terror* attack: Everything we know on Saturday afternoon' と題する記事を掲げました。ここで terror は文の第2要素に退き、文頭での圧倒的な強度は感じられません。1週間後のヘッドラインからは、'Terror from Paris.' が与えた衝撃と緊迫感は影を潜めてしまいました。

　語頭の /t/ とは対照的に、語末の /t/ では弱化した呼気の開放が聞こえる場合 ([t]) と、聞こえない場合があり、後者のタイプは [t˺] と表記します。聞こえる [t] は、破裂の度合いを低くして、子音を軽く添えると考えておけばいいでしょう。スピーチやテレビ・ラジオのニュース放送では歯切れよく響き、また演劇や詩の朗読でよく耳にする、かすかに空気を震わせる語末の子音は、余韻をさらに高めるのに効果的です。

　ただ、問題は「聞こえない」[t˺] で発音された場合、どのようにしてそれが bad ではなく bat であるとわかるのでしょうか。鍵となるのは母音の長さです。英語では /p, t, k/ など無声子音の前の母音は短く、/b, d, g/ など

4　カープ, アン (2008)『「声」の秘密』(梶山あゆみ訳) 東京：草思社, 292. (Karpf, A. (2007) *The Human Voice: The Story of a Remarkable Talent*, London: Bloomsbury, 291）

の有声子音の前では長くなる傾向が見られます。すなわち、

　　bat [bæ–t]（＋は長、－は短を示す）
　　bad [bæ+d]
　　heart [hɑː–t]
　　hard [hɑː+d]

のように示すことができるでしょう。母音の長さを比較すれば、以下のようになります。

　　　　　　　　bat ＜ bad ＜ heart ＜ hard

bad の [æ] は「長い短母音」、heart の [ɑː] は「短い長母音」となります。母音の長さは絶対的ではなく、現れる箇所によって相対的に変化することがわかります。こうした知識があれば、母音の長さから次の子音を予測できますから、ヒアリングテストでよく出題される、単語レベルでの聞き分けは容易に感じられるでしょう。

　音声学者のウェルズ教授が、外国人の英語教師は自己紹介するときに、I am a teacher... とよく言うけれども、teacher を正確に発音できる人はほとんどいない、とかつて述べたことがあります。われわれ教師を忸怩たる思いにさせる、実にショッキングな発言です。いったいどこに問題があるのでしょうか。──

　が、しかし、ここまで読んでいただいた方には、答えは自明のことでしょう。1つは語頭の /t/. 日本語の「テ」を代入するのではなく、気息音を伴う「硬音」の [t] が好ましい。もう1つは /iː/ の発音です。長母音だからと長く引きのばして発音するのが普通ですが、この場合の [iː] は、長母音であるとはいえ、無声子音 /tʃ/ の前に位置するところから、長さが短縮されて「短い長母音」になる。そこで、[iː] を少し短めに発音すれば、より英語らしく聞こえるから不思議です。

5　声門閉鎖音

po*t* など語末における /t/ の異音 [t] と [t'] に加えて、英国では最近、特に若い世代の人々が、声門閉鎖音（[ʔ] と表記）をよく使うようになってきました。

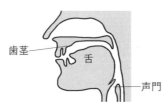

図1　調音器官の位置

/t/ は舌と歯茎で呼気を閉鎖して開放する破裂音と説明してきましたが、この異音はのどぼとけの奥にある声門で呼気を閉鎖して開放するのが特徴です。いずれも呼気を閉鎖して開放する点は同じですが、図1が示すように、調音の位置が、前者は口腔の入り口、後者は出口近くというように、決定的に異なるため、異質の音色が生み出されます。

声門閉鎖音は笑い声「ワッハッハ」の「ッ」に相当する音で、qui*t*e ho*t* を [ʔ] を用いて発音すると、子音を飲みこみ音が「消えた」ように、「クワイッ　ホッ」と聞こえます。カジュアルで新鮮、いかにも現代的でネイティブスピーカーの英語、と感じられませんか。

歯茎で呼気を閉鎖するよりも、声門を閉鎖するほうが、調音のエネルギーが少なくてすむところから、くつろいだ日常会話では後者がよく使用され、形式ばったスピーチ、演劇や詩の朗読などでは前者が使われる傾向にあります。例えば、at night についてみますと、

① [ət ˈnaɪt]（'は次の音節に強勢があることを示す）
② [əʔ ˈnaɪt]
③ [əʔ ˈnaɪʔ]

などの可能性があり、[t] を用いるか [ʔ] を用いるかは、社会的なコンテクストとの関連によって選択されるので、個人内バリエーションと呼ばれることがあります。上の例では①がフォーマル、③がインフォーマルなスタイルと考えられるでしょう。

6　異音としての [ʔ]

　個人の選択を超えた方言のレベルでは、①が標準英語、③がコックニー (Cockney) に代表される地域アクセントに位置づけられてきました。コックニーとはロンドン東部に住む労働者階級を指す用語で、声門閉鎖音は労働者階級の代名詞のように考えられてきました。ところが、ファッション、音楽、スポーツなどの分野で、労働者階級への関心が高まり、かつては敬遠されていた声門閉鎖音がいわば格上げされて、「新しい標準英語」と目される「河口域英語」(Estuary English, EE と略記)[5] に組みこまれるようになりました。

　その結果、現在では図 2 が示すように、語末の /t/ には [t] [tʼ] [ʔ] が自由変異の関係にあり、その中のどれを選択するかが話者のスタイルを生み出します。いささか堅苦しく保守的な標準英語ないし容認発音 (Received Pronunciation, RP と略) の [t] (①) に対して、EE の [ʔ] (③) はフレンドリーで進歩的、そして [tʼ] (②) は中間的といえるでしょうか。また、③の話者が若者、①が高齢者という傾向も指摘できそうです。

図 2　語末の /t/

　[ʔ] は音のスタイルに気づかせるという観点からも、重要な /t/ の異音です。ただ、これまでは日本の英語教育ではほとんど取り上げられなかった音です。その理由としては、声門閉鎖音が標準英語ではなく、本書第 1 章

5　Cruttenden, A. (2014) *Gimson's Pronunciation of English*, 8th ed. London & New York: Routledge, 89–90.

9ページで触れたように、方言ないし労働者階級の英語であるところから、考慮されなかった経緯が挙げられます。

しかし、時代は確実に変わりつつあり、英国階級社会の頂点に立つウィリアム王子も [ʔ] をよく用います。一例として、2010年11月に行われたキャサリン妃との「婚約インタビュー」[6] を「深く聞いて」みましょう。

(6) I had been carrying i*t* (=the engagement ring) around with me in my rucksack for abou*t* three weeks before tha*t* and I literally would no*t* le*t* i*t* go . . .

イタリック体で示した語末の /t/ については、すべて [ʔ] が用いられています。i*t*, abou*t*, no*t*, le*t*, i*t* の [ʔ] は呼気が弱く、「河口域スタイルのミニ声門閉鎖音」[7] といった趣がありますが、後に短いポーズを伴う2行目の tha*t* では、明確な声門閉鎖音が聞かれます。

王子の母、故ダイアナ元妃は、上流階級の出身ながら「国民のプリンセス」と呼ばれ、自らもときに [ʔ] を用いて、EE の話者といわれたこともありました。時移って21世紀。新しい王室を主導するウィリアム王子が、公式の場では RP を用いる[8]一方、インタビューでインフォーマルなスタイルを選んだのは、ごく自然ななりゆきだと思われます。

すでに述べてきたように、音の分布を考える上では、個人内と個人外バリエーションに分けて考える必要がありますが、語末の /t/ は次にように要約できます。

表1 語末の /t/

話者 / 場	フォーマル	インフォーマル
RP	[t]	[t] [ʔ]
EE	[t] [ʔ]	[ʔ]
コックニー	[ʔ]	[ʔ]

---

6 *The Royal Wedding: Celebration* [DVD]（London: ITN, 2011）
7 Karpf, ibid., 230.
8 Crystal, B. & D. Crystal（2014）*You Say Potato: A Book about Accents*. London: Pan Books, 223.

かつてはコックニーの代名詞と目された声門閉鎖音は、今ではインフォーマルな場においては標準英語の話者にも広く浸透してきました。[ʔ]の台頭は英語「カジュアル化」の象徴的な例といえるでしょう。

英国で[ʔ]が「醜い」[9]音とされたのは、明らかに偏見の所産にすぎません。これは語中の[ʔ]なのですが、映画『マイ・フェア・レディ』(*My Fair Lady*, 1964)[10]の中で、オードリー・ヘップバーンが演じるロンドン下町の花売り娘、イライザによる地名 To**tt**enham (Court Road) の発音「トッヌム」[tɒʔnm]では、〈[t]→母音([ɒ])→[ʔ]→鼻音([nm])〉のわたりが、息をのむほど美しく聞こえます。

声門閉鎖音の利点は、音の移動がごくスムーズに行われることです。正確に聞きとって自分で発音してみると、声門の開閉という他の子音とは異なる新鮮さが実感できるでしょう。この発音はスタイル感覚を磨くにはうってつけです。特に友人同士の日常会話で使ってみると、くだけた雰囲気が一段と高まってきます。

7　おわりに

外国語を学ぶ楽しみの1つは、その音の習得にあるような気がします。英語を初めて学ぶ生徒は、日本語とは異なる英語の響きに驚いて、目を輝かせていませんか。これは「驚き」であり、「気づき」なのですが、学年が進むにつれて、関心が音から文字、話し言葉から書き言葉に移っていくようです。

しかし、学習のどの段階でも、音は知覚の縁でかすかな点滅信号を発し続けています。その微弱なシグナルを受けとめて、音への「驚き」と関心を復活させ活性化させるのも教師の役目でしょう。このような発想によれば、話し言葉を超えて、広告や警告文、さらには小説や詩を読むときにも、思わぬ新しい発見に巡りあうことができます。これこそ外国語を学ぶ醍醐味ではないでしょうか。

9　Wells, J. (1982) *Accents of English 1*. Cambridge: Cambridge University Press, 35.
10　Alan Jay Lerner, *My Fair Lady* [DVD] (Burbank: Warner Bros., 1964) 原文では、Lerner, A. J. (1975 [1956]) *My Fair Lady*. Harmondsworth: Penguin, 31.

とはいえ、そこまで厳しく音にせまる必要があるのだろうか、という疑問がすでに聞こえてくるようです。もっともな疑問ですが、要は学習者の目的、ないしは焦点の合わせ方次第です。学習者がコミュニケーション重視で、フランスのビジネスマン、ジャン゠ポール・ネリエール（Jean-Paul Nerrière）が発案した「グロービッシュ」（Globish）のごとく、英語を単なる「道具」として利用するのであれば、「音声モード」に切り替えることなく、メッセージの伝達を旨とする「コミュニケーション・モード」で十分だと思います。

　本章では子音 /t/ を選び、具体的に音を聞き取り、観察から分析、さらに表現に至るプロセスの一端を、スタイルの観点から提示してきました。話が細部にわたって、迷路に迷いこんだきらいがなきにしもあらずです。ただ、迷路を手さぐりで抜けると、その前方に音が織りなす「花園」への視界が開けると確信して、稿を閉じることにいたします。

第 4 章

語の選択とレジスター

野村　恵造

1　言葉を選ぶ

1.1　選択の連続

　人生は選択の連続です。どの学校を受験するのか、どんな仕事に就くのか、といった人生の一大事もあります。私は東京から京都にクルマで帰省する際、毎回、東名と中央道のどちらを使うか迷うのですが、そんな日常の選択もあります。さらに細かいことで言えば、風呂に入るとき、湯船に浸かるのか、シャワーで済ますのかといった卑近な選択もあります。

　言語を用いることも人間の行動の１つですから、当然、選択が関わっています。頭の中で「こういうことを言いたい」と思ってから、最終的に言葉で表現するまでの過程で、様々な選択をしています。

　本章では、私たちが日々行っている、そんな「言語の選択」について、特に語のレベルに焦点をあててお話しします。

1.2　単語の選択

　同じ意味を持つ単語を「同義語」(synonym) と呼びます。ある辞書は synonym を "a word or expression that has the same or nearly the same meaning as another in the same language" と定義し、big と large をその例として挙げています[1]。「同じ意味、もしくは、ほぼ同じ意味を持つ語」というわけです。

　しかし、核となる「知的意味」は同じでも、ニュアンスなどのいわば「副次的な意味」、さらに、他の単語との相性や使われる場面などまで考えると、あらゆる場合に交換可能という意味での純粋な「同義語」は存在しな

---

[1] *Oxford Advanced Learner's Dictionary*, 9th ed. (2015) [OALD⁹]

いと言えます。ですので、「類義語」と呼ぶほうが正確なのですが、ここでは一般的な「同義語」という名称を使うことにします。

英語は世界で最も豊富な語彙を持つ言語です。これは、英語が誕生してから今日に至るまで、他の言語から貪欲に言葉を採り入れた結果です。最大の規模をもつ辞書 Oxford English Dictionary の収録語数は60万あまりですが、実際の英語の語彙はもっと多くて、100万とも200万とも言われています[2]。

その中には、同義語がたくさん含まれています。1つのことを言うのにも、使用可能な選択肢がいくつも用意されているわけです。英語の文を作るときには、それらの中から最適のものを選ぶことが求められます。どれだけの単語を操れるのか、腕の見せどころであるとも言えます。

語の選択にはいろいろなことが関わってきますが、本章では、単語自体が持っている副次的な意味の例として「プラスイメージの語 vs マイナスイメージの語」、使われる場面や状況に応じた言語のバリエーションの例として「堅い英語 vs くだけた英語」の2つを扱うことにします。

2　プラスイメージの語とマイナスイメージの語

(1) The difference is that a statesman thinks he belongs to the State, and a politician thinks the State belongs to him. （政治家は自分は国のものだと考え、政治屋は国が自分のものだと考える、という違いがある）

(2) A politician thinks of the next election; a statesman, of the next generation. （政治屋は次の選挙のことを考え、政治家は次の世代のことを考える）

politician は「政治家」を表す一般的な語ですが、ときに「私利・党利のために動く策士」のニュアンスを帯びることがあります。それに対して statesman は、同じ「政治家」でも、「有能で高潔な指導者」のイメージです。

もう1つ例を挙げましょう。

2　Crystal, D. (1987) "How many words?" ENGLISH TODAY, No. 12.

（3） It is amazing how quickly journalists change their tune. When things are going well, the leader is committed, determined and persistent. Hit a sticky patch and the same leader becomes stubborn and inflexible, exhibiting tunnel vision.[3]（記者たちはあきれるぐらいさっさと手のひらを返す。指導者も、物事が順調な間は「ひたむき」で「信念」があり、「粘り強い」。それがうまく行かなくなると途端に、同じ人間が「強情」で「融通がきかず」、「視野が狭い」となってしまう）

「簡単に意見を変えない」という知的意味を共有する英単語はいくつかありますが、この文章からわかるように、それらはほめ言葉にもなれば、けなし言葉にもなります。ここでは committed, determined, persistent はプラスの評価語として、stubborn や inflexible はマイナスの評価語として用いられています。

このように単語は、知的意味だけではなく、しばしばニュアンスやイメージといった副次的な意味を併せ持っています。私たちは、同義語に共通する知的意味は理解できても、それぞれの単語が良い意味で用いられるのか、悪い意味を表すのかといった感覚的なことは会得しにくいものです。普段から辞書で確認するようにしましょう。

辞書は、知的意味だけではなく、副次的な意味についても情報を与えてくれますが、そのやり方は様々です。例えば、「子どもらしい」を意味する childlike と childish の違いはどのように説明されているでしょうか。まずは、この2語の副次的意味の違いを、2人の著名人の言葉から考えてみましょう。

（4） Be like children, not childish but childlike.—Michael Jackson[4]
（5） You can be childlike without being childish. A child always wants to have fun. Ask yourself, "Am I having fun?"—Christopher Meloni[5]

これらの例から、childlike は良い意味で、childish は悪い意味で用いられ

3　Cf. https://strategicthinker.wordpress.com
4　米国のシンガーソングライター（1958–2009）。
5　米国の俳優（1961–）。

ることがわかります。

　それでは、この副次的意味は辞書ではどのように表記されているでしょうか。英英辞典を見ると、childlike＝having the good qualities, such as innocence, associated with a child（純真さなど、子どもと結びつけられる良い資質を持っている）、childish＝silly and immature（愚かで幼稚な）[6] のように、両者の違いを定義の中に織り込んでいるものもありますが、childlike＝(usually *approving*) having the qualities that children usually have, especially innocence（《通例ほめて》子どもが普通、備えている資質、とりわけ純真さを持っている）[7] などとラベルで表示している辞書もあります。「良い意味で」は *approving, showing approval, appreciative*、「悪い意味で」は *disapproving, showing disapproval, derogatory, pejorative* などで示されます。

　英和辞典は、例えば childish であれば、「《けなして》子どもらしい」のようにラベル表示をしたり、「子どもらしい（◆けなし言葉として使うことが多い）」などと注記したりすることもありますが、「子どもっぽい、子どもじみた、大人げない」など、できるだけ近いニュアンスの日本語を「訳語」として与えるのが基本です。notorious, infamous に対する「悪名高い」や、上で挙げた politician の「政治屋」、stubborn の「強情な」もその例です。

　英語を使うときには、単語の持つ知的意味を取り違えてはいけませんが、ニュアンスやイメージなどの副次的な意味も侮れません。それによって文意がずれたり、ほめ言葉のつもりが逆効果になったりすることさえあるからです。

3　堅い英語とくだけた英語

3.1　レジスター

　本章の冒頭でお話しした「言語の選択」の中には、「その人が誰であるのか」によってほぼ自動的に決まる項目があります。いわば、それぞれの人の頭の中にあるコンピュータの「言語メニュー」でデフォルト設定されて

　6　*Oxford Dictionary of English*, 2nd ed.（2005）. 定義に組み込むやり方は一般向けの辞典に多い。
　7　OALD[9]. 学習辞典はしばしばラベル表示方式によります。

いる値です。

　例えば、マンチェスターの労働者階級の男性は特有の英語を話しますが、彼の「言語メニュー」は次のようになっています。

言語：	□ 日本語		☑ 英語 ...		
英語：	☑ イギリス英語		□ アメリカ英語	...	
地域方言：	□ ロンドン		☑ マンチェスター	...	
階級方言：	□ 上流階級		□ 中産階級		☑ 労働者階級
性的方言：	□ 女性		☑ 男性		

　もちろん、冗談交じりに上流階級やアメリカ人を真似たりできますから、カスタマイズすることも可能ですが、あえてそうしない限り、この設定通りの話し方、つまり、「イギリス英語の中の、マンチェスター訛りで労働者階級の男性らしい話し方」をするわけです。

　それに対して、場面や状況に応じて適切な言葉を選ぶ選択もあります。上記の選択が、「その人が誰であるのか」によって固定している、つまり「人」による違いであるとすれば、こちらは、「場面・状況」ごとに毎回チューニングが必要な、いわば「チャンネル」の違いということになります。それらの項目のことを、専門的には「レジスター」(register) と言います。日本語では「使用域、言語使用域」などと訳されます。

　レジスターは多種多様ですが、大きなくくりで言うと、「フォーマリティー」(formality)、「媒体」(話し言葉と書き言葉) などが柱になります。メールやSNSといった「デジタルコミュニケーション」(digital communication) も新しく生まれた複合的なレジスターですが[8]、ここでは、代表的なレジスターである「フォーマリティー」を扱うことにします。

3.2　フォーマリティー

　フォーマリティーは「堅さ」の程度を表します。文の構造の複雑さなども関わってきますが、何よりもまず、どういう単語を用いるのかによってその文の「堅さ」が決まります。

8　本書の第18章参照。

次の(6)と(7)の文章を比べてみてください。どちらもオーストラリアの大学に留学している日本人の学生が書いたメールですが、(6)は親しい友達に向けたもので、「くだけた」(informal)文体が使われています。(7)は奨学金を給付している団体の担当者に宛てたもので、「堅い」(formal)文体になっています。

用いられている単語にはどのような特徴があるでしょうか。特に、ほぼ同じ意味を表す単語のペアが(6)と(7)で使い分けられていますが、それらを見つけることができますか。

(6) [Kaito, a Japanese university student studying in Australia, writes to his friend, Jen.]
Hi Jen
How are you? Sorry for taking ages to reply.
I've been dead busy since I last wrote to you. We've got to work really hard at uni to get ready for our final exams, but somehow I squeezed in time to try out for the local dance competition with my mates last Sunday. We came second! We were so happy!
Also, my host dad got me a new PC. He's awesome!
I'm having a great time, making the most of the chance they've given me.
Anyway, gotta go. Please write back.
Love
Kaito

(7) [Kaito, who is studying in Australia on a scholarship, writes to somebody in charge of the program in the scholarship organization.]
Dear Mr. Varden,
I trust this finds you well. Please accept my apologies for not writing sooner.
I have been extremely occupied since my last email as we are required to work conscientiously at university in preparation for our final examinations. Despite this, I managed to find time to enter the municipal dance competition with my friends last Sunday. We were awarded

second place. We were very pleased.
In addition to this, my host father purchased a new personal computer for me. He is most kind.
I am having a splendid time and would say I am taking full advantage of the opportunity which I have been granted.
I must go now to return to my studies. I look forward to hearing from you.
Yours sincerely,
Kaito Tanaka

　(6) と (7) で対応する同義語は、dead (超) / extremely (極度に)、busy (忙しい) / occupied (多忙で)、hard (必死に) / conscientiously (真摯に)、but (でも) / despite (にもかかわらず)、local (地元の) / municipal (地方自治体の)、mate (ダチ) / friend (友達)、happy (うれしい) / pleased (満足した)、dad (お父さん) / father (父)、get (買う) / purchase (購入する)、great (すごい) / splendid (素晴らしい)、chance (きっかけ) / opportunity (好機)、give (あげる) / grant (授与する) などです。日本語であえて訳し分けると括弧のようになるでしょうか。

　単語ではありませんが、sorry for / accept one's apologies for, have got to / be required to, to get ready for / in preparation for, somehow squeeze in time to (何とか〜する時間をねん出する) / manage to find time to, try out for (出場する) / enter, also / in addition, make the most of / take full advantage of なども対応しています。そのほか、(6) では awesome (ヤバい) などの俗語、(7) では award (授与する)、most kind の most (最上級ではなく「はなはだ」の意) などの堅い表現も使われています。

　語の選択に加えて、短縮形 (I have → I've, got to → gotta, examination → exam, personal computer → PC など) はくだけた文体の特徴であり、受動態の多用や関係詞の明示 (the chance they've given me → the opportunity which I have been granted) は、堅い文体に見られる傾向です。

3.3　英語の「大和言葉」と「漢語」

　日本語の語彙の実質は、本来の日本語である「大和言葉」と、中国から入ってきた言葉や漢字の字音で作られる「漢語」で出来ています。上で挙

げた訳語でいえば、「忙しい」と「多忙」、「買う」と「購入する」がその例です。大和言葉は柔らかく親しげであるのに対して、漢語は強く堅い印象を与えます。

　実は、英語にも「大和言葉」と「漢語」に類する区別があります。「大和言葉」に当たるのはもともとの英語で、「漢語」に相当するのはフランス語やラテン語、ギリシャ語といった大陸の言語由来の単語です。

　上で挙げた文章で言えば、(6) の dead, busy, hard, ready, happy, give は本来語ですが、(7) の extremely, occupied, required, conscientiously, preparation, enter, award, pleased, addition, purchased, splendid, advantage, opportunity, grant, sincerely はフランス語、あるいはフランス語経由でラテン語にさかのぼることができ[9]、apology はギリシャ語に起源を持ちます。

　とりわけ、中世イングランドの公用語であったフランス語が英語に与えた影響は大きく、現代英語の語彙全体の中で、本来語は 3 割程度しかないのに、フランス語系の言葉（フランス語経由で入ってきたラテン語を含む）は 5 割を占めます。ちなみに、日本語は 6 割が漢語です。

　日常生活では、当然のことながら本来語の占める割合が高くなります。ある調査によると[10]、使用頻度の高い 1,000 語に限れば、本来語が 83% で、フランス語系は 11% にすぎず、本来語が断然優位です。しかし、2,000 語まで広げると、本来語 34%、フランス語系 46% と逆転し、3,000 語ではさらに差が開きます。つまり、知的な文章を作るためにはフランス語からの借入語が不可欠なのです[11]。実際、(7) の文章はそれらの語によって成り立っていると言ってもいいぐらいです。require や opportunity などが存在しない英語は、もはや想像することができません。

3.4　同義語の役割分担

　現代英語の語彙は、大きく分けると、本来の英語と、フランス語やラテン語、ギリシャ語などからの借入語の二層構造になっているわけですが、借入語には、新しい物や概念を表す必要に迫られて取り入れた言葉だけで

---

[9]　local や chance もラテン語に由来しますが、もはや堅さは取れて、十分に一般化したと言えます。face, finish, people, story, use なども同様です。

[10]　Williams, J. M. (1986) *Origins of the English Language: A Social and Linguistic History.* New York: Free Press.

[11]　これらの数値には諸説があります。

はなく、本来語と同じ意味を持つ言葉も含まれています。上で「英語には同義語がたくさんあります」と言いましたが、英語が同義語の宝庫であるのは、そういう事情によるものです。

　上ではまた、「純粋な同義語は存在しない」とも言いました。同じ意味の本来語と借入語が、もし完全な同義語であったら、1つの言語の中にいつまでも両方の語を持ち続ける意味がありません。何らかの役割分担ができて初めて2つとも生き残ることが可能になるのです。例えば、sin は本来、「すべての罪」を表していましたが、フランス語の crime が入ってくると「宗教上の罪」に限定されるようになりました。

　本来語とフランス語などからの借入語は、多くの場合、フォーマリティーの尺度で違う位置を占めることによって共存しています。普段使いの大和言葉とよそ行きの漢語を使い分ける日本語の事情に似ています。

　begin（始める）– commence（開始する）、deep（深い）– profound（深遠な）などが代表的な例です（前者が本来語、後者が借入語）。くだけた文体の (6) に本来語が多用され、堅い文体の (7) がフランス語などからの借入語でほとんど占められているのも当然の成り行きです。

　中には、kingly – royal – regal（王の）のように、本来語、フランス語、ラテン語・ギリシャ語の3つが鼎立するケースもあります。ask – question – interrogate（尋ねる）、fair – beautiful – attractive（きれいな）、fast – firm – secure（しっかりした）、foe – enemy – adversary（敵）、help – aid – assistance（助け）、rise – mount – ascend（のぼる）なども同様です。

3.5　同義語の使い分け

　これらの同義語の中から適切な言葉を選ぶためには、微妙に違う意味を考慮することに加えて、フォーマリティーの程度を見極めることが大事です。日常会話と学術論文ではふさわしい語彙が異なります。不安な場合は、やはり辞書で確認するようにしましょう。

　フォーマリティーの段階をいくつ認めるのかについては、いろいろな考え方があります。Joos (1962)[12] の5つの区分がよく知られていますが、外

12　Joos, M.（1962）*The Five Clocks*. New York: Harcourt, Brace & World. 堅い方から順に、「Frozen（凍結）、Formal（正式）、Consultative（諮問）、Casual（略式）、Intimate（親密）」。

国語学習のガイドラインであるCEFRではさらに多く、6つのレベル[13]が設定されています。

しかし、実用上は、Formal – Neutral（中立）– Informalの3つに分けるぐらいで十分です。実際、辞書は *Formal* と *Informal*（あるいは *Colloquial*）の2つのラベルで済ませています（表示がないものはNeutral）。英和辞典は、Formalには「堅、正式、格式、かたく」、Informalには「口、略式、くだけて」などのラベルを充てています。

日本人は、裃を付けたような堅苦しい英語を使いがちだと言われます。他方で、「生きた英語」を、時と場所を選ばなければならない俗語のことだと勘違いして得意げに使う人もいます。また、同じ文章の中で、フォーマリティーの異なる言葉が交じり合って、木に竹を接いだような英語になっていることも多いものです。

4　「単語を知っている」とは？

英語学習において語彙の習得が大切であることは広く認識されていますが、必ずしも体系的な指導が行われているとは言えません。

知っている単語の数が多いに越したことはありません。しかし、もっと重要なのは「どのような語をどのように知っているか」です。

単語、特に使用を目的とする「能動語彙」(active vocabulary)[14] は、そのそれぞれについて、綴り、発音、意味、文法的な振る舞い、他の語との相性などを学ぶ必要があります。意味に関しては、知的な意味だけではなく、ニュアンスやイメージといった副次的な意味にも敏感であることが求められます。さらに、レジスターに応じた言葉遣いもわきまえなければなりません。

13　堅い方から「Frozen, Formal, Neutral, Informal, Familiar, Intimate」。CEFRは、The Common European Framework of Reference for Languages（ヨーロッパ言語共通参照枠）の略。欧州で開発された外国語学習の指導・評価のガイドラインで、日本の英語教育にも導入されています。

14　「意味がわかるだけではなく、自分で話したり書いたりするときに用いる語彙」を指します。それに対して、「意味は理解できるが使えない語彙」は「受容語彙」(passive vocabulary)。

語彙を増やそうとするとき、すべての単語を同じ重さで、しかもランダムに学ぶのは賢明ではありません。まずは「核となる語彙」(core vocabulary)、つまり、意味的にも、フォーマリティーの点でも、最も一般的で中立の語を習得し、それとの違いを考えながら、より周辺的な語彙に広げていくのが得策です。

　前節で触れたCEFRは、外国語学習の国際的な基準として広く認められ、学校の教科書はもちろん、検定・資格試験も準拠するようになりましたが、そこでも、本章で扱った副次的意味やフォーマリティーの重要性が強調されています。

　これまでのように、文法的に正しい文が作れたらそれで事足れり、というわけにはいきません。ニュアンスなどの副次的意味も意識し、さらに場面や状況も考えあわせた上で、適切な言葉を選ぶことができるかどうかが問われる時代なのです。

第5章

コロケーションとスタイルと英語学習

堀　正広

1　はじめに

　本章は、文体論から英語教育への貢献として、コロケーションの視点からスタイルの問題を検討し、英語学習におけるコロケーション学習の重要性を論じていきます。まず、コロケーションの基本的な考えを示し、コロケーションは語彙と文法の両面と密接に関係していることを述べていきます。次に、コロケーション学習の重要性を唱え、コロケーションはスタイルの問題とも関わりがあることを見ていきます。そしてコロケーションと文学の言語を考えていきます。英語学習においてコロケーションとそのスタイルへの意識は、特に上級学習者にとっていかに重要であるかを理解していただくことが本章の目的です。

2　コロケーションとは何か

　最初に、次の括弧の中に適切な英語の単語を入れてください。それぞれの括弧の中に入る単語に対応する日本語は、いずれも「〜をする」です。

(1) I don't like (　　) judo but (　　) basketball.
(2) May I (　　) you a question?
(3) Did you (　　) the final decision?
(4) I have to (　　) some shopping.

(1)の場合、「柔道をするのは嫌いですが、バスケットボールをするのは好きです」という意味ですが、柔道の場合は doing や practicing で、バスケッ

トボールの場合は playing を使います。英語の場合、同じスポーツをするにしても球技の場合と格闘技の場合では、日本語の「する」に対応する動詞は異なります。このような語と語との慣習的な関係をコロケーションと言います。

(2) の場合は「質問をする」ですが、日本語の場合「質問」と「する」は慣用的なコロケーションであるのに対し、英語の場合 question とコロケーションの関係にある語は do ではなく ask です。(3) の「最終的な決心をする」では、decision と一緒に使われる動詞は make です。もちろん、日本語の「する」に英語の do が対応する場合もあります。(4) の「買い物をする」場合は、do を使います。コロケーションは英語と日本語では異なることがあります。このような語と語とのコロケーションの関係を語彙的なコロケーションと言います。

3 コロケーションと文法

前節では、コロケーションを語と語との関係において見てきました。コロケーションは語と語との関係だけでなく、単語の中にはある特定の文法的な制約と共起する傾向が強いものがあります。例えば、動詞 think や know は、接続詞 that を伴うことが多く、一方動詞 want や like は不定詞と結びつく傾向が強いことは一般に知られています。これは語と文法の共起関係で、文法的コロケーションとして扱うことができます。

形容詞と名詞の共起に関しても、文法的コロケーションと言える文法の制約があります。例えば、alone という形容詞は、意味的には lonely や solitary と類似していますが、a lonely traveler や a solitary journey のように、名詞の前に置いて修飾することはできません。I want to be alone. のように主格の名詞や代名詞の後でしか使うことができない形容詞です。同様に、a- で始まる形容詞 (abed, afraid, alike, alive, asleep, awake, aware など) の大半は、名詞や代名詞の後でしか用いることができません。さらに、接頭辞 a- で始まる語ではないのですが、同じように名詞や代名詞の後でしか使うことができない形容詞もあります。例えば、glad, ill, ready, sure などです。興味深いのは、ill と sick は類義語ですが、my sick grandmother とは言えま

すが、sick の代わりに ill を用いることはできません。したがって、ill と sick は意味的には類義語ですが、文法的なコロケーションにおいては類義語とは言えません。

　副詞と動詞の語順に関しても文法的なコロケーションの問題があります。副詞の位置は他の品詞に比べ比較的自由だと言われますが、基本的な位置は理解しておく必要があります。特に、物事や行動の様子を表す様態副詞に関しては気をつける必要があります。次の例を見てください。

(5) The Children **chattered happily**.
　　（子どもたちは楽しげにおしゃべりをしていました）

日本語は「楽しげに」が先にきて「しゃべる」という動詞を修飾しています。しかし英語では、「楽しげに」に相当する副詞 happily は動詞 chatter の後ろから修飾しています。他の例を見てみましょう。

(6) I **laughed heartily** at my wife's little joke.
　　（私は妻のちょっとした冗談に心から笑った）

「心から笑う」という場合も、副詞と修飾される動詞との順番は英語とは逆になります。一般的には chatter や laugh のような自動詞の場合、副詞とのコロケーションは「自動詞＋副詞」の順番になることが多いようです。しかし、次の例のように動詞の前から修飾する場合もありますが、この場合においても walked calmly がより一般的です。

(7) He then **calmly walked** out of the restaurant.

ただ、次の (8) の例のように、他動詞の場合は「副詞＋他動詞＋目的語」と (9)「他動詞＋目的語＋副詞」の語順が多く見られます。

(8) I **heartily recommend this plan** to you.
(9) She **shut the door quietly** behind her.

ここでは、様態を表す副詞に関してだけ見てきましたが、時を表す副詞や頻度を表す副詞に関しては、様態副詞の場合とは異なる場合があります。

次に否定語について考えてみましょう。英語と日本語では否定語のコロケーションが異なることがあります。次の例文を見てください。

(10) 今日の授業には洋子さんしかきて（　　　　　）。

括弧の中に入るのは（いない）です。日本語の「しか」は常に否定語と共起します。この「しか」に当たる英語は only や alone ですが、日本語と同じように使うとまったく異なった意味になってしまいます。(10) は次のように訳すことができます。

(10a) There was only Yoko at today's class.
(10b) Yoko attended alone at today's class.

日本語「しか」は否定語と必ず共起しますが、only や alone にはそのような文法的な制約はありません。

文法的制約ではなく、否定語と共起する傾向が強い英語表現があります。例えば、surprising という形容詞は、用例の約半数が次の例文のように否定語と一緒に使われます。

(11) His reaction is **not surprising**.

一方、surprising と類義語として扱われる amazing は、次の例文のように、否定語と一緒に使われることはほとんどありません。

(12) It's **quite amazing** how easily babies learn to talk.

このように、一見同じような意味を表す単語でも、その文法的なコロケーションは異なることがあります。

4 コロケーション学習の重要性

単語には、他の語と多くのコロケーションを作ることができるものとそうでないものとがあります。次の括弧の中すべてに当てはまる単語を入れてください。

(13) He is a (　　　) thinker.
(14) We heard the news with (　　　) grief.
(15) Take a (　　　) breath.
(16) He has a (　　　) voice.
(17) This is a (　　　) pond.

答えは deep です。(13)「深遠な思想家」と(14)「深い悲しみ」には deep の類義語である profound も入りますが、(15)「深呼吸」、(16)「太い声」、(17)「深い池」には適しません。このような場合、deep のほうが profound よりもコロケーションの範囲が広いと言えます。

コロケーションの視点から基本語を考えると、基本語とは多くの語とコロケーションを作ることができる単語ということになります。したがって、profound より deep のほうが基本語ということになります。そしてコロケーション学習では、多くの他の語と一緒に使われる語を優先的に学習し、そのコロケーションを修得することが重要です。例えば、動詞における基本語のコロケーションでは have 動詞の修得が最も重要です。というのは、have が英語の動詞の中でコロケーションの範囲が最も広く、多くの名詞と共起し、様々な意味で使われるからです。

(18) I have a big favor.「お願いがあります」
(19) I have no choice.「仕方がない」
(20) Can I have a ride?「車に乗せてくれる？」
(21) Thank you for having me.「ご招待いただきありがとうございます」
(22) He has a good head for figures.「実に計算に強い」

このような動詞や形容詞の基本語のコロケーションの習得によって、英語表現が豊かになり、会話や作文における英語活動を円滑に行うことができます。

5 コロケーションとスタイル

　語彙や文法は、言葉が使われる目的、内容、伝達手段、状況や文脈、そして使用者の間の関係などによって様々に変わります。例えば、話し言葉の語彙や文法は、新聞や論文などの書き言葉の語彙や文法とは異なります。このような語彙や文法の違いは、レジスター（register: 言語使用域）やスタイルの問題です。これと同じことが、語彙や文法だけでなく語（句）と語（句）の組み合わせであるコロケーションに関しても言えます。次の例を考えてみましょう。

（23a）My old man has kicked the bucket.
（23b）My beloved parent has joined the heavenly choir.

（23a）と（23b）は、どちらとも「父が死んだ」という事実を述べています。しかし、その事実を述べる言葉遣いには違いがあります。（23a）は、kicked the bucket という俗語表現を使い、会話的です。話し手は、亡くなった父に対して敬意を払っていません。一方、（23b）は少しもったいぶった大げさな書き方になっていますが、父に対して敬意を払っています。この2文は明らかに異なったスタイルで書かれています。
　それでは、この2つの文の主部を次のように入れ替えてみましょう。

（24a）My beloved parent has kicked the bucket.
（24b）My old man has joined the heavenly choir.

2つの文はともに文法的には間違っていませんが、少し違和感を感じます。それは、入れ替えられた主部と述部の組み合わせに問題があるためです。（24a）では My beloved parent と父に対して敬意を払いながら、kicked the bucketという俗語表現を使って父を軽んじています。My beloved parentとkicked the bucketは、同じ文の中で一緒に使われるような相性のいいコンビネーションではないのです。同じことが(24b)にも言えます。述部joined the heavenly choirという詩的な表現に対して、感情を廃したMy old manは適切な主部とは言えません。このようにある文中において、一緒に使うことができる語(句)とそうでない語(句)があります。上記の例で言えば、my beloved parentとkicked the bucketの共起は不自然であり、my beloved parentにはそれにふさわしいスタイルがあるということになります(cf. Warner 1961: 1)。

次の例は、Toyotaの人員削減についての*The Guardian*からの記事です。

(25) Toyota to axe 750 British jobs
　　 Staff told of plan to reduce number of workers at Burnaston plant near Derby as Toyota fights to preserve reputation for safety with massive vehicle recall.　　　　　　　　　（*The Guardian*, January 28, 2010）

記事の見出しでは人員削減を表す表現はto axe jobsのコロケーションを使っています。しかし、記事の書き出しでは、to reduce number of workersと書き換えられています。もしこれと同じことを会話において表現するとしたら、おそらく次のように言うのが一般的でしょう。

(26) Well, you know, Toyota is getting rid of many people.

これはある単語が特定のレジスターと関わるというよりも、特定のレジスターとコロケーションが関わっていることを示しています。次の例を見てみましょう。

(27a) Students must submit their workbook assignment by the end of May.

教師から学生に配布された文書に使われそうな一文です。この内容を教師が授業中に学生に指示するときは、次のように言うでしょう。

(27b) You have to hand in your workbook assignment by the end of this month.

主語は you となり、must は have to となるだけでなく、動詞も submit からもっと一般的な表現である hand in となるでしょう。書き言葉と話し言葉では、同じ内容のことを伝えるときにこのようにコロケーションも変わることがあります。

動詞 submit と動詞句 hand in は類義語ですが、このような類義語においてもレジスターが問題となります。例えば、形容詞 clear と obvious は類義語で、使用頻度は圧倒的に clear のほうが高いのですが、論文では obvious が使われる傾向があります。特に、次の例文のように reason, example, choice, question, advantage などの論文によく出てくる語と共起するときには、ほぼ確実に obvious が使われます。

(28) There are some obvious reasons for it.

名詞 data は datum の複数形ですが、英語圏の人々にもそれはほとんど意識されていないのか、単数形扱いで使われることが多いです。次の例を見てみましょう。

(29) These data are incorrect, but this data is correct.

1 億語のイギリス英語のコーパスである British National Corpus (BNC) で調査すると、data is は 463 例あります。一方、data are は 491 例です。したがって、多くの辞書にも記載されているように、data は実際には複数形ですが単数形扱いでも使用されます。とはいえ、data are のほうが formal で、data is は less formal という違いはあります。しかし、data が単数形・複数形の両方の動詞と共起するのは、書き言葉においてであり、話し言葉では data は単数形の動詞としか共起しません。例えば、複数形扱いとした data are は、話し言葉での用例は BNC にはありません。これをネイティブスピーカーに聞いてみると、書き言葉の学術論文では data is でも data are でも可能であるが、会話においては、改まった学会発表においても data are

は不自然に響くということです。これは話し言葉と書き言葉における文法的コロケーションのスタイルの違いを示していると言えます。data だけでなく、ラテン語起源の複数形 media（単数形は medium）や agenda（単数形は agendum）もまた、話し言葉では単数形として扱われることが一般的になりつつあります。

　Torikai (2013) は、法律文書に特有の副詞として、undoubtedly, repeatedly, allegedly, admittedly, impliedly などの -edly の副詞が多く使われていることを指摘しています。そして、それぞれの副詞の特徴的な使われ方について詳細に調査しています。その中で、repeatedly について、and と一緒に使われることが多く、しかも次の例のように、他の -edly の副詞との共起が多いことを指摘しています。

(30) It is hard to know what to make of this point since the plurality also concedes that we have **explicitly and repeatedly** reserved decision on today's question.
(31) They did so **repeatedly and eloquently**.

これは法律文書に特有の文法的なコローションのスタイルの例と言えます。

6　コロケーションと文学の言語

　文学作品には通常のコロケーションを踏まえて、通常でないコロケーションがあえて使われることがしばしばあります。その使用法は、人物描写に寄与したり、描かれている場面を特徴づけたり、語り手の語りの態度の現れだったりと様々です。いくつか例を見ていきましょう。

　次の引用はルーシー・モンゴメリ (Lucy Montgomery) の『赤毛のアン』として知られている *Anne of Green Gables* (1908) からです。

(32) "Well, whatever it was it must have been something nice because she was **divinely beautiful**. Have you ever imagined what it must feel like to be **divinely beautiful**?"

"Well now, no, I haven't," confessed Matthew ingenuously.
"I have, often. Which would you rather be if you had the choice—**divinely beautiful** or **dazzlingly clever** or **angelically good**?"

ここで使われている太字で表記されているコロケーションは、それぞれ very beautiful, very clever, very good のように、形容詞を修飾している副詞を very で置き換えることもできます。しかし、Anne は divinely beautiful, dazzlingly clever, angelically good と通常においては見られないコロケーションを使っています。こうしたコロケーションを、想像力豊かな Anne の人物描写の 1 つとして作者は使っています (堀 2016: 4–6)。

このような文学的表現としての通常ではないコロケーションは、他に例が見られないことがあります。次の例はチャールズ・ディケンズ (Charles Dickens) の *A Christmas Carol* (1843) の冒頭の部分です。

(33) MARLEY was dead: to begin with. There is no doubt whatever about that. The register of his burial was signed by the clergyman, the clerk, the undertaker, and the chief mourner. Scrooge signed it. And Scrooge's name was good upon 'Change, for anything he chose to put his hand to.
Old Marley was **as dead as a door-nail**.
Mind! I don't mean to say that I know, of my own knowledge, what there is **particularly dead** about a door-nail.

(*A Christmas Carol*, 1843)

この物語の冒頭には、出し抜けに「マレーは死んでいた」という表現があり、次に to begin with と述べられる奇妙さを読者は最初に感じます。冒頭から通常ではない言葉遣いが見られ、その後も至る所に逸脱した言葉遣いが用いられます。例えば as dead as a door-nail の直喩を見てください。この表現はディケンズが作ったものではなく、OED によると 14 世紀からある表現です。直喩を作るために選ばれた door-nail という語は、dead と頭韻を成すために選ばれています。一種の語呂合わせです。しかし、*A Christmas Carol* では、この後にこの door-nail についての言及があります。一般

的にイディオムとして使われているこの表現を通常の使い方で使っていません。イディオムとしての door-nail を文字通りの意味で使うことで、通常の使い方のルールをはみ出しているのです。

　次に、太字で示した particularly dead のコロケーションを考えてみます。ここでは dead を修飾する副詞として particularly が使われています。一般的に dead と一緒に使われる副詞は already や now などで、particularly dead は通常のコロケーションではありません。このコロケーションを Literature Online で調べてみます。Literature Online とは、1477 年から 2015 年までの英語の文学作品、小説だけでなく、詩や戯曲を含めた 35 万以上の文学作品を一挙に調べることができるウェブサイトです。それによると particularly dead のコロケーションは、この *A Christmas Carol* のこの箇所だけでしか使われていません。つまりディケンズ以外の作家は使っていないコロケーションということになります。

　このようなコロケーションをできるだけ忠実に日本語に翻訳しようとすると、日本語としてはいささか不自然な表現にならざるを得ません。次の 3 人の翻訳者のそれぞれの訳を見てみます。

(34) ドアの釘を死んだものの見本として出している　　　（村岡花子訳）
(35) ドア釘のどこが死んでるんだ、っておっしゃるんですか
　　　　　　　　　　　　　　　　　　　　　　　　　　　（小池滋訳）
(36) 扉釘に何か格別なあの世めいた所がある　　　　　　（田辺洋子訳）

このような一種独特な組み合わせや非文法的な表現は、日本語に翻訳するのが難しいとされます。この独特な組み合わせを忠実に翻訳しようとすると、意味のとれない、奇妙な日本語になります。かといって、わかりやすい日本語にしようとすれば、解説的・説明的になり、原文の英語の香りや匂いが消えてしまいます。しかし、このコロケーションの奇妙さこそが、この作品の香りであり、作者であるディケンズの文体の特徴なのです。

7 さいごに

　本章では、語と語の慣習的な結びつきであるコロケーションは、英語学習とどのような関わりがあるかを述べてきました。特に、平易な語と語との結びつきについての学習の必要性を唱えました。また、コロケーションはレジスターやスタイルとどのように関わりがあるかを、具体的な例を見ながら検討し、文学の言語におけるコロケーションの特徴を見てきました。

　結論として、英語学習をコロケーションの視点から段階的に考えると、初学者はまず基本語のコロケーションを学習し、中級者はその言語使用の状況にふさわしいコロケーションを選択できるように多様な表現を習得するべきです。そして、通常のコロケーションを踏まえたコロケーションのずらしについての学びは、文学や創造的な言語を理解するために必要で、上級者への道であると言えるでしょう。

参考文献

ディケンズ，C.(1991)「クリスマス・キャロル」(小池滋訳)『クリスマス・ブックス』(小池滋・松村昌家訳)東京：筑摩書房．
ディケンズ，C.(1952)『クリスマス・カロル』(村岡花子訳)東京：新潮社．
ディケンズ，C.(2012)『クリスマス・ブックス』(田辺洋子訳)広島：溪水社．
Hori, M. (2004) *Investigating Dickens' Style: A Collocational Analysis*. Basingstoke: Palgrave Macmillan.
堀正広(2009)『英語コロケーション研究入門』東京：研究社．
堀正広(2011)『例題で学ぶ英語コロケーション』東京：研究社．
堀正広(編)(2016)『コーパスと英語文体』東京：ひつじ書房．
Leech, G. (1969) *A Linguistic Guide to English Poetry*. London: Longman.
Torikai, S. (2013) "Participle based '-edly' Adverbs in Legal Discourse."『ことば・文化・コミュニケーション：異文化コミュニケーション学部紀要』立教大学, 5, 77–98.
Warner, A. (1961) *A Short Guide to English Style*. London: Oxford University Press.

第6章

文のスタイル

菊池　繁夫

1　はじめに

　私たちは「〜が...をする」という言い方をします。例えば「Xがその絵を描いた」などです。それに対して、それを受身にした言い方、例えば「その絵はXによって描かれた」などの言い方もすることがあります。初めの形を能動態、後者を受動態と言います。ここでは、その能動態と受動態という「態」に絞って文のスタイルを考えてみたいと思います。

2　能動態から受動態へ

　例えば、テニスの錦織選手がリオ・オリンピックで銅メダルを取ったことは、ネットのニュースでは次のように報道されました。

(1) Nishikori won the bronze medal for Japan, beating Nadal in singles action on Sunday.（錦織は現地時間の8月14日にナダルをテニスのシングルスで下して日本に銅メダルをもたらした）
(Brady, J. (2016) "Kei Nishikori beats Rafael Nadal, wins 2016 Olympic tennis bronze medal." *SB Nation*)

この文の中で能動態と受動態の問題に関係のある部分だけを取り出してみると、次のようになります。

　　　　主語　　　動詞　　　目的語
(2)　Nishikori won the bronze medal.

これは主語＋動詞＋目的語の文型を持った文ですが、これを受身の文、つまり「銅メダルは錦織によって勝ち取られた」という受動態の文にするにはどうしたらいいでしょうか。図示すると次のようになります。

（3）能動態　Nishikori won the bronze medal.

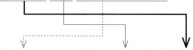

　　　受動態　The bronze medal was won by Nishikori.

主語の部分は by をつけて「～によって」という形にして、動詞の部分は「be 動詞＋過去分詞」という形にします。

　能動態の文と受動態の文とでは、使われる頻度が異なります。どのくらいの差があるのでしょうか。その回数を数えてみました。ただ、能動態や受動態は節と呼ばれる単位（主語＋動詞（＋目的語など））で現れ、文は、この節が集まったものです。大文字で始まりピリオドで終わる間に、節は 1 つであったり 2 つであったりします。「態」を数えるためには、それぞれの節がいくつあるかを見る必要があります。後でもう一度出しますが、"Novak Djokovic loses to Sam Querrey at Wimbledon 2016"（Newbery, P., *BBC Sport*, July 2, 2016）という見出しの、テニスの王者 Djokovic が Wimbledon で敗れたことを伝える BBC Sport の記事では、節の数が全部で 88 あり、そのうち能動態が 83 例で受動態が 5 例です。受動態は約 6% しか使われていないことになります。このようにあまり使われないのであれば、受動態を使うことを避けたほうがいいのでしょうか。その点を次に見て行きたいと思います。

3　態の選択と「聞き手が知っている事柄」

　私たちは文を作るときに、聞き手がどの事柄を知っているかを考えながら文を作ります。そして聞き手が知っている事柄は文頭に置き、知らないであろう事柄は文末に置きます。

　例えば聞き手が錦織選手のことは知っていて、彼が何をしたかは知らな

いので知りたく思っているとします。つまり聞き手が次のように聞いている、あるいは思っているとします。

(4) What did Nishikori?

この場合は (5) のような形の文が適切なスタイルとなります。

(5) He won the bronze medal.

錦織選手のことはすでに (4) で出ている、つまり (5) の聞き手である (4) を発した人物は知っている事柄ですので、(5) では多くの場合代名詞として文頭に置き、形としては能動態の文になります。
　もし聞き手が、誰がリオ・オリンピックのテニスのシングルスで銅メダルを取ったか知らないとすると、下のようなことを聞き手は思っているわけです。

(6) Who won the bronze medal?

この場合は、銅メダルは聞き手が知っている事柄なので、話し手としては文頭に置き、また多くの場合は代名詞で表現し、知らない事柄を後続させます。すると次のように受動態の文になります。

(7) It was won by Nishikori.

あるいは聞き手に了解されているであろう前半部分をすべて略して、簡単に "Nishikori." とします。"Who was the bronze medal won by?" に対する答えなら "By Nishikori." も可能です。
　このように、聞き手が何を知っているかを考えながら話し手は文を作るので、自由にどちらの態を使ってもいいということにはならないわけです。普通は、聞き手が知っているであろう情報を考えた上でコミュニケーションを行うので、よく練習問題で行われる能動態から受動態への変換、あるいはその逆は、実際にはできないことになります。

（8） Nishikori won the bronze medal.（能動態）

The bronze medal was won by Nishikori.
（受動態）

文脈から能動態にするか、受動態にするかは決まってくるためです。

　そうすると、上に挙げた能動態の使用割合が約94%で受動態は6%のみという数字は意味を失います。なぜなら、それはそれぞれの文脈で適切な態が選ばれている結果にすぎないからです。ただし、能動態のほうが多く使われるということは、われわれが外界の出来事を理解するときに、能動態的な思考をする傾向にあるということは言えそうです。

　受動態的な思考をする、つまりそのスタイルが好まれる分野があります。Crystal & Davy (1969: 21) は、受動態は "some types of scientific English" の特徴であると述べています。また、Biber et al. (1999: 938) では、4つの領域（会話、小説、ニュース、学術文献）ごとに能動態と受動態の使用頻度を示していて、全100万語のうち、状態動詞では領域ごとの差はあまりないけれども、動作動詞の受身は会話で1,000例、小説で2,500例、ニュースで5,000例、学術文献で10,000例となっていて、学術的な分野で受身が多く用いられる傾向にあると述べています。Biber et al. は、この理由として、学術的な文献では動作をした人よりも一般論として事柄を述べることのほうが多いというのが理由だと述べています。ただし上に述べたように、読み手にとってすでに知っている事柄かどうかは、能動態か受動態かを選ぶときには、やはり考慮されます。自然科学の学術誌である *Nature* からの例を挙げてみます。

（9） The temperatures of giant-planet upper atmospheres at mid- to low latitudes *are measured* to be hundreds of degrees warmer than simulations based on solar heating alone can explain. Modelling studies that focus on additional sources of heating have been unable to resolve this major discrepancy.（中緯度および低緯度の位置で、巨大惑星の上層大気の温度は、太陽からの熱にのみ基づくシミュレーションでの温度よりも数百度温度が高い。付加的な熱源に焦点を当てたモデル研究では、この大きな矛盾を説明することができていない）

(O'Donoghue, J., L. Moore, T. S. Stallard & H. Melin (2016) "Heating of Jupiter's upper Atmosphere above the Great Red Spot." *Nature* 536: 190–92)

　ここでは、第1文ではイタリックにした箇所のように受動態が用いられています。第2文ではどうでしょうか。第2文の "this major discrepancy" は第1文に書いてある内容であり、読み手にとってはすでに知っている事柄なので文頭に置いて受身とするほうが適切と思われます。しかし "This major discrepancy has been unable to be resolved." や "The major discrepancy has not been able to be solved." は文法的に言えないので、この分野の研究者には共有された知識である "modelling studies" を、すでに知っている情報として文頭に置く能動文のスタイルが選ばれています。これは受動態が好まれる学術的な文章でも、必要な場合には能動態が用いられる例です。

　他のジャンルではどうでしょうか？　新聞のヘッドラインを見てみましょう。下のオーストラリアのニュースサイトからの例は、テニスの王者 Novak Djokovic が 2016 年のウィンブルドンでアメリカの Sam Querrey に負けたことを伝える見出しです。

（10）Djokovic beaten at Wimbledon（ジョコビッチ敗れる）

（*SBS News*, Jul 3, 2016）

　少し古い言い方を使って和訳すれば「ジョコビッチ敗れたり」となるでしょう。読者が気になっている、したがってすでに知っている Djokovic を文頭に置き、そのテニスの結果を読者が知りたい事柄として文の後方に置いています。この形は新聞の見出し特有の受身構文と言えるでしょう。ここでの 'beaten' の用法は、John Milton 作の Paradise Lost（楽園失われたり）などと同じ叙述用法です。Jespersen (1969 [1933]: 120–21) は、by 以下の動作を行った人、ここでは Djokovic を破った人物が表現されない理由として、不明なので述べ難い、あるいは文脈から自明な場合など5つを挙げていますが、(10) の場合は、とにかく Djokovic が負けたこと (beaten) を強烈に伝えたいがため、読者にとっては知らない事柄であっても省略して、とにかく負けたことに焦点を当てたと言えるでしょう。誰に負けたかは背景に置いていますので、負けたことの驚きがよく伝わります。同じ内容を BBC の

ヘッドラインでは能動態にしています。

(11) Novak Djokovic loses to Sam Querrey at Wimbledon 2016

(Newbery, P., *BBC Sport*, July 2, 2016)

こちらは、読者に伝えるべき新しい事柄が多く述べられていますので、比較的冷静なスタイルとなっています。

4 効果的な文章を味わってみる

　以上、聞き手や読み手が知っている事柄を考慮しながら話し手や書き手が態を決める例を示してきましたが、文学作品を鑑賞するときにも、この点がわかっていると、そのスタイルを深く味わうことができます。
　(12) はカズオ・イシグロ (Kazuo Ishiguro) の "Come Rain, Come Shine" からの引用です。ここでは、仲の悪くなった旧友の夫婦の仲を取り持つように頼まれた主人公 Ray が、友達夫婦が不在の時に、彼らのアパートで妻である女性の小さなダイアリーを見つけます。主人公は自分のことが書かれていたページを破ってしまうのですが、見たのを気づかれてしまうと思い、慌てて出張中の友人に電話するシーンです。

(12) But she'd left it sitting there, right there on the kitchen table.

(Ishiguro, K. (2009) "Come Rain, Come Shine." *Nocturnes*, 60)

「苦境」から逃げないで、そこで頑張るというのが Ishiguro の小説の一貫した主題ですが、ここでも苦境の源である小さなダイアリーが置かれたテーブル、普通ならあるのが当たり前なので気にも留めないキッチンテーブルに焦点が当たった、能動態の形が効果的に用いられています。
　これを受動態で表しても同じ効果が出ます。誰がダイアリーを置いたかを示す "by her" は "table" の後ろでは遠すぎるので "left there" の後ろ、つまり最初の節の末尾に来て下の文になるでしょう。

（13） But it had been left there by her, right there on the kitchen table.

この場合は動作を行った "by her" も、読み手に取って新しい情報として文の後半に置かれ、彼女が意図的に見えるようにダイアリーを置いたことを含意します。ちなみに、(13) から "by her" を取った受動態だと、全体が新しい、驚きを示す情報を伝える文となりますが、置いた人物は不明なので、少しミステリリアスな文になります。

　受動態のほうが効果的な場合もあります。(14) では 2 つ目の文が受身になっています。

（14） No notice was visible now for the shutters were up. A crape bouquet was tied to the door-knocker with ribbon. （お知らせはシャッターが閉まっていたので見えなかった。黒い花束がリボンでドアのノッカーに結びつけられていた）　　　　　（Joyce, J. (2000) "The Sisters." *Dubliners*, 5）

この 2 つ目の文では、主人公の友達の Flynn 司祭の死亡を示す黒い花束が、ドアに留められていること全体が、新しい情報として印象的に、受動態の形を取って示されています。お知らせの "notice" はなかったが、代わりに "A crape bouquet" が目に留まったということで、"notice" との平行性から導き出される形で新しい事柄の "A crape bouquet" が主語となり、その状態が示されています。

　次に詩の場合を見てみましょう。下の例はヘンリー・W・ロングフェロー (Henry W. Longfellow) の "The Arrow and the Song" の詩です。

（15）　ɪ₋₁ I shot an arrow into the air,
　　　　　：
　　　　ɪɪ₋₁ I breathed a song into the air,

この行は受身にするとどうなるのでしょうか。動作を示す "by me" が出るはずですが、韻律として、もし Longfellow が (15) の原文のように弱強 4 歩格を基本とする形にこだわったとしたら、下の (16) のようになっていたでしょう（"into" は "intó" と読みます）。

(16) An arrow was shot into the air,

：

A song was breathed into the air,

　違いがあるとすれば、(15)では読者の目の前にいる動作を行う者である"I"を言語化して前景化し、まだ読み手にはわかっていない動作を文の後半で示すという能動態のスタイルがとられており、それによって動作を行う者の力強さが示されます。それに対して、(16)では動作を行う者は言語化されないで後景化し、全体を読み手にとって新しい出来事として示すことで、行われた行為のみが示されることになります。(15)の能動態を選ぶことにより、Longfellowは動作を行う者の力強い行為を示したかったのだということがわかります。

　映画のセリフでも、会話の聞き手にとって新しい事柄の位置について同じことが言えそうです。下のやりとりは『ローマの休日』(*Roman Holiday*)からの引用です。シーンは、王女AnneがアメリカのからのJoe Bradleyの部屋に転がり込んできた翌日、Joeは寝過ごして王女との記者会見に遅れてしまったと思いながら出社し、会見をして来たので遅れたと上司Hennessyに言い訳をする。ところがその日の朝刊には王女が病気になったのですべての会見は中止になったと出ている。上司からそれを指摘されたときの会話が下のやりとりです。

(17) JOE　　　　Am I fired?
　　 HENNESSY　No, you're not fired. When I wanna fire you, you won't have to ask!

　ここで上司のHennessyの第1文は "No, I won't fire you." と能動態で言ってもよかったはずですが、Joeの質問に平行する形で受動態を使っています。聞き手のJoeにとっての新しく、また重要な情報は "not fired" なので、それが文末に来るスタイルをHennessyは取ったわけです。能動態にすると動作を行う者が表されることになるので、その人物、つまりHennessyの、"won't fire you" という意思が強調されることになってしまいます。ここでは、辞めなければならないかどうかという状態のみが問題となってい

ますので、そこが焦点となる受動態が適切に使われていることになります。

5 効果的な文章を書いてみる

次に、サンプルとして効果的な連続する文を作ってみましょう。例えば、生徒達が書く文として次のようにIが主語として連続するものをよく見かけます。文法的には合っていますがぎこちない文の連続です。

(18) (a) I went to Tokyo Disney Land with my friend, Hanako, yesterday. (b) I was fascinated by the attractions and buildings. (c) I was most impressed by the beauty of Cinderella Castle. (d) I will never forget its beautiful shape standing against the blue sky.

この文章を、今まで論じて来た「読み手（ここでは聞き手の代わりに読み手とします）が知っている事柄」という点を考慮して書き換えてみましょう。まず、読み手がすでに知っている事柄かどうかという点ですが、"Disney Land" は (a) を読んだ段階で読み手にとっては知っている事柄となり、それを前提として (b) が続かなければなりません。(b) の "the attractions and buildings" は、全体 (Disney Land) とその部分 (the attractions and buildings) の関係に当たるので、書き手と読み手にとって両方が知っている知識となります。したがって、それを読み手がすでに知っている事柄として文頭に置くことができます。つまり次のような能動態になります：(b) The attractions and buildings fascinated me. (c) の "Cinderella Castle" も共有された知識ですので、すでに知っている事柄とすることができますが、建物の中の1つであることをより明確にするために "among them" を加えてみます。そうすると、無生物主語を文頭に置いた能動文に文型を変える必要が出てきます：(c) The beauty of the Cinderella Castle, among them, impressed me most. (d) では同じように、このお城を読み手がすでに知っている事柄として文の始めに置いて、別の能動態の文にします：(d) Its beautiful shape standing against the blue sky will never leave my heart. これらをまとめると次の (9) のようになります。

（19）(a) I went to Tokyo Disney Land with my friend, Hanako, yesterday. (b) The attractions and buildings fascinated me. (c) The beauty of the Cinderella Castle, among them, impressed me most. (d) Its beautiful shape standing against the blue sky will never leave my heart.

このように、コミュニケーションの相手に対する配慮から、能動態か受動態の形が決まってくるわけで、この観点からも、文の態のスタイルを見ることができるわけです。

6 まとめ

　文レベルでの文体論的ポイントを、「態」という点に絞って考えてきました。なぜ能動態でなく受動態が選ばれたのか、あるいはその逆、つまりなぜ能動態の形が「選択」されたのかを考えることが、文のスタイルを考え味わう上で必要という点を述べてきました。そして、もし授業の中で生徒に指導するときには、1つの文の形を決まったものとして教えるのではなく、聞き手や読み手がどこまで知っていると話し手や書き手が考えているかを教えながら、文の態の形を一緒に考えてみることが必要です。同じことは、自分一人で英語を学習するときにも言えます。

参考文献

Biber, D. et al. (1999) *Longman Grammar of Spoken and Written English*. Harlow: Pearson Education Limited.

Brady, J. (2016) "Kei Nishikori beats Rafael Nadal, wins 2016 Olympic tennis bronze medal." *SB Nation*. http://www.sbnation.com/tennis/2016/8/14/12475192/2016-olympics-tennis-winner-kei-nishikori-bronze-medal.

Crystal, D. & D. Davy (1969) *Investigating English Style*. London: Longman.

"Djokovic beaten at Wimbledon." (2016) *SBS News*, July 3, 2016. http://www.sbs.com.au/news/article/2016/07/03/djokovic-beaten-wimbledo.

Ishiguro, K. (2009) "Come Rain, Come Shine." *Nocturnes*. London: Faber and Faber.

Jespersen, O. (1969 [1933]) *Essentials of English Grammar*. London: George Allen

and Unwin.
Joyce, J. (2000 [1914]) "The Sisters." *Dubliners*. Oxford: Oxford University Press.
Longfellow, H. W. (1970) *Poems*, Everyman's Library 382. London: Dent.
Newbery, P. (2016) "Novak Djokovic loses to Sam Querrey at Wimbledon 2016" *BBC Sport*, July 2, 2016. http://www.bbc.com/sport/tennis/36691155.
O'Donoghue, J., L. Moore, T. S. Stallard & H. Melin (2016) "Heating of Jupiter's upper Atmosphere above the Great Red Spot." *Nature* 536: 190–92. http://www.nature.com/nature/journal/v536/n7615/full/nature18940.html.
Roman Holiday (1953) motion picture, Paramount Pictures, USA. Directed by William Wyler. https://www.youtube.com/watch?v=4DsjLyOZXl0.

III

会話(リスニング・スピーチ)編

第7章 会話の英語とは

豊田　昌倫

1　はじめに

　英BBCの人気長寿番組に 'Just a Minute' があります。1967年12月にラジオ第4放送 (Radio Four) で始まり、今日まで続いている30分のクイズ番組。BBCのホームページによれば、'Panel game in which the contestants are challenged to speak for one minute *without hesitation, deviation or repetition* on any subject that comes up on the cards.'[1]（参加者が言いよどんだり、話題からそれたり、繰り返したりすることなく、カードに示されたトピックについて1分間、スピーチをするパネルゲーム）と説明されています。

　このゲームでは、ためらいやしゅん巡は禁物。4人のパネリストたちは、このルールを守って1分間、「縦板に水」を流すごとく、流暢に話し続ける必要があります。パネリストは最初は規則を守ろうとしますが、つい何度も言いよどんだり、同一語を繰り返してしまうと、司会者がベルを鳴らして失格となる。逆に1分を問題なく乗り切ると、ポイントが与えられる。わずか60秒のスピーチがいかに難しいかを痛感させる番組です。

　最近の放送をオンデマンドで聞いてみると、与えられたトピックは 'cricket' や 'Paddington'［ロンドン西部の駅、童話に出てくるクマの名］など。無事に1分間を切り抜けるのは至難の業で、ベテラン俳優もついためらって口ごもってしまい、観客の笑い声が絶えないようです。この番組が「コメディー」に分類されているのも、なるほどとうなずけます。パブリックスピーキングに関心のある人には、大いに参考になるパネルゲーム。これにならって自分でスピーチの練習をするのも、面白いかもしれません。

　一方、会話を考えてみれば、むしろ上のルール違反こそが自然な会話の

1　http://www.bbc.co.uk/programmes/b006s5dp.

本質、と言えるのではないでしょうか。言いよどみ、語句の繰り返し、脱線などは日常茶飯事。同じ話し言葉でも、スピーチと会話にはこのように相反する傾向がありそうです。本章では会話への関心を高め、実際の会話に役立てることをも目標として、会話英語の特徴を考えてみましょう。

2　会話の位置づけ

　英語の変種 (variety) は、活字によるものか口頭によるものか、という伝達のモードによって、まず書き言葉と話し言葉に二分されます。さらに、前者については印刷されるか、手書きか、あるいは音声伝達を目的とするかどうかによって、後者については話者の数という基準によって、次の図で示す下位区分が可能でしょう。

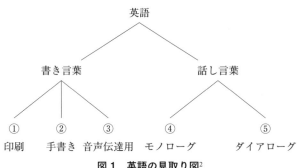

図1　英語の見取り図[2]

①には小説、新聞、広告など、②には日記や手紙、③には戯曲、原稿のあるスピーチやラジオ・テレビのニュース、④には即興のスピーチ、⑤には会話とインタビューなどが挙げられるでしょう。この区分において書き言葉は、原稿ないしスクリプトのある変種と分類されています。

　では、英語学習によく利用される映画の英語は、どこに位置づけられるでしょうか。⑤の会話と考えられそうですが、映画はスクリプトに基づくという理由で、戯曲とともに書き言葉の③に区分されます。ただ、③は音

---

[2] Svartvik, J. & R. Quirk (1980) *A Corpus of English Conversation*. Lund: C W K Gleerup, 19 参照。

声伝達を目的としますので、上の図でも右半分の話し言葉の近くに位置づけられています。ついでながら、近年、広く使用されているＥメールのメッセージは、音声というよりも文字によるところから、①と②の中間的な新種と考えておきましょうか。

すでに例に挙げた 'Just a Minute' のスピーチは、スクリプトがないところから、④のモノローグに分類され、⑤の対話である会話とかなりの差異があることは、この見取り図からも予測されるところです。

3　「実用会話」と「日常会話」

会話を目的によってさらに下位区分することもできます。教科書や会話教本では、道案内や買い物、ファーストフード店での会話が、定番として採用されてきました。場面に応じた紋切り型の表現が多く、初心者でも容易に学習できる、という利点もあるようです。一例を挙げてみましょう。

（1）　A: Excuse me, please. Could you tell me how to get to the station?
　　　B: Take the second turning on the right and go straight on.
　　　A: How long does it take to get there? Is it far?
　　　B: No, it's only about ten minutes' walk.
　　　A: Thank you very much.

おなじみの型にはまった流暢な会話です。

会話教本で学ぶこのタイプの会話は、「道を聞く」「買い物をする」など実用的な目的をもつという理由で、「目的志向の会話」と考えてもいいでしょう。ここでは便宜上、「実用会話」と呼ぶことにします。

これに対して、友人同士の会話はどうでしょうか。「実用会話」とは異なり、達成すべき目的はなさそうです。友人と 30 分の間、カフェでおしゃべりしたとしましょう。振り返ってどんな情報を交換したかと考えてみても、せいぜい先週見た映画が面白かったということぐらい。それよりも、とにかく楽しかった、時を忘れて話がはずんだ、というのが正直な印象ではないでしょうか。実利という意味での「目的なき会話」です。

ただし、情報伝達以外の目的があるとすれば、親しい人と時および場を共有する楽しみ。あるいは、授業、仕事、家事などからの解放感、リラクゼーション[3]、といったところでしょうか。これこそ日常生活における会話の大きな効用です。このタイプを「日常会話」と呼ぶことにしましょう。

「実用会話」の対話者は、ほとんど初対面の人と考えられます。見知らぬ人に話しかけるには、その場にふさわしい言葉遣いが必要となるでしょう。「道案内」をお願いする (1) では、please を使ったり、Could といった丁寧な語で会話を始めて、最後には感謝の言葉で締めくくっています。このように「実用会話」とはフォーマルなレベルの対話にほかなりません。

他方、気のおけない友人との「日常会話」では、話者がお互いに対等の関係にありますから、丁寧表現は不必要で、ごくくだけた平易な語が用いられます。リラクゼーションという目的にかなうために、スピーチのように決まったルールもなく、言いよどみや繰り返し、それに脱線も問題なく許容され、会話がときには長時間にわたることも珍しくありません。この2つのタイプをまとめてみましょう。

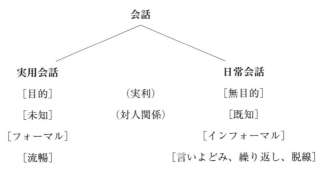

図2　会話の下位区分と特徴

「日常会話」には上で示したように、いくつかの特徴が考えられますが、それを背後で支えている原理は、解放感ないしリラクゼーションと言えそうです。以下、会話の英語をこの観点から考えてみましょう。

3　Crystal, D. & D. Davy (1975) *Advanced Conversational English*. London: Longman, 112, "The use of lexical vagueness is undoubtedly a main sign of social and personal *relaxation*."

4　リラクゼーション

4.1　文法と省略 (ellipsis)

　われわれが英語で日常会話を行うとき、どうしてもフォーマルになってしまう傾向はありませんか。日本人のきちょうめんな性格の反映なのかもしれませんが、文法的に正確な構文を使って話そうとする。一般に文法の出発点となる文型の基本は、〈主語〉+〈動詞〉+〈目的語/補語〉と教わるところから、例えば、

(2)　Would you like to go to a concert tomorrow?
　　　Sure. *That sounds great.*

のような例文がよく見られます。イタリックにした箇所は、〈主語〉+〈動詞〉+〈形容詞〉の第2文型で正しい英語なのですが、これではリラクゼーションの会話というよりも、文法の教えるパタンにはまって、いささかフォーマルな印象を与えませんか。

　では、That sounds great. の主語 That を省いて、Sounds great. はどうでしょう。歯切れのよい、生きた英語という感じです。ただ、書き言葉の文法では、英語の主語は省略できないとされますので、〈動詞〉+〈形容詞〉では不完全文と判定されるかもしれません。しかし、書き言葉ではなく話し言葉、とりわけインフォーマルな会話では、コンテクストが明らかな場合、主語は省くことが可能です。さらに動詞も省略して、単に Great. とすることもできます。すなわち、

(I)

のように、文の要素を省略するにしたがって、よりインフォーマルになると考えられます。省略はリラクゼーションの指標[4]と考えておきましょう。

次の2文をご覧ください。

(3) Sun . . . hot . . . me . . . ice-cream!
(3′) The weather lately has been oppressively sultry.[5]

いずれもうだるような蒸し暑い日の描写であり、BBC放送の日本語部長をつとめたトレヴァー・レゲット（Trevor Leggett）氏によれば、(3)は中国人、(3′)は日本人の発言だとのこと。語彙力500語程度の中国人は、空を指して、あたかも自分が太陽の熱で溶けてしまうアイスクリームであるかのように演じる。表現力満点で、フレンドリーな雰囲気が高まり、笑いが起こる。これに対して、何万という語彙や古典的な語句を熟知した日本人の教授は、正確な文を構成しようと苦心したあげく、The weather lately has been oppressively sultry. を絞り出す。その場に流れるのは、重苦しい沈黙、というわけです。いささか誇張されているようですが、かつて知日派のレゲット氏が描いた日本人像は、今でもそれほど変わっていないのかもしれません。

それはともかく、(3)と(3′)を比較すると、(3)は文の肉づけをそぎ落とし、「省略」されて骨格のみの姿と言えるでしょう。冠詞や動詞などを補って書きなおせば、

(3″) (The) hot sun (melts) me (like) ice-cream.

となり、(3)は括弧内の語を省略した不完全文で、平易な語の連鎖にすぎません。

これに対して、(3′)はすべての要素を備えた完全文で、動詞の時制は現在完了。been の補語には、oppressively sultry というきわめて頻度の低い難語が選ばれています。sultry は文語レベルの語であり、会話では hot and close や hot and humid などが普通です。加えて oppressively は4音節の外

---

4 Carter, R. & M. McCarthy (2006) *Cambridge Grammar of Spoken and Written English: A Comprehensive Guide—Spoken and Written English, Grammar and Usage.* Cambridge: Cambridge University Press, 902, "*ellipsis* is a linguistic indicator of informality."
5 Leggett, T. & J. Newman (1981) *Behind the Blue Eyes.* 東京：英潮社, 5.

来語。2 つの -ly 副詞を用いた日本人好みの (3′) は、まるでお役所が発表する週間天気概況であるかのような味気なさ。多分、ジェスチャーもなく、無表情で発話されたような気がします。難解な語彙と文法をなぞる正確無比な文構造とあいまって、これではフレンドリーでリラックスした会話は生まれません。

　実は、(3), (3′) の文を収めた書物が出版された数年後、著者のレゲット氏が来日され、京都で初めてお目にかかったことがあります。当時 BBC 日本語放送の熱心なリスナーであった私にとっては、かけがえのない貴重な時間でした。ただ、レゲット氏との会話では、新しい実例を提供することがないようにと自己規制して、天候の話題をまったく口にしなかったのを覚えています。

4.2　音声と脱落 (elision)

　会話におけるフォーマリティー (形式性) の度合いは、語彙、文法、表情などに左右されますが、加えて音声面でも明らかな差異が認められるはずです。スピーチでは、1 語 1 語が正確に発音されるのとは対照的に、友人同士の会話では、まったく別のモードが採用されています。つまり、文頭では弱形を用いて、その箇所をスピードアップするスタイルです。例えば、

　　(4)　He should have been there.

という文はどのように発音されるのでしょうか。仮に各音節をすべて辞書に記載されている通り、

　　(4′)　/hiː ʃʊd hæv biːn ˈðeə/ ［標記は標準イギリス英語による］

のように発音すると、解放感どころか、きわめて堅苦しく響きます。
　では、最初の 4 語に強形に代わって弱形を使ってみましょう。ここでの音声弱化の原理としては、次の 3 項目を挙げておきます。

> ① 長母音　→ 短母音
> ② /ʊ, æ/ → /ə/ (→ φ (脱落)) [φ はゼロ]
> ③ /h/ → φ (脱落)

実際の自然な会話においては、He should have been there. は弱化して、

(4″) /iʃdə bɪn ˈðeə/

となり、(4′) では 3 音節の He should have は、2 音節の /iʃdə/ に簡略化、かつスピードアップされて、まるで日本語の「石田」のように聞こえるはずです。このインフォーマルな「石田」モードこそ、リラクゼーションの反映にほかなりません。

なお、具体的な弱化の過程が /hiː/ → /hi/ → /i/, /ʃʊd/ → /ʃəd/ → /ʃd/, /hæv/ → /həv/ → /əv/ → /ə/, /biːn/ → /bɪn/ であることは、上掲①、②、③の原理から明らかでしょう。なお、/əv/ → /ə/ における /v/ の脱落は、上の弱化の原理には含まれていませんが、次の子音 /b/ (been) の前に位置することから生じたものです。以上をまとめると、

(4)　He should have been there.
(4′)　/hiː ʃʊd　hæv biːn ˈðeə/ (強形) [フォーマル]
(4″)　/iʃdə　　　 bɪn ˈðeə/ (弱形) [インフォーマル]

と示されるように、(4″) では /h, ʊ, h, v/ が脱落しています。上の 4.1 では文法の観点から要素の「省略」を説明してきました。基本となる「省略」の原理は、音声レベルでは「脱落」として実現されますので、上掲 (I) にならい、have を例にとって「脱落」とフォーマリティーの関連を示しておきましょう。

(II)　/hæv/ → /həv/ → /əv/ → /ə/
　　　[formal] ⟷ [informal]
　　　　　　[弱化、脱落]

4.1 では（I）をめぐって、省略はインフォーマルで、「リラクゼーションの指標」と述べておきました。同様に音声上の脱落も、リラクゼーションの指標と考えられませんか。

　こうした脱落は、弱化とともに文頭近くで起きる例が多いようです。その理由は、コンテクストから明らかな代名詞、be 動詞や助動詞などの機能語が、冒頭部に置かれる傾向にあるからです。(4) を

(4) He should have been ｜ there.
　　　　① [旧情報]　　｜　② [新情報]
　　　　　[高速]　　　｜　　　[低速]

のように 2 つの部分に分けてみます。①はテクストが含意する旧情報であるのに対して、②は新情報。①は情報的に価値が低いため、弱く速く発せられるのに対して、②は強くゆっくりと発音されるでしょう。

　映画やドラマ、ラジオ・テレビのニュース放送では、①と②の対比はそれほど際立ちません。しかし、自然な会話では高速と低速がめまぐるしく切り替わります。とりわけ①のトップスピードには驚かされます。ただ、こうしたメカニズムを知っておけば、ヒアリングはとても楽になります。もう速さをおそれる必要はありません。文頭で弱く、またきわめて速く話される①では、すべての語を正確に聞き取ろうと緊張することなく、気楽に構えて聞き流す。②のゆっくりと強く発音される箇所を聞きとるだけで、メッセージの骨子、新しい情報は問題なく理解できるでしょう。

4.3　言いよどみ (hesitation)

　では、準備運動を終えたところで、自然な日常会話の実例を観察してみましょう。ここでは、フェリーで英仏海峡を渡ったときの体験が語られています（C, A, D は発話者、・はごく短いポーズ、− はやや長めのポーズ、M (/m/) はあいづち、[ ] 内は割り込み発話、〜 は聞き取り不能な箇所、下線部は動作を示す）。

(5) C: *w were you* ・ did you have a car with you ・
　　A: M
　　D: M・it's all（C: how）included in the price

C: I see (A: oh I 〜) *er*・*how did you get* − *I mean* how did you find that side of it because・(A: marvellous) *you know* (D: 〜) some people say that that・(A: 〜) driving a car across a ferry is the devil of a job・
D: eh
A: *well* this was clears throat
D: across a
C: *I mean* taking a car across − to the continent (A: no) on on a ferry (A: it's it's) is is hell[6]

言いよどみとは、ポーズ、er や erm など指示的意味を持たない音、I mean, you know, well などの談話標識 (discourse marker) が代表例。しかし、そのほかにもためらって、言いよどむ表現がありそうです。

冒頭の箇所、

(5–1) *w were you*・did you have a car with you
　　　　①–1　｜　①–2　｜②

ここで話者は *w were you* と言いよどんで、ごく短いポーズの後、did you 構文に切り替えています。発話の最初に位置する ①–1 が、言いよどみの部分と考えられます。

「言いよどみ」といえば、話者がちゅうちょして、会話の流れが停滞するとの印象を与えるかもしれません。しかし、実際には、①–1 および ①–2 は、4.2 で述べたように、弱形が主体となり、高速で発音されますから、会話が停滞したりスピードダウンすることはありません。

次の例はどうでしょうか。

(5–2) *er*・*how did you get* – *I mean* how did you find that side of it
　　　　　①–1　　　　｜　　①–2　｜②

6　Crystal, D. & D. Davy, 52–53.

ここでは、イタリックで示した ①–1 が言いよどみの部分です。まず、*er* はおなじみのためらい表現。ごく短いポーズ（・）の後で、*how did you get* と始めたとはいえ、get に続く目的語の選択で一瞬、迷ったのでしょうか。長めのポーズ（–）を置き、get から find にいわば「馬を乗り換えて」、how did you find に落ち着きました。

　（5–1）の *w were you* や（5–2）の *er・how did you get* は、「出だしの誤り」に分類されることがあります。英語では 'false start' と言い、陸上や水泳などスポーツの世界では「フライング」を意味します。すなわち、これから話されるメッセージは、①–2 以降が伝えることになるので、それに先行する出だしの ①–1 は、「誤り」であって不要、という意味なのでしょう。

　しかし、（5–1）と（5–2）における ①–1 は、本当に「誤り」で不要なのでしょうか。たしかに、メッセージの伝達という観点からは、カットが可能です。ただ、前触れもなくいきなり、

Did you have a car with you?
How did you find that side of it?

などと切り出すのは、いかに友人同士の会話であっても、いささか唐突で、尋問調。リラックスした会話では、避けたいスタイルです。緊張感をほぐすように、発話の最初にクッションをおいて言いよどみ、流れを和らげて話すほうが自然で、好ましく感じられるでしょう。スポーツ競技では、2回フライングすると失格になりますが、日常会話のフライングに制限はありません。それどころか、言葉のフライングは、実はインフォーマルな会話のテクニックではないか、とさえ思われてきます。

　次に、談話標識に触れておきましょう。文構造の転換は、ポーズの後でも自由にできますが、（5）では *I mean* を用いて言いよどみ、路線の修正を前もって知らせています。なお、I mean は ①–1 の部分に該当し高速で発せられますから、/ai ˈmiːn/ ではなく、/ai/ が /ə/ に弱化して /əˈmiːn/, ときには /ə/ も脱落して /ˈmiːn/ のように聞こえることもありますから、注意が必要です。

　I mean は（5）の例にもあるように、前の発言を補足ないし修正し、さらには、

(6) Are you coming to the concert tomorrow?
No, *I mean*, yes, actually.

が示すごとく、no から yes へ、あるいは逆に yes から no へと、360 度の転換さえ可能にする便利な表現です。

最後に、I mean に関する注目すべき考え方をご紹介しておきましょう。談話標識としての I mean では、発言の補足、訂正など進行中の会話における機能が重視されますが、デイヴィッド・クリスタル (David Crystal) とデレック・デイヴィ (Derek Davy) は、「その主たる目的は、文のスタイルを変えること、話し手が聞き手に向かて、今行っている会話はインフォーマルなものだ、という評価を伝える点にある」[7] と述べています。さすが、クリスタルならではの慧眼というべきでしょう。

4.4 繰り返し (repetition)

次に引用するのは、久しぶりに出会った 30 代の男性 2 人による会話で、子どもがなかなか寝つかない、とのおしゃべりの一部です。ここでは繰り返しに着目しましょう。[S は Speaker（話者）の略。s'pose = suppose. mm はあいづち、, はマイナーな転換、... は 1 秒を超えるポーズ]

(7) ⟨S 02⟩ They do I s'pose take up a lot of time, don't they, kids?
⟨S 01⟩ They take up a lot of, I mean, normally, you get, if you're lucky they're all tucked up in bed by eight-thirty [⟨S 02⟩ mm] ... that's if you're lucky, and then er
⟨S 02⟩ Do they sleep all night without erm waking up, did they wake up last night, they didn't [⟨S 01⟩ no] did they, no, [⟨S 02⟩ no] didn't hear a thing
⟨S 01⟩ Jamie normally, you put him in his cot and he's ... he's gone [⟨S 02⟩ mm] he sleeps he's very good at sleeping [⟨S 02⟩ mm][8]

---

7 Crystal, D. & D. Davy, 91–92.
8 Carter, R. & M. McCarthy (1997) *Exploring Spoken English*. Cambridge: Cambridge University Press, 43.

反復される平易な内容語は、全体のほぼ4割近くにのぼり、繰り返しが会話の特徴であることがよくわかります。ただ、sleep を sleeps, sleeping, wake up を waking up と少し形を変えていますので、語幹反復を含む、と言ったほうがいいかもしれません。

2人の間の反復と話し手自身が行う反復は、次のように矢印を用いて示すことができます。

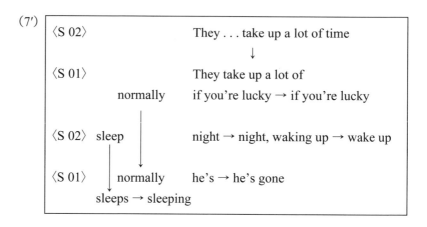

縦の矢印は他者反復 (other repetition)、横の矢印は自己反復 (self-repetition) を意味します。同じ語句を互いに繰り返す他者反復は、会話におけるサポートないし協力の証であり、2人の一体感が高まる原因となるでしょう。

最初の他者反復、They . . . take up a lot of time に関して、〈S 01〉は *They take up a lot of* と続けますが、目的語の time を省き、I mean, normally と言いよどみ、if you're lucky they're all tucked up in bed by eight-thirty と脱線してしまいます。この場合の反復は、その語句を敷衍したり、コメントを加えることもなく、相手の発言をたしかに聞いている、との確認にすぎないように感じられます。

もしもミステリーの会話であれば、They take up a lot of, I mean, normally などと口ごもるならば、即座に Take up a lot of *what*? などと、詰問されるでしょう。しかし、目的語を言わないのはおかしい、などと文法の規則にしばられた会話は息がつまりそうです。これとは逆に、親しい友人との会話では、こうした不完全な構文はそのまま聞き流されて、お互いに気に留

めることはありません。

　同一語句を繰り返す自己反復も日常会話の特徴です。*if you're lucky they're all tucked up in bed . . . if you're lucky* のように、反復構造の間に他の語句が入る事例のほかに、*he's . . . he's* gone など、他の語句をはさまずにそのまま繰り返される場合もあります。

　このタイプの反復には、4.3 で検討した「言いよどみ」との共通点がありそうです。すなわち、he's と切り出したが、それに続く適切な語がすぐ浮かんでこない。しかし、気まずい沈黙は避けなければならない。そこで、途切れることなく話し続けるために、繰り返しに頼るというわけです。(5)には、

> C: I mean taking a car across − to the continent (A: no) *on on* a ferry (A: *it's it's*) *is is* hell

という文があり、引用しませんでしたが (5) の少し後の箇所では、

> (5–3) D: *you you・you* go to 〜 *if you* want *if you*'ve got a cabin

のように、you が 3 回、if you が 2 回繰り返されています。活字で見ると、いずれも不必要な反復と思われがちですが、整然とした書き言葉や公式のスピーチはいざ知らず、インフォーマルな会話では、反復はごく自然な選択であり、実際の音声を聞いてみても、文や句の冒頭部での高速の繰り返しは、ごく自然に感じられて、違和感を与えることはありません。

　ロナルド・カーター (Ronald Carter) とマイケル・マカーシー (Michael McCarthy) は、何かをすぐ言わねばとプレッシャーがかかっている状態で生じる語や句の繰り返しは、会話では完全に正常な現象であり、ずさんでだらだらした話し方だと考えてはならない[9]、と指摘しています。この発想は繰り返しに限ることなく、他の会話特徴にも妥当するのではないでしょうか。

　このように考えると、「縦板に水」のごとく流暢な会話は、実は語義矛盾であることに気づきます。'Just a Minute' やスピーチでは、流暢さが好ま

9　Carter, R. & M. McCarthy (2006), 173.

れるのは当然です。しかし、自然な日常会話では、省略や脱落はごく普通であり、平易な語を用いて相手の発言を組み込み、言いよどんだり、語句を繰り返しながら、おしゃべりを楽しむ。これぞリラクゼーションの会話です。

5 おわりに

　ベネディクト・カンバーバッチ（Benedict Cumberbatch）といえば、BBCのTVドラマ『シャーロック』（*Sherlock*, 2010–14）の名探偵シャーロック・ホームズ（Sherlock Holmes）役でブレイクした、今をときめく英国のスター俳優。彼が主役を演じた舞台劇『ハムレット』（*Hamlet*, 2015）に関するインタビューの役者としての成長を述べた箇所で、

(8) '*You're you're you're* thinking about how you apparently shoot up as well...

と You're を3回繰り返しているのに気づきました。言葉につまって次の語を模索しているというよりも、そこは名優カンバーバッチのこと。ためらいがちに繰り返すことによって、インタビューでの形式性を取り除き、友人同士の会話のようなアットホームな感じを醸し出したかったのでしょうか。事実、1時間近いインタビューでは、芝居好きな2人が心行くまで演劇談議に花を咲かせている、といった様子がごく自然に伝わってきます。

　本章では会話英語の原理、リラクゼーションを取り上げて、文法、音声、語彙、および談話の観点から考えてきました。その本質を少しでも理解することによって、会話を聞いたり、自分が会話に参加するときの楽しみが倍増します。それに加えて、インタビュー、スピーチ、ドラマや映画、さらには小説中の会話に対する新たな興味が湧いてくるでしょう。映画を見るときには、スクリプトライターがどのようなタイプの会話を創作しているか、に関心が向いてきます――。

　1語1句が意味をもつドラマティックなせりふなのか、あるいはリアルな日常会話の再現が試みられているのでしょうか。

第8章

会話のスタイル

山崎のぞみ

1 はじめに

　書き言葉を中心にして英語を身につけた学習者が、何かの機会に英語圏に放り込まれると、まったく新しい知的経験と言うに等しい会話英語の世界に衝撃を受けるものです。私が昔イギリスに留学したときも、書き言葉とは異なる英語の実態に驚きの連続でした。美容院で、美容師が私の後頭部の髪をひと房つまんで *Taking off?* と聞いてきたことがあります。「ここも切りましょうか」ということなのでしょうが、主語と be 動詞の省略や、*cut* ではない *take off* という表現に感じ入りました。また、会話での応答方法にも戸惑いを覚えたものです。ホームステイ先の高齢女性が相づちに *quite* をよく使っていたのですが、年代の違う私が使ってもいいものか当時はそのニュアンスをつかみきれませんでした（相づちの *quite* は今ではイギリス英語でわずかに使われる程度で、フォーマルで古風に響くようです）。

　会話のスタイルは、同じ話し言葉でも 1 人で話すスピーチや役割が固定したインタビューとは大きく異なります。話者同士が「話し手」の役割を互いに交替しながらリアルタイムで話を進めるのは会話ならではでしょう。面白いのは、A→B→A→B...と、あらかじめ決められた手順で規則正しく平等に発言機会が与えられるわけではないことです。参加者が交互に順番を得てカードを操作するトランプのようなゲームと異なり、会話では、A の発話が一区切りすると、次はまた A が話すのか、それとも交替して B が話すのかはその都度決定されなければなりません。話の流れやお互いの反応を見ながら、会話の間中、話者間でその決定がなされ続けているのです。

　また、会話参加者に求められるのは「話す」だけでなく、相手の発話に対して適切な反応を返す「聞き手」としての役割（リスナーシップ）もありま

す。世界的に有名な言語学者デイヴィッド・クリスタル氏による講演を収めた DVD (Crystal 2009) にこんな一幕がありました。氏は、「会話とは何か」との問いに対して *The bottom line is, there has to be feedback.* (要はフィードバックがなければならないことです) と答えた後、会話の「話し手」と「聞き手」を一人芝居して見せます。巧いのは、「聞き手」の実演です。うなずいたり腕を組んだりしながら *Uh-huh. Yeah, yeah, yeah. Uh-huh. Yeah. Oh no! Really? Dear oh dear . . .* と1人でフィードバックを続ける姿は、滑稽ですがリアリスティック。さらに絶妙なのは、現実の会話でこのフィードバックをやめてみる実験をしてごらんなさいと勧める場面です。フィードバックをやめ、銅像のように突っ立った「聞き手」のクリスタル氏に聴衆から笑い声がもれますが、氏が一転して「話し手」に切り替わり、あたふたした様子で *Are you all right? . . . Heart? . . . Stroke?* (大丈夫？ 心臓発作？ 脳卒中？) と架空の聞き手を不審そうにのぞきこむそぶりを見せると会場は一気に笑いに包まれました。

　クリスタル氏の「名演技」を見ていると、日常の会話で無意識に行っている当たり前の振る舞いに突然スポットライトを当てられたような感覚を覚え、面映ゆさすら感じました。クリスタル氏は「この (フィードバックをやめる) 実験を誰にするかはよく気をつけること」と茶目っ気たっぷりに忠告していましたが、実際、誰との会話であれ、聞き手としてフィードバック (相づち) をしないことはありえません。

　こう考えてみると、会話は非常に高度なリアルタイム性を有し、「話し手」としても「聞き手」としても高い即応性が求められる「難易度」の高い言語活動と言えます。母語では無意識のうちに自然に行っている会話ですが、外国語になると難しくなるのは会話のそのような側面が顕在化するためでしょう。本章では、英語の会話スタイルを「ターンテイキング」と「相づち」という点に着目して見ていきたいと思います。話者はどのようにターンを交替しながら話し、聞き手はどのように相づちを打って反応しているのでしょうか。第2,3節では映画の会話に見られるターンテイキングと相づちのスタイルをそれぞれ考察し、第4節では現実に行われた会話を両面から観察します。

2　ターンテイキング――ターンを交替する

　自然で打ち解けた会話では、ターンテイキングに関わる瞬時の状況的判断を話者同士が無意識に行っており、「次は誰が話すか」などと言葉にすることはまずありません。裏返せば、ぎこちなく気まずい会話を意識するのは、自然なターンテイキングがうまくいかなくなり、ターン交替の手続きが表面化するときです。映画『ホリデイ』(*The Holiday*) から、惹かれ合って恋愛関係になりながらもお互いのことをまだよく知らないアマンダとグレアムが、初めてレストランでデートらしいデートをしたときの会話を見てみましょう。

(1)　01　Amanda:　So you're a book editor.
　　　02　Graham:　Yes, I am.
　　　03　Amanda:　What kind of an editor are you?
　　　04　Graham:　A very mean one.
　　　05　Amanda:　(laughter) No, what I meant was, do you give
　　　06　　　　　　massive notes or . . .
　　　07　Graham:　Well, the better the writer, the less notes I give.
　　　08　Amanda:　And what did you study in school?
　　　09　Graham:　Literature.
　　　10　Amanda:　And did you always know this was what you
　　　11　　　　　　wanted to do?
　　　12　Graham:　OK, my palms are starting to sweat. I feel like
　　　13　　　　　　I'm on a job interview. Do you by any chance
　　　14　　　　　　know how to be on a date?
　　　15　Graham:　Sorry, I know, I'm interrogating you.

（映画『ホリデイ』から）

　アマンダは、グレアムに職業や専門について矢継ぎ早に質問する (L1, L3, L5–6, L8, L10–11)「尋問スタイル」をとっています。相手のことをよく知りたいという思いがこのスタイルに駆り立てているのでしょう。*And what did* you study in school? (L8), And did you always know . . . ? (L10–11) のように and を用いて質問を畳み掛けていく話し方は面接や尋問さながらです。実際、グレアムが I feel like I'm on a job interview. (仕事の面接のようだ) (L12–13) とぼやき、アマンダも I'm interrogating you. (私、あなたを尋問してるわね) (L15) と認めています。アマンダの「尋問」に対してグレアムは、最初は Yes, I am. (L2) と面接を受ける人のようなかしこまった答え方をしていました。しかし、A very mean one. (意地悪な編集者だよ) (L4)、the better the writer, the less notes I give. (作家が良ければ注文は少ないんだけどね) (L7) のように茶目っ気も見せており、シリアスな雰囲気をかわそうとしているようです。

　このような Q&A パターンはおよそ自然な会話とは言えません。この会話の少し後でグレアムが Okay. I believe my time is up. Your turn. (よし、僕の番は終わりだな。君の番だ) と、質問に答える順番をアマンダに引き渡していますが、このような順番決めも普通の会話ではないことです。映像を見ると、恋愛初期の2人がぎこちない会話スタイルを演出してわざとらしさを楽しんでいると受け取れますが、日常会話での尋問的なやりとりは通常は「気楽で楽しい会話」とは言えないでしょう。

　対照的に、お互いをよく知る親しい人たちのリラックスした会話ではターンテイキングが自然になされています。映画『プラダを着た悪魔』(The Devil Wears Prada) から、くだけた雰囲気の中でワインを片手に談笑している若者たちの会話を見てみましょう。お洒落に興味のないアンディが一流ファッション誌 Runway のカリスマ編集長ミランダのアシスタントとして採用され、就職祝いに親しい友人4人がレストランに集っている場面です。

(2) 01　Nate:　Wait. You got a job at a fashion magazine?
　　 02　Andy:　Uh-huh.
　　 03　Nate:　Well, what was it, a phone interview?
　　 04　Andy:　Ah. Don't be a jerk.
　　 05　Nate:　No, I'm jus . . .
　　 06　Doug:　Miranda Priestly is famous for being unpredictable.
　　 07　Andy:　Okay, Doug. How is it that you know who she is and
　　 08　　　　 I didn't?
　　 09　Doug:　I'm actually a girl.

10	Andy:	Oh.
11	Lily:	That would explain so much.
12	Doug:	Look, seriously, Miranda Priestly is a huge deal. I
13		bet a million girls would kill for that job.
14	Andy:	Yeah, great. The thing is, I'm not one of them.
15	Lily:	Well, look. You gotta start somewhere, right? I mean,
16		look at this dump Nate works in. (laughter) I mean,
17		come on. Paper napkins? Hello?
18	Nate:	Yeah, and Lily, she works at that gallery, doing . . .
19		You know . . . Oh, I'm sorry, what exactly is it that
20		you do, anyway?
21	Doug:	Uh . . . uh lucky for me, I already have my dream job.
22	Nate:	You're a corporate research analyst. [Andy:
23		Corporate research analyst.] (laughter)
24	Doug:	Oh, you're right. My job sucks.
25	All:	No. (laughter)
26	Doug:	It sucks. I don't . . . It's boring.

(映画『プラダを着た悪魔』から)

会話が弾んでいるのは、ポーズが起こることなく話し手が次々と交替し、短い発話のターンが連続していることから窺えます。*Well* (L3, L15), *Okay* (L7), *Look* (L12, L15), *Yeah* (L14, L18), *Uh* (L21), *Oh* (L24) といった語を利用してターンを取ったり、*I mean* (L15, L16) や *You know* (L19) という表現でターンを維持したりしています。インフォーマルでカジュアルな会話に特徴的なターンテイキングのスタイルです。

また、ダグの *I already have my dream job.* (L21) に対して、ネイトが *You're a corporate research analyst.* (L22) (投資アナリストだろ [それが「憧れの仕事」なわけがない]) とからかう場面があります。アンディはここで、大きく笑いながら *Corporate research analyst.* (L23) と言ってネイトと言葉を重ね合わせるのです。この2人同時のからかいが会話をいっそう盛り上げていると言えるかもしれません。このように、偶然オーバーラップするのではなく話し手同士が阿吽の呼吸で同じ言葉を重ね合わせることを「ユニゾ

ン」(串田 2006) あるいは 'choral co-production' (Lerner 2002) と言います。話者同士の親近感や一体感を高めるこのような現象は、どの言語の会話にも見られるのではないでしょうか。

3　相づち——聞き手としての役割

　相づちはフィードバック、バックチャネル (backchannel)、レスポンストークン (response token) などとも呼ばれ、ターンを獲得する意図のない聞き手が話し手に送る言語的・非言語的反応のことを言います。聞き手からの反応を受け取った話し手は、それに基づいて自分の話がどのように受け取られているのかを理解し、発話を続けます。聞き手の相づちが会話の潤滑油となり話者間の良好な関係を促進するということは想像に難くありません。聞き手は、表情やジェスチャーによって反応を送ることもありますし、*huh, hmm* などの非言語音、*yes, okay, good, fine* などの単語や *of course, that's true, I agree* のような 2 語以上の相づち表現を使うこともあります。さらに、「聞き手」の相づちなのか「話し手」による 1 つの発話なのかの判別が難しくなるような長いものもあるでしょう。

　この相づちの頻度や打ち方の慣習は言語や文化によって異なり、日本語では英語の 2 倍の頻度で相づちが打たれるそうです。日本人は英語で会話するときも日本語の頻繁な相づちスタイルを持ち込みやすいと指摘されています。また、同じ英語でもイギリス英語とアメリカ英語を比較すると、*lovely, brilliant, marvellous* はイギリス英語に特徴的、*absolutely, wow, sure* はアメリカ英語に目立つという調査結果もありました (McCarthy 2002)。ちなみに *cool* は元々アメリカ英語の相づちですが、ポップカルチャーを通してイギリス英語にも輸入されました。

　それでは、映画『キューティ・ブロンド』(*Legally Blonde*) から、共感や同意を示す程度が非常に高い相づちスタイルを見てみましょう。エルと恋人のウォーナーが、高級レストランで食事しながら 2 人の将来の話をしている場面です。プロポーズを今か今かと期待するエルは、目を見開いて大げさにうなずきながらウォーナーの話に共感度の高い相づちを連発しています (相づちと考えられる発話には筆者が下線を引いています)。

(3) 01　Warner:　One of the reasons I wanted to come here tonight
　　 02　　　　　　 was to discuss our future.
　　 03　Elle:　　And I am fully amenable to that discussion.
　　 04　Warner:　Good. Well you know how we've been having all
　　 05　　　　　　 kinds of fun lately.
　　 06　Elle:　　Yeah.
　　 07　Warner:　Well, Harvard is gonna be different. Law school
　　 08　　　　　　 is a completely different world, and I need to be
　　 09　　　　　　 serious.
　　 10　Elle:　　Of course.
　　 11　Warner:　I mean my family expects a lot from me.
　　 12　Elle:　　Right.
　　 13　Warner:　I expect a lot from me. I plan on running for office
　　 14　　　　　　 someday.
　　 15　Elle:　　And I fully support that. You know that, right?
　　 16　Warner:　Absolutely. But the thing is, if I'm gonna be a
　　 17　　　　　　 senator by the time I'm thirty, I need to stop
　　 18　　　　　　 dicking around.
　　 19　Elle:　　Oh Warner, I completely agree.

(映画『キューティ・ブロンド』から)

fully amenable (L3), *fully support that* (L15), *completely agree* (L19) といったやや仰々しい表現は相づちの域を超えているのかもしれませんが、平凡な聞き手に甘んじるわけにはいかないエルの結婚への意気込みが見てとれます。相づちの冒頭に *and* (L3, L15) を使うのも、前節 (1) の会話でアマンダの質問冒頭にあった *and* と違い、ウォーナーとの強い連帯意識の表れに他なりません。しかしエルの努力もむなしく、この会話の直後に「(ブロンド女は議員にふさわしくないから) 別れたい」とウォーナーに切り出されてしまいます。圧巻なのは、この言葉と同時にエルが早まって *I do* (「イエス」よ) とされてもいないプロポーズの返事をしてしまうところです。この予想外の展開の面白さに拍車をかけているのは、それまでのエルの大げさな相づちスタイルではないでしょうか。

次に、同じ『キューティ・ブロンド』から、初対面の 2 人が親密な相づちスタイルをとることで急速に関係が近づく例を見てみます。ウォーナーとよりを戻すために猛勉強して彼が学ぶハーバードに入ったのに、彼は別の女性と婚約していたことがわかり、傷心のエルはネイルサロンに駆け込みました。店員のポーレットにネイルを施してもらいながら愚痴を吐き出しているシーンです。

(4) 01　Elle:　　　Are you free? It's an emergency.
　　02　Paulette:　Bad day?
　　03　Elle:　　　You can't even imagine.
　　04　Paulette:　Spill.
　　05　Elle:　　　I worked so hard to get into law school. I blew off
　　06　　　　　　Greek week to study for the LSATs. I even hired
　　07　　　　　　a Coppola to direct my admissions video. All to
　　08　　　　　　get my boyfriend Warner back. And now he's
　　09　　　　　　engaged to this awful girl Vivian, so it was all
　　10　　　　　　for nothing. And I . . . I just wish . . . I just wish I
　　11　　　　　　had never gone to Harvard.
　　12　Paulette:　After you went to all that trouble.
　　13　Elle:　　　He's engaged. She's got the six-carat Harry
　　14　　　　　　Winston on her bony, unpolished finger. What am
　　15　　　　　　I supposed to do?
　　16　Paulette:　You're asking the wrong girl. I mean I'm with my
　　17　　　　　　guy eight years and then one day, it's "I met
　　18　　　　　　someone else. Move out."
　　19　Elle:　　　Oh no. That's awful.
　　20　Paulette:　Dewey kept the trailer and my precious baby
　　21　　　　　　Rufus. I didn't even get to throw him a birthday
　　22　　　　　　party.
　　23　Elle:　　　No!

(映画『キューティ・ブロンド』から)

経緯をぶちまけながら努力がすべて無駄だったと泣きじゃくるエルの話を店員はしばらく黙って聞いていますが、話の途切れ目で *After you went to all that trouble.* (L12)（さんざん苦労したのにね）と返します。これも聞き手としての相づちなのか話し手としての発話なのかは意見が分かれるところかもしれません。しかし、店員がエルの話をよく理解し同情していることが端的に表れており、エルの心情に沿った適切な相づちと言えるでしょう。その後、*What am I supposed to do?* (L14–15)とエルにアドバイスを求められた店員が似たような身の上話を始めると、今度はエルが *Oh no. That's awful.* (L19), *No!* (L23)と短いながら強い共感の相づちで答えます。2人とも、決して頻繁に相づちを打ってはいないのですが、お互い心情的に寄り添うような相づちスタイルをとっており、初対面ながら心理的距離がぐっと縮まっているようです。

4　現実の会話——ターンテイキングと相づちのスタイル

ここでは、映画や劇のような創作された会話ではなく、現実に行われた会話を見てみましょう。以下の(5)の会話は、ICE-GB (International Corpus of English: Great Britain)というコーパスに収録されている大学の友人同士の会話です。この会話のメインの話者はAとC（両者とも女性）で、それ以外の複数の人が *Mm* や *Yeah* など短い相づちを差し挟んでいますが、ここではそれは省略します（スクリプトでは、隣接する網掛け部分は発話のオーバーラップ、〈,〉は短いポーズ、「…」は声が小さくなり途中で途切れた不完全な語を示します）。

Cが家を売って北部へ引っ越す計画の話をしているのに対して、Aは親身になって助言したり自分の考えを述べたりしています。CもAの助言を素直に受け入れて同意を示しており、2人の間に共感が生まれているようです。

(5)　01　C:　Well I i⋯ it's cheaper up there　We are seriously
　　　02　　　　considering selling the house
　　　03　A:　Are you really
　　　04　C:　And moving up north Because

05	A:	The only thing is is at the moment Helen it's an
06		awful trouble to sell
07	C:	Yeah this is it So e⋯ if I get the job I'll rent for a
08		while until the house [A: Mm] prices pick up but
09	A:	That's an idea Yeah
10	C:	Because that way I mean if I know Peter and I could
11		buy a house each ⟨,⟩ you know and then have ready
12		cash as well
13	A:	Yes You'd be able to afford it up there [C: Yeah]
14		wouldn't you
15	C:	I mean we'd take out a little mortgage
16	A:	I mean you wouldn't necessarily need a house I
17		mean a flat or something would do [C: Yeah exactly]
18		you each wouldn't it

(ICE-GB: S1A-019)

一見して目立つのは網掛け部分、つまり発話のオーバーラップです。CとAのターンテイキングには以下のような、発話末と発話冒頭が重なるオーバーラップのパターンが見られます(例えばL4–9)。

通常、話者はターンを交替しながら「一時に1人の発話」のルールに則って会話を進めます。会話が成り立つためには、複数の話者が同時に話すのではなく1人だけが話している状態を守らなければなりません。ところが実際の会話を見ると、この会話のようにオーバーラップが非常によく起こっています。「全発話の約3分の1にオーバーラップが起こっている」と言われるほどです。ただ、でたらめに起こるのではなくほとんどがターンの始めか終わりの方に起こるため、会話を乱す「問題」にはなりません。ま

第 8 章　会話のスタイル

た、会話のオーバーラップの許容度は言語や文化によって、あるいは個人の会話スタイルによっても異なります。社会言語学者のデボラ・タネン (Deborah Tannen) によると、ニューヨークの人たちは話す速度も速く、相手の発話が終わる前から話し始めるのが普通だそうです。日本人は逆に、ターン交替のときに起こるポーズの許容度が高いと言われています。

　(5)の会話では、どのような箇所でオーバーラップしているでしょうか。Aの発話の冒頭がCの発話末と重なっている、つまりCの発話が終わる前にAが話し始めているのは以下のような発話です。

A:　*The* only thing is ... (L5)　　　Cが考慮すべき点の指摘
　　That's an idea Yeah (L9)　　　Cの計画に対する賛成の相づち
　　I mean you wouldn't necessarily need ... (L16)　　Cへの助言

一方Cは、以下のような発話の冒頭がAの発話とかぶっています。

C:　*Yeah this is it* ... (L7)　　　Aの指摘への同意
　　Yeah (L13), *Yeah exactly* (L17)　　Aの助言に対する同意の相づち

　つまり、この会話のオーバーラップは、会話を乱れさせるものであるどころか、2人のトピックへの関心の高さや意見の一致がもたらした重なりであり、ターンテイキングに勢いを与えていると言えます。一般的に「会話が弾んでいる」と言うのはこのようなターンテイキングのスタイルの時かもしれません。

　続いて、ICE-GB から同僚の男性同士のレストランでの会話を見てみます。Aが、外出に難があると思われるリズという女性についてBに近況報告をしているようです (L1 の *Verdi* はヴェルディのオペラ、L4 の *Le Manoir* はレストラン名と思われます)。

(6)　01　A:　By the way, Liz is OK for going to the uhm ⟨,⟩ Verdi
　　　02　　　 in Oxford
　　　03　B:　Oh good Uhm
　　　04　A:　and dropping into Le Manoir

05	B:	Oh good good Best start s⋯ best start saving
06	A:	That's why because the base⋯ which is basically a
07		prerequisite of going to uh ⟨,⟩
08	B:	Yes
09	A:	to do that as she hadn't been there for a while yeah
10	B:	Did she look at the other operas and uh sort of uh say
11		that she'd
12	A:	uh no I'll tell you now No
13	B:	She didn't I mean was she not [A: She didn't] was
14		she not allowed to or
15	A:	No no Cos you only asked me to look at that specific
16		one so I did
17	B:	Well I did but perhaps [A: No] she might ⟨,⟩ if she
18		wanted to
19	A:	No Sh⋯ sh⋯ she well not Well no⋯ no⋯ she isn't into
20		a lot of opera and if you start giving her a series of
21		events to go to it'll make her shy away
22	B:	I see

(ICE-GB: S1A-061)

この会話には、ターンテイキングと相づちに関して(5)の会話とは異なるスタイルが見られます。それは、「聞き手」と「話し手」の役割の意識に変化が見られる点です。会話の前半は、Aの報告に対してBが聞き手として相づちを打つというパターンで進んでいます。L1–5を横軸のタイムラインに沿って表記し直してみましょう。

A: ... going to the uhm ⟨,⟩ Verdi in Oxford (↗)   and
B: Oh good Uhm

A: dropping into Le Manoir (↗)
B: Oh good good

Aの...*Oxford* (L2) も...*Le Manoir* (L4) も上昇調のイントネーション（↗）で話されており、Aの発話継続の意図が表されています。Bもそれを察して、文法的に一区切りのこれらの箇所で *Oh good* (L3), *Oh good good* (L5) と相づちを入れてAに継続を促しているのでしょう。Bは *Oh good good* (L5) の後さらに何か言いかけますが、Aの発話とオーバーラップしてしまったため発話をとりやめ、Aにターンを譲りました (L5–6)。Bのこのような「聞き手」としての役割の意識は、次のL7–9にも見られます。

A:　...of going to uh ⟨,⟩　　to do that as she hadn't been there...
B:　　　　　　　　　　　　Yes

Aの...*going to uh* ⟨,⟩ (L7) という文法的に完了していないうちの言いよどみやポーズは、発話がまだ続くことを示唆しています。Bはそれに対しても *Yes* (L8) と相づちを打ってAに発話を促しています。

しかし、Bが *Did she look at the other operas* ... (L10)（彼女は他のオペラを見たか）という話題を出したところから一転します。Bの「聞き手」としての相づちはしばらくなくなり、(5) の会話にはなかったターンの競合に関わるオーバーラップが見られるようになるのです。L10–12 に早速それが起こっているので見てみましょう。

B:　...and uh sort of uh say that she'd
A:　　　　　　　　　　　　　　　uh　　no I'll tell you now No

L10 から始まるBの質問が言いよどみとともに声も小さくなると、Aは *uh* (L12) とオーバーラップしながらターンをとって、「リズは他のオペラを見ていない」ことを主張します。その後、Aが「Bにそのオペラを見るようにとだけ言われたから」(L15–16) という理由に触れると、今度はBが慌ててオーバーラップして入り込んできました。L16–20 に見られるターンの競合は以下の通りです。

A:　...so I did　　　　　No　　　　　No Sh... sh... she well
B:　　　　　Well I did but perhaps she might ⟨,⟩ if she wanted to

A: not Well no⋯ no⋯ she isn't into a lot of opera and . . .
B:

Bにターンを取られそうになりますが、Aは「Bに言われたからというより、そもそも彼女はオペラにそこまで関心がない」ことを伝えなければならないため、*No Sh⋯ sh⋯ she well not . . .* (L19) と言いよどみながら再びターンを取り返しました。そして *Well no⋯ no⋯* とさらに言いよどみながらターンを維持し、発言を続けることに成功しています。このように会話の後半は、オーバーラップを通したターンの競合が特徴的なスタイルになっています。決して反目的なやりとりではないのですが、お互い誤解のないように主張する必要があるために、このような方法がとられているのだと思われます。

5 おわりに

　本章では会話のスタイルを「ターンテイキング」と「相づち」の側面から眺めてきました。ターンをどのように交替しているか、相づちをどのように打っているかという観点から会話を観察してみれば、英語で会話するための大きなヒントを得られるのは確かでしょう。ターン交替には目線や身振りも関わっているため、観察には映像が見られる映画やドラマが手軽です。相づちとして一般的な *yes, yeah, right, I know* などは頻出するので観察しやすいですし、「長い」相づちは、話者の意図や人間関係といった発話をとりまく状況とも関連しているので、ストーリーに絡んだ思わぬ発見があるかもしれません。

　また、話し言葉コーパスに収められているような本物の会話の音声とスクリプトが入手できれば、それを学習者に観察させることも有意義です。第4節で見たように、話者がオーバーラップしたり言いよどんだりしながらターンを取ったり、譲ったり、維持したりしているダイナミックなやりとりに触れられます。生の会話を観察に使う難点は、プライベートな内容が多く、部外者には意味不明な部分が多々含まれることです。そのような会話に耳を澄ませるのは、ある意味ショック療法的な作業かもしれません。

しかし、実際の会話の無秩序で乱脈な実態に触れることが会話能力向上の一助となることは間違いないでしょう。

英語教育におけるスピーキング学習では、これまで「話す」ことに力点が置かれてきました。しかし、聞けなければ話せないわけですし、「聞いていること」を示さなくてはならない時間は案外あるものです。近年、「話す」ことの要素の中には「聞く」ことも組み込まれているとの認識が進み、リスナーシップ（聞き手としての役割）の視点が注目されています。英語でどのように相づちを打っているかを学ぶことは、異なる言語における聞き方の違いへの意識を高め、異文化間の会話に伴う誤解の回避にも役立つはずです。

さらに、英語会話でのターンテイキングや相づちのスタイルの多くの側面が、日本語の会話にも共通することにお気づきでしょう。学習者がそのことに気づくだけでも、英語での会話が特別なものではないとわかり、会話にアプローチしやすくなるのではないでしょうか。また、日本語と英語の会話スタイルの比較を通して、両言語によるコミュニケーションの類似点や相違点を考えることもできます。このような活動も、英語やそれ以外の言語の学習への動機づけや、言語をまたいだ言語意識の向上に資すると思われます。

参考文献

Crystal, D. (2009) *The Future of Language: The Routledge David Crystal Lectures*. London: Routledge.

串田秀也 (2006)『相互行為秩序と会話分析：「話し手」と「共-成員性」をめぐる参加の組織化』京都：世界思想社.

Lerner, G. H. (2002) "Turn-Sharing: The Choral Co-Production of Talk-in-Interaction." In C. E. Ford, B. A. Fox & S. A. Thompson (eds.) *The Language of Turn and Sequence*. Oxford: Oxford University Press, 225–56.

McCarthy, M. (2002) "Good Listenership Made Plain: British and American Non-Minimal Response Tokens in Everyday Conversation." In R. Reppen, S. M. Fitzmaurice & D. Biber (eds.) *Using Corpora to Explore Linguistic Variation*. Amsterdam: John Benjamins, 49–71.

第9章
丁寧さのスタイル（ポライトネス）
——アリスとハリーのおしゃべりに注目して

椎名　美智

1　はじめに

　本章では、大人にも子どもにも人気のある『不思議の国のアリス』（*Alice's Adventures in Wonderland*）と『ハリー・ポッターと賢者の石』（*Harry Potter and the Philosopher's Stone*）を取り上げて、そこに出てくる登場人物の「おしゃべり」に注目します。誰が誰にどんなスタイルでおしゃべりしているのか、その会話スタイルをポライトネスの観点から探ります。どちらも子ども向けのファンタジーですが、会話スタイルの真髄が凝集された作品と言うことができます。

　『不思議の国のアリス』はアリスと登場人物とのおしゃべりでできた冒険譚です。「不思議の国」で出会うのは、みんなちょっと癖のある登場人物で、まともに話が通じる相手はいません。アリスは大変な目にあいながら、彼らの機嫌を損ねないように言葉を選んで丁寧に話しかけますが、うっかり相手を怒らせたり、無視されたりしてしまいます。一方、『ハリー・ポッターと賢者の石』は、ホグワーツ魔法使い養成学校を舞台にしたハリー・ポッターのビルドゥングスロマンです。ハリーはロンやハーマイオニーとの友情を育みつつ、先輩・後輩、先生たちとの交流を通して、宿敵と対決する勇敢な少年へと成長していきます。主人公と登場人物とのコミュニケーションから上下関係や親疎関係による話し方の違いを探るために、特に人間関係の距離感を直接反映する「呼びかけ語」に注目して会話のスタイルを見ていきたいと思います。

2 距離感を示す「ポライトネス」について

　よほどの緊急事態でない限り、私たちはコミュニケーションにおいて伝えたいメッセージをダイレクトに伝えることはありません。情報の伝達効率は悪くなりますが、私たちは相手に対する配慮を加えて話をします。日常のコミュニケーションでは、情報の正確さや伝達効率と同じかそれ以上に、対人関係や心地よさが大切だからです。そこにはルールがありますが、会話がスムーズに進行しているとき、私たちはそのことに気づきません。意識するのは、初対面のときやコミュニケーションに綻びが生じたときです。コミュニケーションにおける対人配慮の側面は、「ポライトネス」という概念を使うとうまく説明ができるので、簡単に解説をしておきます。

　Brown & Levinson (1987) は言語に普遍的な現象として「ポライトネス」を提示しました。そこでは、人はみんな一定の自己像「フェイス」を持っていると想定されています。フェイスには 2 種類の欲求、「他人と関わりたい・近づきたい」というポジティブ・フェイスと「他人に邪魔されたくない・距離を置きたい」というネガティブ・フェイスがあります。この遠近の距離感が言語に反映されているというわけです。逆に、言語を使って対人距離を心地よいレベルに調整しているとも言えます。そうした言語における対人関係の確立や維持・調整作用がポライトネスです。ポジティブ・フェイスを満たそうとする配慮は「ポジティブ・ポライトネス」、ネガティブ・フェイスへの配慮は「ネガティブ・ポライトネス」と呼ばれています。

　コミュニケーションにおいては、非難や叱責、あるいはそこまでネガティブでなくとも、命令や依頼のように対話者のフェイスを侵害せざるを得ない場合があります。それらは「フェイス侵害行為」と呼ばれています。Brown & Levinson は、フェイス侵害の大きさは、「対話者の社会的距離」、「権力関係」、「行為の負荷度」の 3 要素から見積もることができるとしています。フェイス侵害度の大きさに応じて、話者は取るべき方略を選択します。侵害と配慮の度合いが小さい順に、①ありのままに言う「直言」、②「ポジティブ・ポライトネス」による緩和策、③「ネガティブ・ポライトネス」による緩和策、④「ほのめかし」、⑤「言わない」という 5 つの方略が選択されます。

私たちは相手や場面によって「あなた」「お前」と呼称を変えたり、敬語やタメ語を使い分けたりしていますが、これは対人関係のレベルを調整する言語活動です。話していて自然に感じるとき、ポライトネスのレベルは適切です。心地よさのレベルは相対的なもので、自分が親しいと思っている人から改まった話し方をされると、「水くさくて居心地が悪い」し、親しくない人からタメ語で話されると、「馴れ馴れしくて居心地が悪い」と感じます。また、身分不相応な丁寧すぎる扱いを受けても「慇懃無礼だ」と感じます。対面とほぼ同時に心地よい距離感を反映した失礼でない（ポライトな）話し方が話者の中で想定されます。それが相手の想定と一致している場合はよいのですが、一致していない場合、遠近のどちら側に逸脱しても、失礼で不適切なスタイルとみなされるわけです。適切な距離感や心地よさ（ポライトネス）は、相手との人間関係や場面、言語や文化によって異なるし、常に調整する必要があります。

3　人間関係を構築する「呼びかけ語」

　日本語では人の名前を気安く呼ぶと失礼なので、あまり相手の名前を呼ばず、「すいません」などと言って注意を引きます。ところが、英語では事情が異なります。「こんにちは」「ありがとう」といった定型挨拶の前後には、必ず呼びかけ語を入れます。呼びかけ語を使わないまま話し続けるのは失礼な（インポライト）ことなので、互いに名乗り合って呼びかけるのです。現代英語ではほとんどの場合、ファースト・ネームが呼びかけ語として使われています。日本語だと、距離感を少し大きめに保つのが失礼でない（ポライトな）話し方ですが、英語では、対話者と親しい関係であることを確認しながら話すのが失礼でない（ポライトな）話し方だとされています。つまり、日本語ではネガティブ・ポライトネスが、英語ではポジティブ・ポライトネスが重要なわけです。好まれる基本的な心地よさ（ポライトネス）の方向性が異なるということです。
　呼びかけ語は相手と自分との関係を決定づけます。逆に、呼びかけ語を見ると、親疎関係や上下関係がわかるとも言えます。呼びかけ語の選択には親疎関係と上下関係が関係しているからです。あまり親しくなかったり、自分より目上の相手だと 'Sir' 'Madam' などの敬称が使われますが、相手

第9章　丁寧さのスタイル――アリスとハリーのおしゃべりに注目して

ポジティブ・ポライトネス＜------------------------------＞ネガティブ・ポライトネス

近距離呼称					中距離呼称		遠距離呼称	
愛称	親族語	友好語	名前	苗字	総称	職名	肩書＋苗字	敬称
Dear	Mother	Friend	George	Smith	child	Captain	Mr. Smith	Sir

図1　英語の呼称

が親しかったり、自分より目下だと名前や愛称が使われます。

　図1が示すように、愛称から苗字までを「近距離呼称」、肩書き＋苗字と敬称を「遠距離呼称」、それらの中間に位置する総称と職名を「中距離呼称」と呼ぶことにします。呼びかけ語の基本形（デフォルト）は、会話状況や対話者の人間関係によっておおよそ決まっています。同じ対話者同士でも人間関係が変化したり皮肉や冗談を言うときには、呼びかけ語もシフトすることがあります。

4　呼びかけ語から見るアリスのネットワーク

　アリスは「不思議の国」の住人にどのように呼びかけているのでしょうか。アリスが初めて話しかけるのは、チョッキを着て皮の手袋と大きな扇子を持ち、ポケットに懐中時計を潜ませているウサギです。アリスは近づいてきたウサギに 'If you please, Sir――'「あのー、すみません」と呼びかけますが、完全に無視されてしまいます。アリスがウサギに敬称 'Sir' で呼びかけたのには理由があります。'Rabbit' という総称も使用可能ですが、距離感が十分でなく、初対面ではちょっと失礼な感じがしたのでしょう。相手のウサギとまったく面識がなくて名前を知らなかったのと、服装などから地位の高いウサギだと判断して、それなりの距離感を醸し出す敬称を選択したというわけです。

　次に出会ったのはネズミです。一連のやりとりは以下の通りです。

（1）So she began, "O **Mouse**, do you know the way out of this pool? I am tired of swimming about here, O **Mouse**!" (Alice thought this must be the right way of speaking to a mouse ...)（そこで、アリスはこう話しかけました。「おお、ネズミよ、この池から出る方法を知っていますか？　おお、ネ

(2) So she called softly after it, "**Mouse dear**! Do come back again, and we won't talk about cats or dogs either, if you don't like them!" (アリスは優しく声をかけました。「ねえネズミさん！ どうか戻ってきて」)

(3) At last the Mouse, who seemed to be a person of some authority among them, called out "Sit down, **all of you**, and listen to me!…"
The Mouse… hurriedly went on, "… How are you getting on now, **my dear**?" it continued, turning to Alice as it spoke. (ようやく、一目置かれているらしいネズミが呼びかけました。「みんな、座って、僕の話を聞いてくれ」ネズミはせわしなく続けました。「ねえ君、うまくやってるのかい？」とネズミはアリスの方を振り向きながら言いました)

　(1)は涙の湖でネズミと出会う場面です。アリスは「異人種のネズミさん相手では何語が通じるかわからないから、世界の公用語ラテン語で話しかけよう」と考えます。両者に共通の言語を選択するという点からはポジティブ・ポライトネスの方略と考えられますが、父なる言語、高尚なラテン語で呼ぶわけですからネガティブ・ポライトネスの方略とも解釈できます。いずれにしてもポライトネスの方略です。アリスはお兄さんのラテン語文法書の活用表を思い出して、呼格で 'O Mouse!' と呼びかけます。もちろん 'mouse' はラテン語ではなく英語ですが、アリスとしては高級なラテン語文法を応用したつもりなのです。しかし、ネズミは返事をしません。「せっかくラテン語文法を使ったのにシカトされちゃった。通じないのね。じゃあ、別の公用語、フランス語はどうかしら？」と、今度はフランス語の教科書の例文を使って、「私のネコはどこにいるの？」と話しかけます。すると、ネズミは飛び上がって、ブルブル震えだします。「あ、通じた！でも、ネズミを捕まえるネコの話はまずかったかな」と思いつつ、さらにドブネズミをやっつける犬の話をして、ネズミをさらに怖がらせます。アリスの心地よさ（ポライトネス）の方略は、成功と失敗のごちゃ混ぜ状態です。

　(2)はアリスが 'Mouse dear' と愛情のこもった近距離呼称を使って仲直りをする場面です。愛称 'dear' で積極的に距離を縮めているのがわかる典型的なポジティブ・ポライトネスの呼びかけ語です。ふさわしい呼びかけ語や相手との共通語を使うことも大切ですが、相手の嫌がる話題を避ける

ことも心地よさのためには大事なことです。(3)はネズミが他の動物たちのボスだったことがわかる場面です。ボスネズミは集まってきた動物たちに 'all of you' と呼びかけます。「みんな、座って、僕の話を聞いてくれ」と命令形で話をします。アリスを 'my dear' という近距離呼称の愛称で呼んだ上に、「うまくやってるのかい？」と気遣うのです。いつの間にかアリスとネズミの立場は逆転、アリスの作戦が成功しすぎたのかもしれません。

「数字」が「呼びかけ語」として使われることもあります。一般に、人を名前ではなく番号で呼ぶのはとても失礼なことです。人格を認めずモノ扱いしているからです。「他人を番号で呼ぶ人」の代表は、『レ・ミゼラブル』のジャヴェール警部です。過去の罪を悔い、今や財をなし「マドレーヌ」と名乗るジャン・バルジャンを最後まで「囚人番号24601」と呼ぶのは、名前で呼ぶに値しない人間だと蔑んでいるからです。

アリスの物語にも相互に番号で呼び合う登場人物がいます。女王に仕えるトランプの兵隊たちです。登場人物としての個性が十分に描かれておらず、まさにトランプのように薄っぺらな存在ですが、番号で呼び合っても『レ・ミゼラブル』のような悲壮感は漂いません。2, 5, 7 と3枚（人?）出てきますが、取り替え自在なコミカルな登場人物という扱いです。

(4) "That's right, **Five**! Always lay the blame on others!" / "That's none of your business, **Two**!" said Seven .... / ... Two began, <u>in a low voice</u>, "why the fact is, you see, **Miss**, this here ought to have been a red rose-tree, and we put a white one in by mistake, and if the Queen was to find it out, we should all have our heads cut off, you know. So you see, **Miss**, we're doing our best, afore she comes, to—"（「その通り、<u>5</u>！」「お前の知ったこっちゃないだろ、<u>2</u>！」と7が言いました。2がひそひそ声で話し始めました。「じつはね、<u>お嬢さん</u>、ここには赤いバラが植わってなくちゃいけなかったんだけど、間違えてしまったんだ。だからね、<u>お嬢さん</u>、僕たち頑張ってるんです」）

互いに近距離呼称で呼び合う間抜けなトランプの兵隊たちに、アリスは 'Miss' という遠距離呼称で呼ばれています。体の厚みの分だけ尊重されているのか、知らない人だから距離を置かれているのかはわかりません。名

前がわからないので、安全策として敬称が使われているのかもしれません。
　気にくわないことがあるとすぐに「首をはねよ！」と言って兵隊たちから恐れられているのが、トランプの女王です。アリスがこの女王に初めて出会うのが、次の場面です。

(5) When the procession came opposite to Alice, they all stopped and looked at her, and the Queen said severely, "Who is this?". She said it to the Knave of Hearts, who only bowed and smiled in reply. / "Idiot!" said the Queen, tossing her head impatiently; and turning to Alice, she went on: "What's your name, **child**?" / 'My name is Alice, so please **your Majesty**," said Alice very politely but she added to herself, "Why, they're only a pack of cards, after all. I needn't be afraid of them!" (列はアリスの向かい側までやってくると立ち止まり、アリスを見ました。女王様は厳しい声で「これは何者か」とハートのジャックに言いました。「愚か者！」と女王様はイライラとした様子で頭をそっくり返し、アリスに向かって「名前は何と言う、そこの子ども？」と言いました。「アリスと申します。女王様」アリスはとても丁寧に答えました）

　いかにも偉そうな話し方をする女王です。助動詞や丁寧表現のまったくつかない 'what is this?' 'what is your name?' といったむき出しの疑問文は、警察官が尋問するには適切かもしれませんが、日常生活ではあまり使われない直言です。名前を聞かれたアリスは、「ただのトランプじゃないの」と思いながらも、最も丁寧な遠距離呼称の敬称と丁寧語を使って女王に答えます。敬意からではなく、親しくないから距離をおくネガティブ・ポライトネスの方略を使っています。このようにアリスは多様な丁寧さの方略が使えるのですが、ヴィクトリア調の皮相的な道徳重視の価値観の中で、目上に対する失礼でない口の利き方を学習していたとも解釈できます。

5　呼びかけ語から見るハリーのネットワーク

　ハリーが属する世界は主に2つ、居候しているダーズリー家とホグワー

第 9 章　丁寧さのスタイル——アリスとハリーのおしゃべりに注目して

ツ魔法学校です。ここでの呼びかけ語は、相手が人間（マグル）か魔法使い（ウィザード）かとは無関係に、親しさと役割で使い分けられています。ダーズリー家でのやりとりを見ると、おばさんもおじさんも息子のダドリーは可愛がっているのに、ハリーは邪険に扱っていることがわかります。まず、ペチュニアおばさんが2人の少年にどのように話しかけているのか、比べてみましょう。(6)はハリーへの、(7)はダドリーへの言葉です。

(6) His Aunt Petunia was awake and it was her shrill voice which made the first noise of the day. / 'Up! Get up! Now!' / ... 'Up!' she screeched. / ... 'Are you up yet?' she demanded. / 'Nearly,' said Harry. / 'Well get a move on, I want you to look after the bacon. And don't you dare let it burn. I want everything perfect on Duddy's birthday.' （ペチュニアおばさんが目を覚ました。おばさんのかん高い声で1日の騒音が始まった。「さあ、起きて！　早く！」おばさんが金切り声で言った。「さあ、支度をして。今日はダディちゃんの誕生日なんだから、すべて完璧にしたいの」）

(7) '**Darling**, you haven't counted Auntie Marge's present, see, it's here under this big one from Mummy and Daddy.' / ... / '**Dinky Duddy-dums**, don't cry, Mummy won't let him spoil your special day!' she cried, flinging her arms around him. （「坊や、ディンキー・ダディダムちゃん、泣かないの。ママがついてるわ」）

ペチュニアおばさんの差別待遇の実態がよく表現されています。物語を通して、ハリーはおじさんとおばさんから 'Harry' と名前を呼ばれることはないし、ハリーも2人を 'Uncle Vernon' 'Uncle Petunia' と呼ぶことはほとんどありません。そもそも彼らの間には最小限のコミュニケーションしかないのですから、当然といえば当然です。(6)の ''I want 〜' 'don't you dare 〜' といった表現を見るとわかるように、ペチュニアおばさんはハリーに対して、心地よさへの配慮や緩和表現の欠片もない直言をいつも使います。声の調子を示す 'her shrill voice' や叙述動詞 'screeched' からも、おばさんのイライラ具合はメッセージとして伝わってきます。ところが(7)では、息子のダドリーを愛称で呼んだり 'Mummy' と自称したりして、甘やかした話し方をします。同じ人物の言葉とは思えないほどの違いです。

バーノンおじさんの方はどうでしょうか。

(8) 'I'm warning you now, **boy**—any funny business, anything at all—and you'll be in that cupboard from now until Christmas.'(「警告しておくぞ、小僧、ちょっとでも変なまねをしたら、クリスマスまでずっと物置きに閉じ込めてやる」)

いきなり 'I am warning you now' で始まるおじさんの言葉は、警告というより脅迫めいています。ハリーを呼ぶとき、おじさんは (8) のように名前ではなく総称の 'boy' をよく使います。総称は中距離呼称に分類されています。本来ならば 'Harry' と名前で呼ぶことが想定される甥に対して 'boy' と呼んでいるので、結果的には相手を突き放す効果が生じています。ハリーの方も、動物園での蛇事件の場面でおじさんを呼ぶのに、近距離呼称の 'Uncle Vernon' ではなく遠距離呼称の 'Mr Dursley' を使っているので、相互に距離を取ろうとしていることになります。唯一の例外が、次の例です。

(9) 'Er—**Uncle Vernon**?' / Uncle Vernon grunted to show he was listening. / 'Er—I need to be at King's Cross tomorrow to—to go to Hogwarts.' / . . . / 'Would it be all right if you gave me a lift?'(「あのー、バーノンおじさん、僕、明日キングズ・クロス駅に行かなくっちゃいけないんです。車で送っていただけますか？」)

ホグワーツ校に行くために駅に送ってほしいと、ハリーがおじさんに頼む場面です。ハリーはためらいがちではありますが、珍しく 'Uncle Vernon' と近距離呼称の親族語を使っています。普段、おじさんはハリーのことをあまりかまってくれないし、ハリーも甘えることはありません。ただこの時だけは、どうしてもホグワーツに行きたかったので、近距離呼称の選択というポジティブ・ポライトネスの方略を使っています。ところが、依頼の仕方を見ると、'Would it be all right if you gave me a lift?' と、仮定法を使ったとても礼儀正しい言い方で、ネガティブ・ポライトネスの方略が使われています。呼びかけ語で少しだけ近づきながらも、近すぎて疎まれないようにすぐに距離を回復するという、子どもが使うには悲しすぎるほど

第9章　丁寧さのスタイル――アリスとハリーのおしゃべりに注目して

巧みな丁寧さ(ポライトネス)の方略の二重使いです。居候時代、ハリーは家でも学校でも親しく名前を呼ばれたことがありません。従兄弟の誕生日に連れて行かれた動物園で、ガラスの檻から出してやった蛇から 'Thanksss, amigo'「アリガトよ、トモダーチ」と言われたのが、最も近距離の友好語で呼ばれた例だということを考えると、どれだけハリーが疎外されていたのかがわかります（この蛇は動物園生まれですが、原産地がブラジルなので、ポルトガル語を使っています）。

魔法学校から森の番人ハグリッドがダーズリー家に送られてくるやいなや、ハリーは多様な人間関係の中心に位置づけられます。買い物に来たダイアゴン横丁で、ハリーはいきなりセレブ扱いされます。

(10) 'Welcome back, **Mr Potter**, welcome back.'（「おかえりなさい、ポッターさん、おかえりなさい」）

(11) 'So proud, **Mr Potter**, I'm just so proud.'（「光栄です。ポッターさん、お会いできて光栄です」）

これは見知らぬ大人たちから 'Mr. Potter' と呼ばれて歓迎される場面です。このように肩書き＋苗字の遠距離呼称で呼ばれるのは、ハリーにとっては一人前の人として敬意を持って扱われる初めての経験です。例文では、呼びかけ語の前後にこれまで聞いたこともないポジティブ・ポライトネスとネガティブ・ポライトネスを使った歓迎の言葉があります。こんな好意的な言葉をかけられたことがないハリーは、あまりの丁寧さにどう返事をしたらよいのか戸惑うほどです。直言以外の方略に慣れていないからです。

ホグワーツ校では、生徒同士は仲が良ければ近距離呼称の名前で 'Harry' 'Ron' と呼び合いますが、そうでなければ 'Potter' 'Malfoy' と苗字で呼び合います。苗字だけの 'Potter' やフルネーム 'Harry Potter' といった呼びすての呼びかけ語は、男子生徒に対してのみ使われる、学校ならではの呼びかけ語です。多少の差はあれ、いずれも近距離呼称です。

もちろん生徒は先生を 'Professor McGonagall' 'Professor Dumbledore' と肩書き付きの遠距離呼称で呼びます。先生同士は立場や関係によって様々です。ダンブルドア校長はマクゴナガル先生を 'Professor McGonagall' と遠距離呼称で呼びますが、マクゴナガル先生はダンブルドア校長を同級生

同士が使うような苗字だけの近距離呼称 'Dumbledore' と呼んでおり、基本形が異なります。遠距離呼称を基本形とするダンブルドア校長のポジティブ・ポライトネス方略はちょっと複雑です。'Professor' という中距離呼称の職名に 'My dear' という愛称を付加して 'My dear Professor' と呼ぶわけです。2人は距離感や心地よさの方略(ポライトネス)が違っているのです。この場合、男性のダンブルドア校長にとっての女性のマクゴナガル先生に対する距離感のほうが、その逆の場合よりも大きいように思われます。ホグワーツ校の先生が生徒に呼びかける時の基本形にも、ジェンダーによる同様の違いが見られます。男子生徒が苗字だけの近距離呼称で呼ばれるのに対し、女子生徒は 'Miss Granger' と肩書き＋苗字の遠距離呼称で呼ばれています。女性を丁寧に扱う習慣の表れではないでしょうか。

　魔法の世界で登場人物たちが最も恐れているのは、もちろんヴォルデモートです。みんなが彼を指すときに使う呼び名を見ると、そのことがよくわかります。ヴォルデモートを名前で呼ぶのはダンブルドアとハリーだけで、他の人たちは 'You-Know-Who'「例のあの人」としか言いません。(12)でロンが言っているように、恐ろしくて名前が呼べないのです。「名前を呼ばない」のはその人との対面を避ける忌避行為であり、フェイス侵害度が高すぎるのでその行為をやらないという選択肢（ポライトネスの方略⑤）です。

（12）'. . . and until Hagrid told me, I didn't know anything about being a wizard or about my parents or **Voldemort**—' / Ron gasped. / 'What?' said Harry. 'You said **You-Know-Who's name**!' said Ron, sounding both shocked and impressed.（「ハグリッドが教えてくれるまで、自分が魔法使いだってことも、ヴォルデモートのことも知らなかったんだ」ロンが息をのんだ。「君、『例のあの人』の名前を言ったね！」）

ヴォルデモートの名を口にしてはいけないと知ってからも、ハリーは時々言いそうになっては 'Vol-sorry-You-Know-Who'「ヴォル......あ、ごめん『例のあの人』」と言及を避けようとします。じつは、これもまた対話者のスタイルに同調しようとするポジティブ・ポライトネスの方略なのです。

　ヴォルデモートとハリーの対決場面には、なぜか闇魔術の防衛を教えるクィレル先生がいます。心身ともにヴォルデモートに支配されている彼は

第9章　丁寧さのスタイル──アリスとハリーのおしゃべりに注目して

'Lord Voldemort' 'my master' と最高の敬称で崇めているにもかかわらず、'fool' と侮蔑されながら2人の対決に立ち会うことになる哀れな存在です。最後に、ヴォルデモートとハリーの対決場面を見ておきましょう。

(13) '**Harry Potter** . . . ' it whispered. (「ハリー・ポッター . . . 」と、それはさ<u>さやいた</u>)
(14) 'How touching . . . ' it hissed. 'I always value bravery . . . Yes, **boy**, your parents were brave . . . Now give me the Stone, unless you want her to have died in vain.' / 'NEVER!' (「さあ<u>小僧</u>、母親の死を無駄にしたくなかったら、『石』をよこせ」と<u>蛇のような声がした</u>)

'Harry Potter' というフルネームは近距離呼称で、'boy' という総称は中距離呼称です。年齢差のある人たちの遭遇場面として見ると自然な選択肢に思えますが、そうではありません。自分が殺した夫婦の息子との対決場面での近距離呼称の使用は、自分の権力的上位性の誇示と解釈できます。現実の対人距離以上に踏み込んだ近距離呼称は、いわば不当な領域侵犯によって相手を貶める効果を発揮するからです。例文の 'it whispered' 'it hissed' という蛇に似たしゃべり方も、脅威を伝えるメッセージです。

2人のやり取りはどれも大きなフェイス侵害行為ですが、どちらも対人配慮のない直言を選択しており、真正面から対決していることを示しています。残念ながら、ハリーがヴォルデモートに呼びかける場面はここにはありませんが、日頃から名前を呼び、対決場面でも直言するハリーは、おもねりも遠ざかりもせず、対等の立場で正面から敵に向かう勇敢な少年として描かれています。

6　おわりに

ここではアリスとハリーのおしゃべりに出てきた呼びかけ語に注目し、心地よさ(ポライトネス)の観点から分析しました。登場人物たちの人間関係だけでなく、コミュニケーションでアピールしたい自己像や対話スタイルも見ました。呼びかけ語や言葉遣いが相手や状況によって異なることや、呼びかけ語の

作り出す距離感と前後の言語活動が連動して、言葉が文字通りの意味以上のメッセージを人々に伝えていることがわかりました。
　文体(スタイル)とは距離感であり、距離感はポライトネスの産物なのです。

注： 引用の強調部分は筆者によるものです。翻訳は邦訳を参考に、筆者が作成しました。また紙幅の関係で、大きく省略されています。

引用テキスト

Carrol, L. (1865) *Alice's Adventures in Wonderland*, the immediate copy is *Alice's Adventures in Wonderland and Through the Looking-Glass* (2006) New York: Bantam. (キャロル, ルイス (2010)『不思議の国のアリス』(河合祥一郎訳) 東京：角川書店)

Rowling, J. K. (1997) *Harry Potter and the Philosopher's Stone*. London: Bloomsbury. (ローリング, J. K. (1999)『ハリー・ポッターと賢者の石』(松岡佑子訳) 東京：静山社)

参考文献

Brown, P. & S. C. Levinson (1987) *Politeness: Some Universals in Language Usage*. Cambridge: Cambridge University Press.

滝浦真人 (2008)『ポライトネス入門』東京：研究社.

第10章

スピーチのスタイル

瀬良　晴子

1　はじめに——スピーチのスタイルから学べること

　多くの学生にとって、英語でスピーチをする機会はあまりないかもしれません。しかし、英語のスピーチは、英語学習における聞く・話す・読む・書くのすべての側面に関して学べることが多いばかりでなく、日本と西洋のコミュニケーション文化の違いについても豊富な手がかりを与えてくれるので、グローバル社会を生きる若者にふさわしい教材と言えるでしょう。

　これまでもスピーチは英語教材として用いられてきました。リーディング・ライティングでは、スピーチ原稿を用いて語彙を学び意味の解釈をし、原稿を作成してみる活動ができます。また聞き取りや音読など、リスニング・スピーキングの教材にも使われます。しかし、これらは英語スピーチ以外でも学べることです。ここでは、英語のスピーチのスタイルから特に効果的に学べることに焦点を当てて見ていきましょう。具体的には次の2つが挙げられます。

1）　わかりやすい英語の発音や話し方が学べる

　上手にスピーチをするためには、当たり前のことですが、わかりやすい発音で、聞き手にはっきり聞こえる大きさの声で話す必要があります。担当していた英語リスニング・スピーキングのクラスで、わかりやすく大きな声で話す練習を取り入れてみました。教室の端に1人が立ち英文を1文音読し、もう一方の端に別の1人が立ち、聞こえた英語を正確に書き取れたら得点をもらえるというゲームを行いました。普段は蚊の鳴くような声で発表していた学生も、その場ではちゃんと相手に聞き取れるような声で、また書き取れるように明瞭に話すことができました。学生たちには、「今後の大学の授業や、社会に出てからも、スピーチやプレゼンテーションの機

会があるときは、今日の練習を思い出し、自信を持って話すように」と伝えました。単に「大きな声で英語を話すように」と言うより、スピーチやプレゼンテーションなど実際的な場面と結びつけることで、学習動機が高められるのではないでしょうか。

2) 説得力のあるスピーチ、プレゼンテーションの仕方が学べる

しかし、声が大きく発音が明瞭であっても、内容が伴わなければ聞き手には伝わりません。伝えたいメッセージを効果的に伝えるためには工夫が必要です。本章で見るスピーチの達人は、言葉や声の使い方など、スピーチに必要な様々な技法を巧みに取り入れています。このようなテクニックのいくつかを達人の例から学びましょう。

名演説(以下、「演説」と「スピーチ」は同じ意味で用いています)といえば、キング牧師の "I Have a Dream"(1963年8月28日)演説を思い浮かべる方も多いでしょう。また、第44代アメリカ大統領オバマ氏も演説の名手として知られています。特に2004年7月の民主党大会での演説 "The Audacity of Hope" や 2008年11月の大統領選挙勝利演説 "Change Has Come to America" は有名です。この2人の演説を中心に、スピーチのスタイルについて考えていきましょう。

2 演説と修辞学についての文化的背景の違い

そもそも、演説や言葉の技法である修辞学については、西洋と日本では位置づけが大きく異なっているようです。西洋ではアリストテレスの『弁論術』に見られるように、修辞学(rhetoric)の長い歴史がありました。言語学の辞典[1]では rhetoric を次のように定義しています。

> 読者または聞き手を説得するなどの目的のために、表現に工夫をこらす技法、またはそれを研究する学問。もともとは、古代ギリシアにおいて、法廷論争や政治演説で相手を論破したり説得したりするための実用的・

---

1 田中春美(編)(1988)『現代言語学辞典』東京:成美堂, 573.

技術的な弁論術であったが，のちには教養人の全人教育の一環として捉えられ，中世ヨーロッパの大学においては，文法・論理学とともに，いわゆる三学 (trivium) の一つとして重んじられるようになった....

　現代では、欧米でも授業の科目として修辞学を教えることはないようです。アメリカ人の同僚にたずねると、学校で「修辞学」として言葉の技法やスピーチ法を教えられたことはないが、通常のクラスで、意見を述べたり、討論に参加したり、プレゼンテーションをすることが求められる中で、自然と言葉やスピーチの技法を学ぶのではないか、とのことでした。しかしアメリカの大学では、今でもコミュニケーション学部の中に修辞学を学ぶコースが見られます[2]。修辞学はまだ教育の中に息づいていると言えるでしょう。社会でも弁論や議論が重視されることは、アメリカの映画やドラマに頻繁に法廷シーンが取り上げられることからもうかがい知れます。
　一方、日本では、修辞学といえば、たいてい西洋の学問分野を意味します。日本語の修辞学についての文献も存在はするものの、歴史的、あるいは現代において日常的に修辞法が意識されることはほとんどありませんでした。むしろ言葉の技法を用いることは悪いイメージが伴いがちです。言葉巧みな人、雄弁な人は何となく信頼できないと思われ、「朴訥」「寡黙」などで形容される口数の少ない人は、良い印象を持たれることが多いのではないでしょうか。演説や弁論についても、古来さかんであったことはほとんどありませんでした。学校の討論の場でも意見を述べる生徒の数は限られていますし、ディベートなどもこれまで一般的ではありませんでした。最近は政治家によるテレビ討論なども行われていますが、討論の勝ち負け、演説の巧拙が支持率に大きく影響を与えるという話は聞かれません。
　しかし、アメリカばかりでなく世界を見渡しても、良きにつけ悪しきにつけ民衆を引き付けた指導者たちは、ほとんどと言っていいほど演説が巧みです。グローバル化した現代では、口数が少なくては不利な立場に甘んじることになりかねません。日本の歴史や伝統とは別に、これからはしっかり相手を説得する術を学ぶ必要があります。それでは、達人の演説に少

2　西部ワシントン州の名門大学ワシントン大学のコミュニケーション学部の中にある Rhetoric Group はその例です (http://www.com.washington.edu/rhetoric-group/) (2016年5月30日最終閲覧)。

し耳を傾けてみましょう。

3 効果的な言葉の技法

　上に見たような文化的背景のせいか、日本では英語でのスピーチやプレゼンテーションの際も、修辞法を取り入れることにはあまり積極的ではないようです。しかし、効果的に相手を説得するためには、言葉の技法が不可欠です。名演説の原稿を見ると、巧みに修辞法が用いられていることがわかります。修辞法には様々な種類がありますが、対照（contrast）、問いかけ（puzzles and questions）、3点列挙（lists of three）など、演説に特に重要だと思われるものについて調べてみましょう。さらに、言葉の技法に関する今一つの要素、ストーリーについても注目してみましょう[3]。

　オバマ氏が大統領に選ばれる前後、その演説の巧みさは日本でも注目を集めました。中でも、2004年の民主党大会基調演説 "The Audacity of Hope" は、当時まだ上院議員であったオバマ氏の名前を一躍有名にし「伝説の演説」とも呼ばれています。この演説では言葉の技法はどのように使われているでしょうか。以下引用中には適宜、下線・太字で該当箇所を記しています。

　対照：演説の終わり近く、盛り上がりが最高潮に達したあたりに見られる例です。分裂する立場や人種を越えアメリカの統一を強調しています。
I say to them tonight, there is not a liberal America and a conservative America—there is the United States of America. There is not a Black America and a White America and Latino America and Asian America—there's the United States of America.

　問いかけ：同時に対照も用いています。この後、John Kerry calls on us to hope が続き、hope が繰り返され有名な the Audacity of Hope という表現が登場します。

3　Atkinson（2005）では、パートIII Winning with words の第6章で Rhetorical Techniques を、第7章で Imagery（比喩的表現）や Anecdote（逸話）を紹介しています。

In the end . . . , that's what this election is about. **Do we** participate in a politics of cynicism, **or do we** participate in a politics of hope?

3点列挙：演説中盤に見られる例ですが、単純に同じ語句を繰り返すのではなく、少しずつ変化を持たせています。2つめの3点列挙の箇所では対照も見られます。

We have more work to do . . . for the workers I met in Galesburg, Illinois, who are losing their union jobs . . . ; more to do for the father that I met who was losing his job . . . ; more to do for the young woman in East St. Louis . . . who has the grades, has the drive, has the will, but doesn't have the money to go to college.

このような修辞法は比較的見つけやすいので、達人のスピーチにどのように使われているか探す練習をするとよいでしょう。また、英作文においても適宜修辞法を用いて、より効果的なスピーチ原稿を書く練習をすることもできるでしょう。

演説ばかりでなく、公園などに見られる看板 Take only pictures, leave only footprints のような対照の例もあります。このように修辞法は過去のものではなく、現在も日常生活の中で用いられています。演説によく用いられる修辞法を意識的に学ぶことで、言葉のセンスを磨き、効果的なスピーチやプレゼンテーションにつなげることが期待できます。

ストーリーの要素：修辞法だけでなく、ストーリー（物語、あるいは小規模なものではエピソード）も、演説では不可欠と言える要素です。例えばオバマ氏は演説冒頭で、自らの生い立ちを紹介し聴衆を引き付け、貧しい生まれの自分がこのような華々しい舞台に上ることができたのは、アメリカという夢がかなう国であったからだというストーリーを作り上げ、愛国心を掻き立てます。

My father was a foreign student, born and raised in a small village in Kenya. He grew up herding goats, went to school in a tin-roof shack. His father, my grandfather, was a cook, a domestic servant.

コーバリス (2015) は、物語が古代から人類にとって生存のために必要であったことを説明した後、物語を語る行為について、次のように説明しています。

> また、物語を語るという行為は社会階層を形成する。少なくとも伝統的社会では、このことはとりわけ男性に当てはまり、大勢を前に話す能力は地位と影響力を得る道だった。ニュージーランドのマオリ人のあいだでは、「弁舌の才が権力をもつための最大の資質となる」と人類学者のアン・サモンドが述べている。男性は大口を叩き、注目を浴びるためか野太い声で話す。　　　　　　　　　　　　（コーバリス 2015: 第 6 章, 114）

演説と物語（ストーリー）の要素は密接な関係があることをうかがい知ることができます。最近はプレゼンテーションを教えるテキストにも、ストーリーの要素を組み入れるよう指導するものが見られます。日本では、小泉元首相の所信表明演説（2001 年 5 月 7 日）における「長岡藩の米百俵」のエピソードは当時大変な話題になりました。興味深いストーリーを用いることで、スピーチやプレゼンテーションをいっそう効果的にすることができるでしょう。

4　声について――大きさ、話す速さ

　ここまで、言葉の技法の重要性を見てきました。しかし、演説において最も重要な要素は、声などの音声面です。そこで次に、声の大きさや話す速さについて考えてみましょう。過去の伝説的な演説も、今では YouTube などで簡単に見ることができます。キング牧師の演説を見ると、冒頭は声も小さく、うつむいて原稿を見ながら、またゆっくり話していて、なぜこれが伝説のスピーチと言われるのかと驚く方もあるかもしれません。しかし、続けて見ていると、だんだん声が大きくなり、聴衆を徐々に引き付けていく様子がわかります。最後には目を大きく見開いて群衆を見渡し、声も絶叫調になっています。Karpf (2007) は、キング牧師が演説で話す速さについて、次のように言及しています。

But starting slow and speeding up can also be a powerful oratorical device; Martin Luther-King's "I have a dream" speech began at 92 words per minute and ended at 145.（44）

また、このような声の要素は、語句の繰り返し（ここでは "Now is the time"）という修辞法と相互作用し、聴衆に効果的に働きかけていたことがわかります。

A formal speech that brilliantly evoked the American dream and how far it had yet to be fulfilled in black Americans' lives, it started slowly and built in pace, volume, and urgency. King used his voice in a musical way, in places almost singing: by rhythmically repeating phrases like "Now is the time" he worked the crowd.（218）

　声の大きさは、音響設備や会場が室内か戸外かなどによって影響されるため、ここで比較するのは困難ですが、話す速さは比較的容易に計測することができます。キング牧師、オバマ上院議員の話す速さを調べてみました。比較のために、安倍首相の米国議会における演説（2015年4月29日）とエリザベス女王のクリスマススピーチ（2015年12月25日）も調べています。それぞれのスピーチで、30秒ごとに何語話されたかを数えて、グラフに示しました。YouTubeなどの画面を見ながら手作業で数えたものなので、厳密な数字ではありませんが、おおよその傾向はわかります。

　キング牧師の演説もオバマ上院議員の演説も起伏はありますが、時間がたつにつれて徐々に語数は増えていく傾向にあります。いずれも終盤近くに最も高い山、つまり最も速く話された部分があります。演説の最高潮で聴衆を最大に盛り上げ、余韻を残して演説を終え、感動を持続させているようです。

　安倍首相の演説は、直接の聴衆は米議会議員で、先の2つの演説とは目的や状況が大きく異なります。日米のみならず諸外国へも向けた演説であるため、慎重な言葉選びが求められ、この演説についてのメディアのコメントも、演説の仕方より話した内容に関することが中心でした。全般に非常にゆっくりで、起伏はあるものの、後半に速度が上がっているというこ

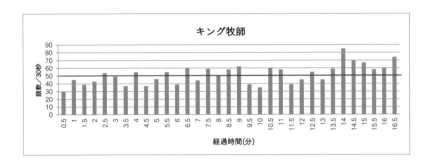

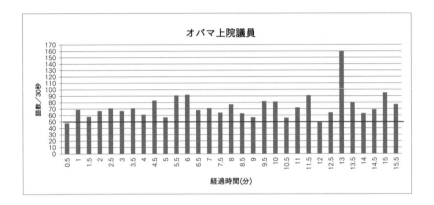

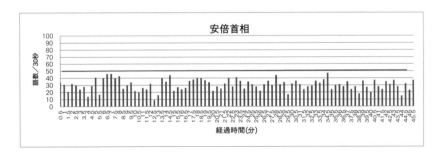

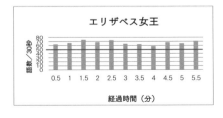

とはありません。慎重にメッセージを伝える演説スタイルと言えます。エリザベス女王の恒例のクリスマススピーチでは厳かな雰囲気の中、ゆっくりと落ち着いたペースで演説が行われました。女王のスピーチも起伏はあまり見られません。厳粛なスピーチに相応しいスタイルであると言えるでしょう。このように目的に応じて話す速さを調節する必要があることも、スピーチ指導に加えるとよいでしょう。

5 わかりやすさ比較——演説原稿を用いて

　オバマ大統領の演説を聞いていると、例えばアメリカのドラマなどの登場人物たちの話す英語と比べて、ゆっくりと明瞭に話しているだけでなく、話している言葉もわかりやすいという印象を受ける方が多いのではないでしょうか。英語の読解の授業で用いることを考えても、スピーチ原稿は小説や評論などと比べると読みやすい教材と言えるでしょう。

　読者にはワードで文章を作る方が多いと思いますが、ワードの「スペルチェックと文章校正」の機能を用いると、最後に右のような「読みやすさの評価」が表れます。3つめの項目「読みやすさ」について、Flesch Reading Ease は「読みやすさ指標」のことで、最高ポイント 100, スコアが高いほど読みやすいことを意味します。次の Flesch-Kincaid Grade Level は「読みやすさ学年目安」のことで、米国の学校の学年を基準としています。2016 年の米大統領選における大きな話題の 1 つは、共和党候補者トランプ氏の演説の英語レベルが小学生並みということでした。多くの米メディアだけでなく、日本でも話題になりました[4]。

　4　例えば "For presidential hopefuls, simpler language resonates"（https://www.bostonglobe.com/news/politics/2015/10/20/donald-trump-and-ben-carson-speak-grade-school-level-that-today-voters-can-quickly-grasp/LUCBY6uwQAxiLvvXbVTSUN/story.html）（2016 年 5 月 30 日最終閲覧）では、大統領候補者 19 人の出馬演説について読みやすさを比較し、最も低いのは 4 年生レベルのトランプ氏であるとしています。日本でも読売新聞（2016 年 3 月 21 日）は、米政治専門紙「ポリティコ」がトランプ氏の記者会見の発言を「小 3 レベル」と判定したことを紹介していました。

下記の表には、上に取り上げた演説とトランプ氏の大統領選出馬演説（2015年6月16日——メキシコ国境に壁を作ると述べ話題になった演説です）、さらに比較のため米週刊誌タイム誌の記事（Japan is a disturbing cautionary tale for America—and the rest of the world, 2016年3月7日, p. 42）の数字も加えています。トランプ氏の演説の読みやすさ学年目安は5.5つまり5年生なみと示されました。キング牧師やオバマ上院議員の演説も比較的読みやすいと言えるでしょう。

		キング牧師	オバマ上院議員	安倍首相	エリザベス女王	トランプ氏	タイム誌
平均	文章内の単語数	19.0	20.2	14.1	23.3	11.2	19.2
	単語内の文字数	4.3	4.3	4.5	4.4	4.4	4.8
読みやすさ	受身形の文章	7%	8%	2%	13%	8%	7%
	読みやすさ指標	65.1	66.9	63.6	65.5	71.7	51.6
	読みやすさ学年目安	8.8	8.5	7.8	9.5	5.5	10.7

　学生は和英辞書を参考にして英文を書くことが多いので、難しすぎる言葉を使うことがあります。英語でスピーチ原稿を書くときは、このような読みやすさ評価で読みやすさをチェックするよう指導するとよいのではないでしょうか。

6　おわりに

　英語リーディング・ライティングのクラスで、読みやすさについて学生たち（56人）に理解してもらうため、キング牧師、オバマ上院議員、安倍首相、トランプ氏の4人の演説の一部を聞いてもらい、わかりやすさと総合評価について、それぞれ1〜4の順位をつけてもらいました。時間の関係もあり、演説冒頭、真ん中あたり、締めくくり、の3つの部分をそれぞれ5分程度聞きました。わかりやすさでは、やはり安倍首相を1位とした学生が30人でしたが、トランプ氏も17人で、オバマ氏6人、キング牧師は3人と続きました。トランプ氏の演説については「短文で聞きやすかった/

簡単な単語を多用しているため意味が理解しやすい/ほとんど知らない単語がなくわかりやすかった」などのコメントが見られ、日本人学生にとってもわかりやすかったようです。読みやすさ指標を示すといっそう納得ができたようでした。総合評価については、1位を3点、2位を2点、3位を1点、4位を0点と換算して合計したのが下の表です。オバマ氏が自分の話を紹介したり、重要な点を繰り返したり、また聴衆を見ながら話したりして、彼らを引き付けているというコメントが多くありました。キング牧師の演説は映像が古く白黒で、また身振りなども大きく、日本人の学生には少し違和感があったのか、低い得点でした。しかしコメントでは「最初はゆっくり語りかけるようだったが途中から強く叫ぶようになっていた」など、声の強弱や語りの緩急についての言及がかなりありました。学生たちもしっかりポイントを押さえて演説を聞けていました。

キング牧師	オバマ上院議員	安倍首相	トランプ氏
41	113	76	106

　国際社会で活躍するためには、英語によるスピーチや演説が求められる機会が多くなるでしょう。スピーチを英語教材に用いる際は、単に読む・聞くだけでなく、このような実用的な視点を指導に取り入れると、学習者の動機を高めることが期待できるのではないでしょうか。また、スピーチで用いられる言葉や声の技法に関心を持ち、自分でも原稿を書いたり、話したりすることで、スピーチばかりでなく、様々な言語使用の場で、言葉の感性を磨くことにつながることでしょう。

謝辞
豊田昌倫先生始め基礎編ご担当の先生方や研究社津田正様より、貴重な情報やコメントをいただきました。また、同僚のブライアン・ブレズナハン先生よりアメリカに関する興味深い情報をいただきました。心よりお礼申し上げます。

参考文献

Atkinson, M. (2005) *Lend Me Your Ears: All You Need to Know about Making*

Speeches & Presentations. Oxford: Oxford University Press.

コーバリス, マイケル（2015）『意識と無意識のあいだ：「ぼんやり」したとき脳で起きていること』（鍛原多惠子訳）東京：講談社.

Karpf, A.（2007）*The Human Voice: The Story of a Remarkable Talent.* London: Bloomsbury.（カープ, アン（2008）『「声」の秘密』（梶山あゆみ訳）東京：草思社）

第 11 章

映画で学ぶ会話のスタイル

山口美知代

1 映画の会話とスタイル──『アナと雪の女王』

　『アナと雪の女王』(*Frozen*, 2013) に登場するハンス王子は、若い女性が自分の馬にぶつかって倒れたとき、それが誰なのか知りませんでした。馬に乗ったままのハンスの口から出た言葉は、

　（1）"I'm so sorry for ... Are you hurt?"（申し訳ない。お怪我はありませんか）
　　　　　　　　　　　　　　　　　　　　　　　　　　　　　　(0:17:05)

でした。続いて自己紹介をしたハンスは、この女性がアレンデールの王女であることを知ります。はっとした表情を見せたハンスは膝をついて "My Lady"（王女様）と呼びかけ、あらためてきちんと謝罪するのです。

　（2）"I'd like to formally apologize for hitting the princess of Arendelle with my horse. And for every moment after."（アレンデールの王女様に対する私の馬の無礼、そしてその後の数々の失礼を正式にお詫び申し上げたいと存じます）
　　　　　　　　　　　　　　　　　　　　　　　　　　　　　　(0:17:45)

　この2つのせりふは、(1) がインフォーマルな謝罪、(2) がフォーマルな謝罪であり、スタイルの違いがはっきりと表れています。(1) は必要最小限の謝罪と相手に怪我がないかの簡単な問いですが、(2) は違います。I'd like to を使って婉曲に希望を述べるところから始まり、謝罪表現も so sorry のかわりに formally apologize というフォーマルな語を使っています。謝罪する相手のことを単に you ではなく the princess of Arendelle ときちんと示していますし、付け加えている for every moment after という表現も丁

寧なものです。このように表現が変わったので、(2)は(1)の2倍以上の長さのせりふとなっています。

　相手がただの若い娘ではなく王女であることがわかったので急に態度を変えたこの若者が、物語の今後の展開の中でどのような役割を果たすかを観客はこの時点で知りません。しかし、映画を最後まで見た後でこの場面を振り返ると、この時の態度の急変ぶりが彼の本質を暗示していることがわかります。

　『アナと雪の女王』はディズニーの長編アニメーション映画で、低年齢の観客も多いため、使われている英語は文法的にも語彙的にも難しくはありません。そして話し言葉のスタイルの変化が効果的に使われています。

　例をもう1つ見てみましょう。雪山にこもってしまった姉のエルサをアナが連れ戻しに行こうとして、氷職人のクリストフに案内を依頼する場面です。アナは最初、平叙文で間接的に頼みますが、クリストフにやんわりと断られたので、次は命令文を使って命じます。丁寧さの低い、より高圧的なスタイルへと切り替えているのです。

(3)　クリストフ：What do you want?（どうしたいんだ？）
　　　アナ：I want you to take me up the North Mountain.（ノースマウンテンにつれていってほしいの）
　　　クリストフ：I don't take people places.（案内役はしないんだ）
　　　アナ：Let me rephrase that. Take me up the North Mountain. Please.
　　　（言い直すわ。ノースマウンテンにつれていきなさい。お願い）　　　(0:39:27)

　城の中で家臣に囲まれて暮らしていたアナは、自分の言うことに従わないクリストフのような人と話すことに慣れていないのかもしれません。平叙文を使った間接的な依頼表現から直接的な命令文へ切り替えることで、自分が王女で権力があることを相手に認識させようとしているのでしょう。次節で紹介する『ローマの休日』で、アン王女が平叙文を使いながらも威厳をもって強い命令を伝えている場面と対照的です。

　このように映画では、会話のスタイルから登場人物の性格や物語の展開についての手がかりを読み取ることができます。本章では、映画の会話のスタイルについて『ローマの休日』、『ダーク・シャドウ』、『ベイマックス』

などを例にして説明します。

　映画の会話は実際の会話とは異なり、あらかじめ準備された会話です。映画には脚本があり、脚本に基づいて録音・録画された会話をさらに編集して完成させます。ドキュメンタリー映画であっても何らかの編集が施されています。したがって映画の会話は実際の会話に比べると、言い淀みや文の途中での言い直し、繰り返し、つなぎ言葉、複数の話者の同時の発話などが非常に少なくなっています。つまり、話し言葉らしさを備えながらも、文法的に整ったわかりやすい文が多いのです。映画の会話は自然発生的な話し言葉そのものではありませんが、会話のスタイルを学ぶのに格好の教材と言えるでしょう。

2　フォーマルなスタイル──『ローマの休日』

　『ローマの休日』(*Roman Holiday*, 1953) のフォーマルなスタイルの会話の例を見てみましょう。製作後60年以上たった今もなお人気が衰えない映画で、英語もわかりやすく英語学習に適しています。ヨーロッパ諸国歴訪中の架空の小国の王女アンが、宿泊地である大使館を抜け出してローマの街を歩き回り、出会ったアメリカ人ジョーに淡い恋心を抱きながらも、一日の終わりにはまた自分の務めを果たしに戻ってくる、というあらすじはよく知られていることでしょう。

　アンの話し言葉はフォーマルで、権力ある人が目下の聞き手に話すスタイルです。ですので、お忍びで出かけたときに自分の正体を明かさずにこの話し方をすると不自然なこともあります。もちろんアン本人はそれに気がついていないので、そこが観客の笑いを誘うところでもあります。例えば (4) や (5) は、アンが初対面のジョーに向かって言うせりふです。

(4)　You may sit down.（座ってよろしい）　　　　　　　　(0:19:15)
(5)　You have my permission to withdraw.（下がってよろしい）　(0:28:13)

(4) は公園のベンチで寝ていたアンに近づいてきたジョーに言っています。(5) はジョーが自分のアパートにアンを泊めるために連れてきた後、いっ

たん部屋を出るときに彼の後ろ姿に向かってアンが言うせりふです。may（〜してもよい）や have my permission to（〜する許しを持つ）などは王女としては目下の者に対して日常的に使う表現でしょう。しかし、フォーマルな表現でもあり、話し手と聞き手が対等な関係では通常は用いません。ジョーは、アンのこうしたフォーマルな表現に違和感を覚えるものの、まさか王女だとは思わないので、彼女は酔っぱらっているのだろうと解釈しています。

アンは人にものを頼むときには丁寧に頼みます。寝ぼけているときよりも朝目を覚まして王女の自覚があるときのほうがさらに丁寧になることが（6）と（7）を比較するとわかります。

(6) Will you help me get undressed, please?（服を脱ぐのを手伝ってください）　　(0:26:09)

(7) Would you be so kind as to tell me where I am?（今私がどこにいるのか教えていただけませんでしょうか）　　　　　　　　　　　　　(0:47:00)

(6) は半ば眠りながら、ジョーに服を脱ぐのを手伝ってくれるよう頼んでいるせりふで、ふだん自分ひとりで衣服を着脱しない王女の習慣が出ています。"Will you . . . , please?"（. . . してください）と丁寧に依頼しています。(7) は翌朝目覚めたアンが、いったいここはどこなのかとジョーに尋ねるせりふです。直接尋ねるのではなく "so kind as to"（親切にも . . . する）という間接的な言い方をすることで、より丁寧な表現となっています。間接的な表現ほど丁寧度が高いのが英語の丁寧表現の原則なので、(6) よりも (7) のほうが丁寧なのです。

映画の終盤でアンが大使館に戻ったときの家臣との会話は、非常にフォーマルなスタイルで、成長した王女の威厳や権力を示す効果を持っています。勝手に抜け出したことを咎め、今後は義務を果たしてほしいとアンをいさめる大使に対して、「義務」(duty) とう言葉は二度と使わないようにと命じるのです。

(8) 大使：Ma'am, you must appreciate that I have my duty to perform just as your Royal Highness has her duty.（王女様に義務がおありのように、私

も自分の義務を果たさなければならないことをどうかご理解ください）

アン：<u>Your excellency, I trust you will find it not necessary to use that word again.</u> Were I not completely aware of my duty to my family and my country, I would not have come back tonight. Or indeed ever again. Now since I understand we have a very full schedule today, <u>you have my permission to withdraw.</u>（大使閣下、あなたがその語を二度と使う必要がないことを望みます。私が家族や国に対する義務を完全に自覚していなければ、今晩帰ってくることはなかったでしょう。いえ二度と帰らなかったでしょう。さあ、今日の日程も忙しいようですから、もう下がってよろしい）

(1:40:03)

下線を引いた "Your excellency, I trust you will find it not necessary to use that word again." という文は平叙文ですが、命令の意志は伝わっています。trust という動詞は人への期待、信頼を表すものです。しかし、王女という上の立場の話し手が大使に向かって "I trust you will" と言うときには、単なる「～だと期待する」ではなく、間接的な命令を表しています。

また最後の "you have my permission to" も平叙文ですが、実際は「下がりなさい」という命令です。これはジョーのアパートで言った (5) のせりふと同じですが、(8) では場にふさわしい威厳のあるせりふとなっています。

3　古めかしいスタイル──『ダーク・シャドウ』

『ダーク・シャドウ』(*Dark Shadows*, 2013) を取り上げて、古めかしいスタイルの特徴を見てみましょう。古めかしいスタイルとは、今日の英語ではあまり使わない表現を多用した、昔のしゃべり方を感じさせるスタイルです。実際に過去の話し言葉を再現するのではなく、今では使用頻度が低くなった文法・語彙項目を使うことで、古語的な印象を与えることを狙っています。

『ダーク・シャドウ』は 18 世紀に地中に埋められた吸血鬼バーナバス・コリンズが、1970 年代のアメリカ、メイン州に復活して一族の末裔と暮ら

すゴシック映画です。バーナバスは一家で渡米してきた頃の状態で蘇ったので、古めかしいスタイルのイギリス英語を話しています。例えば次のような文です。

(9) バーナバス：<u>Fear me not</u>, drunkard.　<u>You shall not be harmed</u>, so long as you tell me all that I need to know.（恐れるな、酔っ払いよ。私が知りたいことをすべて話すならお前に危害を加えることはない）
使用人：Well, here's all you need to know.（[酒瓶を差し出しながら] さあ、これがすべてだよ）
バーナバス：See me, derelict.　Look into my eyes, and deliver me your innermost thoughts.　<u>Awaken</u>.　Well done.　Now tell me, the Collins family, do they endure?（浮浪者よ、私を見よ。私の目を見て、お前の胸の内を明らかにせよ。目覚めよ。よし。さあ教えてくれ、コリンズ一族はまだ生きながらえているか）
使用人：A-yuh.　There's four of them.（ああ、4人いるよ）
バーナバス：Thank heaven.　<u>Pray</u>, what month is it?（ありがとう。今何月か教えてくれ）
(0:26:36)

否定命令文 "Fear me not." は、Don't をつかった "Don't fear me." よりも文語的で、フォーマルです。また、"You shall not be harmed." のような話し手の意志を表す shall も、今日の話し言葉ではフォーマルな効果を意図する以外では使われないものです。話者の意志を表す shall は、一人称単数主語では And fight I shall.（戦おう）(0:46:36) というバーナバスのせりふに表れています。

(9)では「目覚める」という意味の動詞 "awaken" も文語的な語で、今日の口語なら "Wake up." と言うところでしょう。"pray" は "I pray" の I が省略された形で、かつては please と同じように使われましたが現在では古い表現となっています。

バーナバスの古風なスタイルは、1970年代のアメリカに生きるティーンエイジャーのキャロリンと会話するときに、特徴が際立ちます。2人が初めて話す場面を見てみましょう。

（10）キャロリン：Are you stoned or something?（あんたハイになってんの？）
バーナバス：They tried stoning me, my dear. It did not work.（やつらは石で押さえつけようとしたが、無駄だった）　　　　　　　　　(0:29:22)

キャロリンは俗語の stoned（酔っぱらう、麻薬でハイになる）を使ってバーナバスの奇妙な言動をいぶかしみます。バーナバスは stoned の新しい意味を知らないので、「石で押さえつける」という意味だと理解します。そして、彼らは棺桶を土深く埋め石で抑えたが結局自分はこうやって外に出てきたので、彼らのしたことは無駄だったと答えるのです。
　アメリカの若者のインフォーマルなスタイルと、古めかしいイギリス英語のスタイルの対比は、のちにバーナバスがキャロリンに恋愛相談をする場面 (0:55:25–) にも表れています。

4　インフォーマルなスタイル──『ベイマックス』

　『ベイマックス』（*Big Hero 6*, 2014）を取り上げて、アメリカ英語のインフォーマルなスタイルの例を見てみましょう。これはディズニーの近未来SFアニメーション映画です。サンフランソウキョウに住む主人公のヒロは14歳の天才少年で、兄タダシを亡くした後、兄の開発したロボットのベイマックスの力を借りながら、兄の友達と一緒に兄の死の真相を追及します。
　主な登場人物は十代の若者で、口語表現、俗語表現が多く用いられています。映画の冒頭でタダシは弟のヒロを自分が通う大学の研究室に連れていきます。タダシも彼の仲間たちも nerd lab や nerd school という表現を使って、自分たちの研究室や大学のことを語ります。nerd は 20 世紀半ばにアメリカで使われ始めた語で、日本語では「オタク」と訳されることが多いですが、特に「コンピュータに詳しいひと」を指します。自虐と自負を込めてタダシたちは nerd という語を使っているのです。彼らのせりふにコンピュータや工学関係の難しい語が多いのは、いわば「オタク感」を出すための演出でもあるので、わからない語が続いてもあまり気にすることはありません。
　『ベイマックス』で使われる口語表現、俗語表現には辞書にまだ載ってい

ない新しい表現などもあります。インターネットを使って意味を調べてみることも勉強になるでしょう。

　例えば兄のタダシがヒロに向かって言う "You come up with something that blows Callaghan away, you're in."（キャラハン先生を感心させるようなものを思い付いたら合格だ）(0:14:42) というせりふの、come up with は「考えだす」、blow away は「感心させる」を意味する口語的イディオムです。"Wow. Washed up at 14."（14歳でもうだめになったのか？）(0:15:08) とタダシが弟をからかうせりふの washed up も北米英語の口語で「だめになった」を意味しています。"Pretty sick, huh?"（かっこいいでしょ？）(0:13:40) の sick は病気ではなく「かっこいい」ですし、"Shut up" (0:20:17) は、「黙れ」ではなく「まさか」を意味します。

　単語の一部を短くして口語的な表現にする例も多く見られます。例えば、brother（兄弟）のことは "bro" (0:10:53) と言い、Electro-magnetic（電磁場の）のことは "Electro-mag" (0:07:55) と言っています。短縮するという造語法を手がかりにして、知らない語を推測する練習もできるでしょう。

　またこの映画は、ベイマックスの話す「ロボット的」な堅苦しい英語も、スタイルの観点から興味深いものです。ベイマックスは、ケアロボットとして開発されているので医療や介護に関する専門用語は豊富に備えていますが、比喩表現や感情に関する表現、言葉の文字通りの意味の裏に暗示される意味を理解することができません。(11) はタダシが死んだことをヒロが説明する場面です。

(11) 　ヒロ：Tadashi's gone.（タダシはいなくなったんだ）
　　　ベイマックス：When will he return?（いつ帰ってくるのですか）
　　　ヒロ：He's dead, Baymax.（死んだんだよ、ベイマックス）
　　　ベイマックス：Tadashi was in excellent health. With a proper diet and exercise, he should have lived a long life.（タダシの健康状態は良好でした。きちんと食事をして運動をすれば、長生きできたでしょう）

(0:39:17)

"Tadashi's gone." というせりふの gone が dead の婉曲表現であることをベイマックスは理解できず、字義通りに解釈して「いつ帰ってくるのか」と

尋ねます。ヒロは "He's dead." とはっきり言わなくてはなりません。またその次のベイマックスのせりふは、兄を喪ったばかりのヒロに対して言うべきことではありません。けれどもベイマックスは dead という単語にだけ反応しているのです。(12) の hurts をめぐる解釈の違いも同じです。

(12) ヒロ：People keep saying he's not really gone, as long as we remember him. But it still hurts.（僕たちがタダシのことを覚えている限り、タダシは本当は死んでないって皆言う。でもそれでも胸が痛むんだ）
ベイマックス：I see no evidence of physical injury.（身体的な怪我の形跡は見られません）
ヒロ：It's a different kind of hurt.（別の種類の痛みなんだ）　　　(0:39:48)

ヒロは "But it still hurts." のせりふで心の痛みのことを言っていますが、ベイマックスは hurt（痛む）の原因として physical injury（身体的な怪我）しか考えられないのです。

『ベイマックス』の英語と第1節で取り上げた『アナと雪の女王』の英語を比べると、どちらもディズニーの長編アニメーション映画ですが、『アナと雪の女王』は初級〜中級学習者でも楽しめるのに対して、『ベイマックス』は中級〜上級学習者でないと難しいかもしれません。『ベイマックス』にはコンピュータ、工学や医療、介護の専門用語が多く、また俗語も多く使われていて語彙が難しいからです。ディズニーの長編アニメーション映画の中にもスタイルに違いがあることを、両者を比べて確認することもできるでしょう。

5　スタイルと社会言語学的特徴

会話のスタイルを意識しながら映画を見るときに同時に気になるのが、地域による方言差や国による英語の違い、つまり変種 (variety) の違いです。こうした違いは、文体論的な特徴（スタイルに関する特徴）ではなく、社会言語学的な特徴と捉えられます。この2つは密接に関連していて、特定の変種使用や変種間の切り替えが、スタイルを特徴づけることもあります。映

画を使って会話のスタイルを学ぶときには、同時に、変種の違いにも注意を向けてみましょう。

例えば、第1節で取り上げた『アナと雪の女王』は北欧の架空の国アレンデールが舞台です。主要登場人物はアメリカ英語を話していますが、雪山の中の「オーケンの店」の店主オーケンのせりふでは北欧で話される英語の特徴を聞くことができます。例えば /w/ が [v] で発音され、/r/ が巻き舌の音として強く発音されるので "That would be in our winter department." (それは冬物コーナーにあります) (0:36:29) の winter はヴィンタルに聞こえます。

第2節で取り上げた『ローマの休日』では、アン王女がイギリス英語を話し、ジョーはアメリカ英語を話しています。ジョーがアンを連れて帰るタクシーの運転手はイタリア語と英語を切り替えながら話しています (0:21:29–)。運転手の英語は "Moment, moment. My taxi, not for sleep. My taxi no sleep. You understand?" (待った待った。私のタクシーは寝場所じゃない。私のタクシーでは寝ない。わかりますね?) というように、英語の得意でないイタリア人が話す英語として描かれています。

第3節では『ダーク・シャドウ』のバーナバスの古めかしいイギリス英語が1970年代のアメリカの英語、特に10代の若者の英語と対比されていることに言及しました。スタイルの違い(フォーマル／インフォーマル)と変種の違い(イギリス／アメリカ)の両方が登場人物の話し方の特徴を作りだしている例です。

もちろんイギリス英語だからといっていつも古めかしい、フォーマルなスタイルが用いられるわけではありません。例えば『ジョージアの日記——ゆーうつでキラキラな毎日』(*Angus, Thongs and Perfect Snogging*, 2008) というコメディ映画では、イギリスの十代の若者のインフォーマルな英語が使われています。主人公のジョージアはイングランド南部の港町ブライトンに住む14歳の少女で、恋愛、友情、家族、もうすぐ迎える15歳の誕生日パーティの計画などに心を悩ませ忙しい毎日を送っています。

ジョージアは第4章で取り上げた『ベイマックス』の主人公ヒロと同い年でもあります。『ジョージアの日記』は青春コメディ映画で『ベイマックス』は近未来アクション映画なので、ジャンルは異なりますが、同い年の主人公が、思春期の鬱屈を抱え、自分について悩みながら、友人や大人と関わっていく様子には、国や性別を超えてどこか共通するものがあります。

この2人の14歳を比較しながら、英米の若者のインフォーマルなスタイルに耳を傾けるのも面白いでしょう。

参考文献
倉田誠(編)(2011)『映画で学ぶ英語学』東京:くろしお出版.
シュール, ノーマン・W(1996)『イギリス・アメリカ英語対照辞典』(豊田昌倫・小黒昌一・貝瀬千章・吉田幸子訳)東京:研究社.
山口美知代(編)(2013)『世界の英語を映画で学ぶ』東京:松柏社.

Ⅳ

読解（リーディング）編

第12章

文体に注意を払って読むとは

阿部　公彦

1　小説を上手に読むために

　小説といえば、かつてはヒマをもてあましたときに気晴らしに読むもの、気楽にぱらぱらめくるものという印象がありました。しかし、時は流れ、すっかり状況は変わりました。今や、若者は漫画でさえ読み方がわからない、うまく読めないという時代です。ましてや小説なんてどうやって読んだらいいのか皆目見当がつかない。手に取る気もしない。

　そんな若者たちに対し、大人もなかなか「だから、小説を読まねばならないのだ！」と自信を持って提示できるような根拠がないのが実情ではないかと思います。例えば「人生の深さについて知るのだ」とか「人間についての洞察を深めるのだ」といった戒めはしばしば便利に使われてきました。たしかに長く小説に親しんできた人なら、こうしたキャッチフレーズに「ふむ。そうだ」と即座にうなずくかもしれません。しかし、これから初めて小説を読もう、ましてや英語で、というような人にいきなりそんな立派なことを言っても辟易されるだけです。第一、『フランケンシュタイン』や『オリバー・ツイスト』や『ユリシーズ』のような作品を読まされて、「どうだ、人生の深みがわかっただろう？」と言われても、なかなかぴんとこないという人が多いでしょう。どうして小説を読むことで人間についての深い洞察に至るのか、わかりやすく説明するのは相当難しいことなのです。

　しかし、そこで諦めてはいけません。困ったときは原点に戻ればいい。小説に限らず、詩でも演劇でも、あるいは美術作品でもそうですが、作品鑑賞の手ほどきとして何より有効なのは、「作品というものは、作品の言葉（メディア）でしかうまく表せないものを表現しているのだ」という見方です。つまり、他の方法では言い換えのきかない、固有の表現法というもの

がそれぞれのジャンルにはある。もっと言うと、それぞれの作家ごとに、あるいは作品ごとに何らかの作法がある。そういう意味では、私たちは新しい作品と出会うたびに新しい表現の作法を学ぶわけです。その作法は何よりも言葉の使い方に表れています。ですから、小説の読み方の学習は、まずは小説の中でどのように言葉が機能しているかを知り、それとどのように付き合うかを体感することから始まります。

　小説には登場人物がいて、プロットがあって、背景があって、そして文体もある、というふうに教えるやり方はたしかに便利なものです。私たちはもともと人間に関心を持っているので、登場人物の性格や、彼らのたどる運命にはつい引きこまれます。そういった面から小説に興味を持つのはまったく正しいことだと思います。しかし、プロットというのはあくまで言葉によって展開されるもの、人物は描かれるものです。受け身形なのです。小説作品の中で圧倒的に主導権を握っているのは言葉です。言葉の佇まいや運動こそが、プロットを生み出し、人物の匂いや味を醸成する。そのプロセスを読み取ることができなければ、小説などいくら読んでも退屈なだけ。とことん苦行です。鼻づまりのときに高級なワインを飲んだり、芳醇な焼き肉を食べたりしても、ちっともおいしくないのと一緒です。

　文体というと、後からお化粧のようにして作品に乗っけられるものと考える人もいるかもしれません。たしかに文体＝スタイルというと、着せ替え可能な衣装のように聞こえてしまう。まずはこの考え方を捨てる必要があるでしょう。それを文体と呼ぶかどうかはともかく、小説は言葉に始まって言葉に終わるものです。言葉の運動法則や、コードや、振る舞いのマナーを学ぶことこそが、小説を読むということの本質にもつながっているのです。

2　ジョージ・エリオット『ミドルマーチ』の言語術

　このあたりの事情を具体的に説明するために、以下、用例を絞って見ていきたいと思います。参考にするのは、ジョージ・エリオット（George Eliot）の大作『ミドルマーチ』（*Middlemarch*）です。究極のイギリス小説とも言われるこの作品を読むと、なるほど小説の言葉とはこのようにして構築され

るものか、と思わず溜息が出るほどの感慨にとらわれます。その佇まいは壮麗にして繊細、しかも内に秘めたエネルギーと運動感覚は鋼のようにしぶとく屈強、かつ優美になめらかで、知的にも冒険性に満ち、常に新しい驚きが待ち構えているといった具合です。

　作品のタイトルは、舞台となるイギリスの架空の地方都市・ミドルマーチ（コヴェントリーがモデルとされています）からとられています。このことからもわかるように物語は複数の重要人物から構成され、彼らのプロットが複雑にからむことで、ミドルマーチ全体、さらにはもっと大きな社会の人間模様がネットワークとして浮かび上がるという仕掛けになっています。その中心にいるのはドロシア・ブルックという女性なのですが、ここではあえてドロシアではなく、脇役的なガース夫人という人に注目し、彼女の登場にあたって言葉がどのように使われているかを確認してみたいと思います。

　ミドルマーチの主要なプロットにからむのは、理想主義的ではあってもどこか現実的感覚の欠如したドロシアや、すぐれた頭脳と理念は持っていても脆弱なところのある若き医師ターシアス・リドゲイトといった人物たちです。彼らは魅力的でもあるけれど、どこか危うさや弱さを抱えた人たちとして描かれています。だからこそ、その周辺から息を呑むようなスリリングなプロットも展開する。これに対し、ガース夫妻は非常に安定的な気質を持っており、地味ではあるけれど実はこの小説全体の倫理観の土台のようなものを作るとても大事な人物たちです。

　以下の引用は第3部第24章からとられています。ガース夫妻の娘メアリーにはフレッドという恋人がいるのですが、このフレッドはガース氏から借りたお金が返せなくなってしまいます。フレッドは、どうやってこのことをガース氏に打ち明けようかと悩んでいるのですが、そこでガース夫人が初めて表舞台に登場します。この段落では、フレッドが自分の不始末を打ち明けるためにガース家にやってくる、その様子の描写から話が始まっています。

> 　Mr. Garth was not at the office, and Fred rode on to his house, which was a little way outside the town—a homely place with an orchard in front of it, a rambling, old-fashioned, half-timbered building, which before the town

had spread had been a farm-house, but was now surrounded with the private gardens of the townsmen. We get the fonder of our houses if they have a physiognomy of their own, as our friends have. The Garth family, which was rather a large one, for Mary had four brothers and one sister, were very fond of their old house, from which all the best furniture had long been sold. Fred liked it too, knowing it by heart even to the attic which smelt deliciously of apples and quinces, and until to-day he had never come to it without pleasant expectations; but his heart beat uneasily now with the sense that he should probably have to make his confession before Mrs. Garth, of whom he was rather more in awe than of her husband. (227)

ここで注目したいのは3つのポイントです。(1) フレッドが馬に乗ってやってくる様の描かれ方。(2)「私たち」という視点の導入。(3) ガース夫人への言及のタイミング。

3 長文の使い方

まず(1)から見ていきましょう。フレッドがやってくる場面はやや長めの一文で書かれています。ジョージ・エリオットの特徴として——また『ミドルマーチ』という作品全体を通しても言えると思いますが——長いセンテンスの使い方がきわめて巧みです。文を長くすると明らかに読者には負荷がかかります。読者が英語を第一言語とするかどうかにかかわらずこれは言えるでしょう。つまり、文章としては不利になる。では、なぜエリオットはそのようなことを頻繁にするのか。あるいは、なぜここではこうした長い文になっているのか。

1つの理由はかなり明白です。ここではフレッドが馬に乗ってガース家にたどり着くまでの様子を、クローズアップ的に、つまり詳細を省略するよりも気の重い訪問に伴う心理的な時間経過をより如実に反映する形で描き出している。長い文はたいてい多くの挿入節や下部構造によって構成されるものですが、ここでも which was a little way outside the town—a homely place with an orchard in front of it, a rambling, old-fashioned, half-timbered building, which before the town had spread had been a farm-house, but was now surrounded with the private gardens of the townsmen. というふうに、ダッシュをはさむことで同格的に文が延長され、さらにその中に関係詞節がある、というパターンがとられています。

　しかし、読んだ印象はどうでしょう。関係詞やダッシュによる同格的な並列ではあっても、それほど「思考が中断された」とか「注意がそらされた」という印象は与えないのではないでしょうか。というのも、ここでは私たちの読解の流れとフレッドの移動や彼の内面で起きる心理的な時間経過がほぼシンクロしているので、私たちはフレッドと視線を共有するかのように挿入される情報を消化することができるからです。とりわけうまいと思えるのはダッシュの後の一節です。a rambling, old-fashioned, half-timbered building, というところなど、あくまで家の佇まいを描いていながら、ゆったりした運動感のあるリズムで修飾語をならべているおかげで、おのずと馬による運動が文章の呼吸と重なってきます。しかも、その呼吸の安定感のおかげで、ガース家そのものの落ち着いたあり方、土地に根ざしたありようのようなものさえ浮かび上がってきます。

　エリオットはこのように同格や挿入節を多用した長文の扱いにとりわけ長けた作家です。その効果は作品や場面によって千差万別とはいえ、1つ確実に言えるのは、こうした描写が風景を眺め渡す視線に懐の深さを与えているということです。ここでも一方には訪問を前にしたフレッドの緊張感や気の塞ぎようが表現されてはいるのですが、他方、ガース家とその周辺の土地の雰囲気も描出されています。これは、同格的な挿入によって視線がより細かいところにも移行することで、語ろう語ろうと一本調子で前のめりになる語り手の「我」のようなものが抑制されるためではないかと思われます。語り手というものは、文をきっちり構成し、思い通りに落着させることでその語り手としての主体性を前面にだそうとするものですが、こうした同格的な書き方は構文の縛りをゆるめ、1つひとつの語句をやや野放しにするような作用があります。そのおかげで私たちは、語り手やその背後にいる作家の視線に束縛されない、比較的出入りの自由な風景の中に足を踏み入れているような感覚を味わうことになるでしょう。たいへん風通しのいい場がそこには生まれています。

4 一般論の使い方

　では、(2) のポイントはどうでしょう。ガース家に向かうフレッドを描く中で、ちょっと脱線気味に「私たち」という主語に導かれて一般論が挿入されています。We get the fonder of our houses if they have a physiognomy of their own, as our friends have. 私たちは「顔つき」を持った家にはより愛着を持つ、というのです。この一節が上述の話との連関で面白いのは、「私たち」という一人称複数の主語が、必ずしも語り手の「我」を強めてはいないということです。このような一節はあくまで脱線か息抜きとして、あるいは息継ぎとして機能しています。フレッドの心理に感情移入しながらガース家の佇まいに体ごと身をまかせつつもある私たち読者は、ここでいったいどのような気分になるか。果たしてその没入感が阻害されるでしょうか。意外にも、脱線であるにもかかわらず、この一文が私たちの没入をさらに促しているようにも思えます。

　実は『ミドルマーチ』のエリオットは、こうした語り手の I や、語り手を含んだ We の登場による脱線や息抜きを要所要所で行っています。以下の一節はカソボンと結婚したばかりのドロシアが日々泣いて暮らしていることに言及しつつ、そんなことは結婚ではきわめてよくあることで驚くほどのことではないし、誰もいちいちそんなことに同情などしてくれないという (だけの) ことを、実にエレガントに一般論として述べている箇所です。

> That element of tragedy which lies in the very fact of frequency, has not yet wrought itself into the coarse emotion of mankind; and perhaps our frames could hardly bear much of it. If we had a keen vision and feeling of all ordinary human life, it would be like hearing the grass grow and the squirrel's heart beat, and we should die of that roar which lies on the other side of silence. As it is, the quickest of us walk about well wadded with stupidity.
>
> (182)

We や mankind といった語を使うことで、急に話のスコープがひろがり、今、語り手が焦点をあてようとしているドロシア固有の事情から話が逸れ

てしまったような印象もあるかもしれません。
　同じような急な逸脱で有名なのは、第 29 章の次の一節です。

> One morning, some weeks after her arrival at Lowick, Dorothea—but why always Dorothea? Was her point of view the only possible one with regard to this marriage? I protest against all our interest, all our effort at understanding being given to the young skins that look blooming in spite of trouble; for these too will get faded, and will know the older and more eating griefs which we are helping to neglect. In spite of the blinking eyes and white moles objectionable to Celia, and the want of muscular curve which was morally painful to Sir James, Mr. Casaubon had an intense consciousness within him, and was spiritually a-hungered like the rest of us.　　(261)

下線を引いたのは、何の気なしに例によってドロシアの視点から語りを再開しようとして、「あらあら、またドロシアの視点になってしまった」と語り手が反省し、語りの流れを中断するところです。何も心を持っているのはドロシアだけではない、結婚相手のカソボンにだって言い分はあるだろうにそれを無視していいのか…という含みがあります。このようにあからさまな介入を行うことで、明らかに語り手「私」の存在が目立ってしまいます。
　しかし、ここでもどうでしょう。一見すると、まるで小説ジャンルそのものの転覆をもくろむポストモダン小説のようにも読める箇所ですが、実際にはむしろ『ミドルマーチ』のフィクションの世界はここでは強化されているようにも思えます。私たちはこうした脱線や息抜きを通して、不安になるどころか、より安心して作品の世界に没入できるように思えるのです。先の例とも合わせて言えるのは、次のようなことかもしれません。どうやらエリオットの言葉の使い方や描写の方法は、こうした脱線的な語り口を許容し、また脱線によって強化さえされるような構造を持っている、と。
　ではそれはいったいどのような構造なのでしょう。先ほど指摘したような風通しのよさが関わっているのはたしかでしょう。語り手の「我」が全体を支配するわけではないので、あちこちに隙間が生まれている。だから、

雑音が入ってきたり、脱線があったり、外の風景からの割り込みがあったりしても違和感はない。

　ただ、それだけでは私たち読者の没入を促すには十分ではないように思います。ここで特に注目したいのは、語り手が「つい介入してしまった」という感覚です。そのつもりではなかったのに、まるで自分の計画を妨害するかのようについ語り手は介入してしまう。ところが、このついという過失めいた行為は、一見計画の乱れや失敗を示唆するようでいて、より深いところでエリオット的な言葉のあり方を支えてもいると私は思います。なぜなら、元の引用箇所でもほのめかされているように、このようについ何かをしてしまう、つまり、計画的にではなく、ついその場の感情で何かを思ったり行ったりすることが『ミドルマーチ』の作品世界では許され、かつ許されているばかりか善きこととして奨励されているようにも思えるからです。

　考えてみれば、We get the fonder of our houses if they have a physiognomy of their own, as our friends have. という一般論そのものが、まさにそういうことを言っています。家に表情などあるわけがない。でも、ふとそう思えてしまう瞬間があるかもしれない。しかも、ふとそう思えてしまった上で、さらになんだか愛着が湧いてしまう。「つい」にしても「ふと」にしても、あるいは「なんだか」にしても、まったく無根拠で気まぐれな心の動きです。しかし、そうした変な心の振る舞いに人間というものは振り回されてしまうものです。どうやらエリオットはそうした変な心の動きを温かい目で見つめ、ときには奨励さえしているということではないでしょうか。

　エリオットがこのように寛容なのは、彼女自身の語りの原動力がこうした心の動きに依存しているからかもしれません。エリオットの語りは「こうせねばならない」という強い外からの束縛──ロジックや義務感──ばかりに動機づけられているわけではありません。むしろ、「自分は好きで語っているのだ、どうしても言いたくて思わず言葉を繰り出してしまうのだ」という感覚が、今見てきた引用箇所にもにじみ出しています。むろん、その背景には18世紀から19世紀にかけて英国の知識層に行き渡った倫理観があるでしょう。すなわち、倫理的な行動は理性によって律せられているだけでは足りない、内からの内発的な衝動に支えられていればこそ価値が生まれる、という考え方です。遡ればこれはワーズワス的な「自発性」

(spontaneity) の詩学にも結びつくでしょう。つまり、このような文章の書き方に、すでにこの時代特有の倫理と美学とがからんでいるということになってきます。

　ギルバートとグーバーは男性が支配する『ミドルマーチ』の世界の中では、女同士が共感し連帯する「姉妹性」が重要な役割を果たすと言っていますが、そのときにも重要になるのは思わず相手に感情移入する「自己忘却」(self-forgetfulness) です (Gilbert & Gubar 1984: 518)。思わず、相手に共感するところから連帯が生まれるということです。こうした見方の背景にあるのは、倫理的な行為を支えるのが衝動 (impulse) にほかならない、つまり、内から沸き起こる情動があってこそ、人の行為に倫理的な価値が生まれるというエリオットも共有していた考え方です。冷静に結果をシミュレーションした上でとった行動より、つい思わずとってしまった行動に意味があるというのです (Davis 2006: 91)。

5　人物を登場させる

　では (3) のガース夫人への言及のタイミングの話にうつりましょう。ガース夫人の名前が出てくるまでの流れは、実になめらかです。巧妙にも思えるけれど、行き当たりばったりにも見える。行き当たりばったりに見えて、きちんと物語が前に進むという意味では巧妙と呼ぶべきなのかもしれませんが、先ほどのつい挿入される一般論の効果もあって、一種「気まぐれの演出」とでも呼ぶべきものがあるのはたしかです。

> The Garth family, which was rather a large one, for Mary had four brothers and one sister, were very fond of their old house, from which all the best furniture had long been sold. Fred liked it too, knowing it by heart even to the attic which smelt deliciously of apples and quinces, and until to-day he had never come to it without pleasant expectations; but his heart beat uneasily now with the sense that he should probably have to make his confession before Mrs. Garth, of whom he was rather more in awe than of her husband.
> (227)

「顔つき」を持った家の一般的な好ましさ→ガース一家の家屋の好ましさ→フレッドの愛着→ガース夫人に告白せねばならないフレッドの悩ましさ、というふうに、まるで一連なりのことであるかのようにガース夫人のことへと連想が及ぶわけですが、実際にはこの流れにそれほどきっちりした論理があるわけではありません。とても気まぐれな連想に思えます。でもまさに気まぐれであるという点で、この流れは「気持ち的」なのであり感情的であり、語り手の「つい」や「ふと」や「なんだか」をたっぷりとこめた語りになってもいます。

おそらくこうした箇所に露出する語り手の「気持ち」は、ここで視点人物になっているフレッドから半ば借り受けたものだと言えるでしょう。しかし、たとえ登場人物に憑依する形ででではあっても、語り手がこのように情緒的なものに引きずられるポーズをとるのだということをわきまえておくのは、『ミドルマーチ』という小説のあり方を理解する上ではとても大事です。

この数行の前置きを経た上で、いよいよ本格的にガース夫人の「紹介」が始まります。語り手の本領が発揮されるのは、ここからだと言えます。少し長くなりますが、以下に続きを引用してみましょう。

Not that she was inclined to sarcasm and to impulsive sallies, as Mary was. In her present matronly age at least, Mrs. Garth never committed herself by over-hasty speech; having, as she said, borne the yoke in her youth, and learned self-control. She had that rare sense which discerns what is unalterable, and submits to it without murmuring. Adoring her husband's virtues, she had very early made up her mind to his incapacity of minding his own interests, and had met the consequences cheerfully. She had been magnanimous enough to renounce all pride in teapots or children's frilling, and had never poured any pathetic confidences into the ears of her feminine neighbours concerning Mr. Garth's want of prudence and the sums he might have had if he had been like other men. Hence these fair neighbours thought her either proud or eccentric, and sometimes spoke of her to their husbands as 'your fine Mrs. Garth.' She was not without her criticism of them in return, being more accurately instructed than most matrons in Middlemarch, and—where is the blameless woman?—apt to be a little severe towards her own sex, which in her opinion was framed to be entirely subordinate. On the other hand, she was disproportionately indulgent towards the failings of men, and was often heard to say that these were natural. Also, it must be admitted that Mrs. Garth was a trifle too emphatic in her resistance to what she held to be follies: the passage from governess into housewife had wrought itself a little too strongly into her consciousness, and she rarely forgot that while her grammar and accent were above the town standard, she wore a plain cap, cooked the family dinner, and darned all the stockings. She had sometimes taken pupils in a peripatetic fashion, making them follow her about in the kitchen with their book or slate. She thought it good for them to see that she could make an excellent lather while she corrected their blunders 'without looking,'—that a woman with her sleeves tucked up above her elbows might know all about the Subjunctive Mood or the Torrid Zone - that, in short, she might possess 'education' and other good things ending in 'tion,' and worthy to be pronounced emphatically, without being a useless doll. (227–28)

これですべてではなくまだ描写は続くのですが、この部分を見ただけでも非常に熱がこもっていることがわかります。すぐに目につく描写の特徴を列挙すると以下のようになるでしょう。

(1) 文が長い。
(2) ガース夫人の独特さ、貴重さが強調されている (She had that rare sense which ...)。
(3) 否定文や否定的な行為 (あきらめ、放棄など) についての描写が多い (下線参照)。
(4) ガース夫人のマイナス面も描いているのだという公平さや多面性が強調されている (波線参照)。
(5) そもそもガース夫人が2つの価値 (知性と生活人としてのたくましさ) の間でバランスをとっているということが強調されている (二重線参照)。

(1) の長さについてはすでに詳しく触れたので、ここではいったん飛ば

しましょう。(2), (3), (4), (5) の特徴を見てみると、それぞれが単に並列されているだけではなく、かなり緻密に連関しているのがわかります。つまり、ガース夫人を語る言葉のあり方と、ガース夫人の人物像とがけっこう重なりあっている。おおまかにまとめると、ガース夫人は独特な気質を持っているので (2)、通常の人物類型にはあてはまらない、したがって通常の類型から外れる人物像として否定形で語られる局面が多くなる (3)、ただ、ガース夫人の類い稀さを描くばかりでは十分ではなく、誰もが持つようなありふれた弱点も彼女は持っている、それがちょっとしたためらいをこめて「仕方なく言う」というポーズとともに均衡的な言い回しで語られるが (4)、ガース夫人自身が教養のある元家庭教師としての自分と、日常の雑事をこなす主婦としての自分の「均衡」を意識し、そのバランス感覚に誇りを持っていることが示される (5)、とこんな流れで描写が展開されているのです。

　このような (2) → (3) → (4) → (5) という流れを、あらためて (1) のポイントともあわせて見直してみると、ガース夫人の描写でとりわけ目につくのが、その時間性だということがわかります。語り手はガース夫人について始めから「正解」を示してしまうことはない。「自分はすべてをわかっているのだ」という絶対者の地点から先回りして何かを言うことはないのです。おそらく語り手はガース夫人について私たち読者よりはかなり多くを知っているはずなのですが、まるで自分がすでに知っていることを1つひとつ再確認するかのように、試行錯誤を経てが̇ん̇ばりとともに言う、という様子が見て取れます。ボーデンハイマーはエリオットの文体全体に見られる特徴として「文が、直前の文の含みをあらためて読み直しては反応を示す」(Bodenheimer 1994: 38–39) という点を指摘していますが、ここでは特にそれが否定やためらいのポーズとして効いているようです。自分で自分の言いそうなことや、場合によっては言ったかもしれないことを否定によって封じながら、少しずつガース夫人の実像に近づいていく。時間の流れの中で人物に肉薄しようとする姿勢だと言えるでしょう。そのような肉薄が、きわめてパフォーマティブに演出されたものであることは、ひとしきりガース夫人の描写が続いた後、いきなりフレッドのノックの音で急にそうした描写への没入が寸断され、そのことでかえって没入そのものが際立たせられていることにも表れています。ミラーによれば、語りの対象へ

の没入ははっとするような覚醒とセットになっているのであり、それがエリオットの語り手ならではのジェスチャーとして表現されていると見なすことができるわけです (Miller 2013: 159)。

　こうした箇所から私たちが読み取るべきなのは、もちろん第一にはガース夫人がどのような人であるかということなのですが、それと不即不離な形で、人間というものはそう簡単には把握できないものであり、常に両面性が意識されねばならないということ、だから、そのどっちつかずの状態から慎重にためらいとともに――ときには反論を予期しながら――その人の大事な部分を探り出すのが語り手の役割だということです。そのような慎重かつ精妙な手つきを通して、語り手がガース夫人という人に並々ならぬ興味を持ち、しかも彼女の生き方にかなり肯定的なものを見ているという点も、明示的な形でではないながらも提示されていると言えるでしょう。

　以上、小説の文章からどのようなことが読み取れるかということについて、『ミドルマーチ』を実例としながら考えてみました。今回注目したのは言葉の使われ方のごく一部で、ほかにも語彙の選択や修飾語の特徴、構文の作り方など見ていくべきところは多いと思います。ただ、私が強調したかったのは、物語展開や人物描写といった部分でも、通常は文体の問題にすぎないとして脇に置かれてしまうような要素がきわめて大きな役割を果たしているということでした。と同時に、しばしば「エリオットの文体」などと称されるものが、では具体的にはどのようなものなのか、また言葉の構築物であるとされる小説が、いったいどのように人間的な価値とからんでくるのかといったことにも多少なりと触れられたならと思っています。

参考文献

Bodenheimer, R. (1994) *The Real Life of Mary Ann Evans: George Eliot*. Ithaca: Cornell University Press.

Davis, M. (2006) *George Eliot and Nineteenth-Century Psychology: Exploring the Unmapped Coutry*. London: Routledge.

Eliot, G. (1996) *Middlemarch*. Oxford: Oxford University Press.

Gilbert, S. & S. Gubar (1984) *The Madwoman in the Attic: The Woman Writer and the Nineteenth-Century Literary Imagination*. New Haven: Yale University Press.

Miller, A. H. (2013) "*Middlemarch*: January in Lowick." In A. Anderson & H. E. Shaw (eds.) *A Companion to George Eliot*. Oxford: Wiley-Blackwell, 153–65.

第 13 章

学習者用読み物 (graded readers) のスタイル

魚住　香子

1　graded readers (GR) とは？

　お気に入りの作家の小説を原語 (英語) で読み始めたものの、意味がわからない単語や複雑な構文に振り回され、最初の数ページで断念してしまった...。英語に関心のある人なら一度は味わう苦い体験ではないでしょうか。こうして大方の読者は原書での読書を諦めてしまいます。ではその後は？　翻訳があればまずそれで楽しむというのも1つかもしれません。

　それでもやはり英語で読みたい、と思ったら、graded readers (以下、GR) の出番です。GR は主に非英語圏の学習者用に書かれた段階別読み物です。原作の簡約版 (simplified versions) の場合、登場人物が削られたり、細部のみならず作品全体の解釈にも関わるような変更がなされていることもあるので注意が必要ですが、数万語からなる原作を読み通す根気・持久力を徐々に身につけながら、段階的に読み進んでいくことのできる GR は強い味方です。

1.1　対象読者と目的

　GR は英語を第二言語 (English as a Second Language)、または外国語 (English as a Foreign Language) として用いる読者向けに書かれています。つまり英語の母語話者に比べて、読むスピードが遅い、英語での読書に積極的でない、自信がない、運用能力が制限されている人などがその主な対象です (Bassett 2011: 22)。GR の用途に制限はなく、文学の授業等で補助教材として使われることなどもありますが、原則的には前述のような英語学習者が「読むことによって読めるようになる (読まなければ読めるようにならない)」(learn to read by reading[1]) ことを目的として書かれています。言い換えると、様々なレベ

　1　Smith, F. (1997) *Reading without Nonsense*. New York: Teachers College Press, 79.

ルの非英語話者が、たくさん、できれば楽しく読むことによって「流暢な読み手」(fluent reader) となり、最終的には原書が読めるようになるまでの架け橋となる、それが GR の大きな役割です。

1.2 GR の言語とストーリー

GR は精読用のテキストなどに比べると各ページの英語はそれほど難解でないものが多く、指導者はこれなら学生は読めるだろうと思いがちです。しかし数ページ、または数章を読むことと 1 冊を読み切ることとはまったく異なります。学習者が大量に読み進めていくためには、読書にかかる負荷はできるだけ少なくなければなりません。そのため、ほとんどの GR ではレベル別に見出し語 (headwords) を設定して使用語彙や表現を制限し、構文が複雑にならないよう文法にも配慮をしています。

では、そうした配慮がなされた GR であれば通読できるのかといえば、話はそう簡単ではありません。Oxford Bookworms シリーズの監修者であるジェニファー・バセット氏は、GR における言語制限の問題は氷山の一角で、例えるなら言語の段階分けは荷馬車の荷台にすぎず、ストーリーこそが荷台を引っ張る馬 (エンジン) であると言います (前掲書、25)。もし荷台が馬の前を走るようなことがあれば、ストーリーはその方向性を失ってしまうのです。バセット氏は続けて、GR で用いられる言語は平易 (simple) でよいが、ストーリーの語りは単純 (simplistic) であってはならないとも述べています (26)。同様に、国内で絶大な人気を集めている Foundations Reading Library というオリジナルストーリー・シリーズ (Cengage Learning) の作者であるロブ・ウェアリング氏 (ノートルダム清心女子大学教授) も、GR を書く上で最も重要な 3 つの点は、"a) the story, b) the story, and c) the story" であると、ストーリーの重要性を強調しています[2]。

1.3 GR におけるスタイル

GR のフィクションは語彙や構文上の制限に加え、全体の長さや登場人物の数・プロットの複雑さなどに関しても作話上の制約を受けるため、平板、単調になりやすく、読み手を退屈させてしまう危険性があります。そ

---

2 Waring, R. (2003) "Writing a Graded Reader." In E. J. Mukundan (ed.) *Readings on ELT Materials*. University Putra Malaysia Press, 8.

うなるのを避けるため、多くの場合、プロットやストーリーの語りに読者を飽きさせない工夫が施されています[3]。その一方で制約によって失われてしまうものもあります。原作がもつ「スタイル」もほかならぬその1つです。逆説的な言い方ですが、原作独自のスタイルをあえて失くしたものがGRのスタイルなのです。

2　GRとバリエーション

　スタイルとして失われてしまうものにバリエーション(変奏)があります。バリエーションとは、語や句や節が「しばしば文法的並行法(parallelism)を伴いながら、異なる語や同義語を使って一つの観念を反復すること」(『英語文体論辞典』)で、原書と簡約版を比べてみるとその違いが最も顕著に見られます。

　ではGRでは、どのようなバリエーションが失われるのでしょうか。次項で具体的に見てみましょう。

2.1　エレガント・バリエーション (elegant variation)

　同じ単語や語句が繰り返されると文章が単調になり、リズムが失われます。繰り返しを避けるために、通常、登場人物や既出の事物をweやitなどの人称代名詞で受けたり、"I don't really like this shirt. Let me try another one." と不定代名詞で代用したりします。このようなやり方はGRでも用いられています。

　『赤毛のアン』(Anne of Green Gables) の作中で、アンが初対面のマリラに名前を尋ねられる場面があります[4]。"Will you please call me Cordelia?" と別名で呼んでくれと願い出るアンに、呆れたマリラは本名を問い質します。それに答えて原作では、"'Anne Shirley,' reluctantly faltered forth the owner of that name ..." と続きます。下線部の "the owner of that name" はアンのことを指し、Anneやsheの繰り返しが回避されています。このような用法

　3　魚住香子 (2009)「Graded Readersで読む『フランケンシュタイン』：読み物としての簡約版」『現代英語談話会論集』4: 1-27 参照。
　4　Montgomery, L. M. (2008) *Anne of Green Gables*. New York: Yearling, 25.

は「エレガント・バリエーション」と呼ばれ、文章に変化を与え、表現を豊かにする役割がありますが、GRではあまり使われません。

　メアリー・シェリー (Mary Shelley) によって書かれた『フランケンシュタイン』(*Frankenstein*) は、野心家のフランケンシュタイン博士が人造人間を創ったことによって惹き起こされる悲劇を描いたゴシック小説です。そこに出てくる人造人間は、博士によって "monster" を始めとする様々な呼称で言及されます。それによって言語上の変化が生み出されるだけでなく、人造人間が単なる「怪物」ではなく、多面性を備えた存在であることも示唆されているのです。またそれぞれの名称が用いられる時の状況や語り手の心情もそこには反映されています。しかし表1が示すように、多くのGRにはこのようなバリエーションは見られません。

表1　人造人間の呼称

シリーズ	Headwords	人造人間の名称
Compass	950	monster
Oxford	1,000	creature, horrible thing, monster
Macmillan	1,100	Monster
Penguin	1,200	monster, my enemy
Black Cat	設定なし	monster, devil
R.I.C.	1,000–1,600	creature, wretch, monster, fiend, murderer, destroyer of my family
Usborne	—	misshapen creature, magnificent new being, living corpse, creature, monster, this thing, huge ugly figure, murderer, villan, it
原作	—	being, daemon, wretch, monster, fiend, creature, devil, demonial corpse, destroyer, my persecutor, dreaded spectre

　例えば Penguin Readers（現 Pearson English Graded Readers）では誕生した時からその存在は "monster" と呼ばれ、"my enemy" と呼ばれる数か所を除いて終始同じ呼称が使われています。Macmillan Readers でも "the Monster" という固有名詞化した1つの呼称が冒頭から最後まで用いられ、変化しません。読み手にとって人造人間はどこまでいっても「怪物」にすぎず、別の側面を見せないのです。レベルが上がるとバリエーションが少し増え、

R.I.C. では "creature", "wretch", "monster", "fiend", "murderer", "destroyer of my family" といくつかの呼称が使われています。

　意識的に名称を使い分けている GR もあります。Oxford Bookworms では最初のうち、人造人間は "the creature" や "the horrible thing" と呼ばれます。博士が初めてその被造物を "monster" と呼ぶのは、それが末弟ウィリアムを殺した真犯人だと直観的に悟った時で（"I stood there in the dark and the rain, and knew I had created a monster.（下線筆者）[5]、これを境に "monster" という呼称が使われ始めます。このように怪物は生まれながらに "monster" ではなく、置かれた環境によって変わり得る存在であるということが、エレガント・バリエーションによって暗示されます。

　GR でのエレガント・バリエーションの希少さは、英語圏の子どもを対象に書かれた段階別読み物（GR と区別して leveled readers（LR）と呼ぶこともあります）の Usborne Young Reading シリーズ（*Frankenstein* は対象：7歳以上、CEFR: C1）と比較するとはっきりとわかります。このシリーズでは総語数が約 4,500 語と少ないにもかかわらず、原作同様、多様なエレガント・バリエーションが用いられ、さらに "it" が用いられているのも特徴的です（表1参照）。これとは対照的に特に初・中級レベルの GR では、エレガント・バリエーションが多用されることはありません。ですが、これは読者の混乱を避け、負荷を減らすために、怪物の多面性を犠牲にすることによってなされた必要不可欠な工夫、すなわち一種のスタイルなのです。

2.2　伝達節におけるバリエーション

　バリエーションは会話場面の伝達動詞（会話文の前後に付く say, ask, tell など）を含む伝達節にもよく見られます。文字だけでは話し手たちの表情や声の調子がわからず、朗読を収録した CD などの音源がない場合、会話の雰囲気がつかみにくいことがあります。そのような会話に「表情」を与え得るのが伝達節です。

　銀行家であったケネス・グレーアム（Kenneth Grahame）が 1908 年に息子のために書いた『たのしい川べ』（*The Wind in the Willows*）は、川縁に住む個性的な4匹の主人公たち、モグラ（Mole）、ネズミ（Rat）、アナグマ（Badger）、

5　Nobes, P.（2008）*Frankenstein*. Oxford: Oxford University Press, 15.

そしてヒキガエル (Toad) が織りなす小さな冒険と騒動、友情を描いた心温まるストーリーです。現在もイギリス国内で、子どもだけでなく大人にも世代を超えて愛されている小説で、GR でも複数の簡約版が書かれています。

この小説の大きな魅力の 1 つは、作中で登場人物 (動物?) たちが交わす会話です。一例にモグラが詩作中のネズミにヒキガエルの家への訪問を持ちかけている場面 (GR より引用) を見てみましょう。

(1) 'Ratty,' said the Mole, 'could I ask you something?' 'Mmm,' the Rat said, not really listening. 'Sky, fly, high, die, why ... Oh dear! What did you say, Mole?' 'Will you take me to visit Mr Toad? I've heard so much about him, and I do want to meet him.' 'Why, of course,' said the Rat kindly. 'Get the boat out, and we'll row up there now. Toad's always happy to see his friends.' 'He must be a very nice animal,' said the Mole, as he got into the boat ...　　　　　(Oxford, 下線筆者)[6]

下線部を引いた伝達節は GR では可能な限りシンプルに書かれ、省略されているところも複数あります。このような用法は GR 以外でも見られますが、GR では読み手の負担をできるだけ減らしてテンポよく読み進めるための工夫となっています。

他方、原作では伝達節に様々なバリエーションが用いられています。原作の該当部分から伝達節だけを抜き出すと表 2 のようになります。

表 2　原作に見られる伝達節

伝達情報	① observed the Mole cautiously.
	② replied the Rat cheerfully.
	③ said the Mole, with great heartiness.
	④ cried the Rat indignantly.
	⑤ replied the Mole soothingly.
	⑥ said the good-natured Rat.

6　Bassett, J. (2008) *The Wind in the Willows*. Oxford: Oxford University Press, 11.

伝達節のバリエーションには、表2の①, ②, ④および⑤に見られる【動詞＋副詞】、③の【動詞＋副詞句】といったパターンに加えて、⑥のような【動詞＋形容詞を伴った主語】も、それほど多くはありませんが、原作中には見られます ("observed the disappointed Rat", "continued the gratified Badger")[7]。ほかには前述の引用 (1) にもある【動詞＋現在・過去分詞】("the Rat said, not really listening") もよく見られる形です。このように伝達節のバリエーションによって発話時の感情の微妙なニュアンスが補われています。

　しかし、原作とGRでバリエーションに最も違いが見られるのは伝達動詞です。表2においても observed, replied, said, cried と、伝達動詞が使い分けられています。実際、2.1 で紹介した Usborne Young Reading シリーズの同作 (対象：6歳以上、CEFR: B2) では、say や ask などの基本的な伝達動詞が単独で出てくる箇所はほとんどありません。代わりに使われているのは、表3のような多様な動詞です[8]。

表3　Usborne Young Reading シリーズ中の伝達動詞

add（言い添える）	moan（嘆く）	scream（悲鳴をあげる）
boast（得意げに言う）	mutter（つぶやく）	sob（泣きながら話す）
declare（断言する）	order（指示する）	squeak（キーキー言う）
gasp（喘いで言う）	pant（喘ぎながら言う）	wail（泣き言を言う）
grumble（ぼやく）	roar（どなる）	whimper（訴えるように言う）
interrupt（話に割り込む）	scoff（あざ笑う）	yell（叫ぶ）

　伝達節にこのような動詞のバリエーションが意識的に用いられると、文字面だけでは「中性」である伝達情報に「色合い」が加わります。その反面、伝達節の情報量が増えると、メッセージの内容よりもそちらに気を取られることにもなりかねません。GR の中には、前出の Foundations Reading Library など、簡約版・オリジナルを問わず、読みやすさを考慮して描写場面を減らし、会話を意識的に増やしているシリーズがあります。そこでは伝達節におけるバリエーションを最小限に抑えることによって、会話にリズムが生み出されています。

7　Grahame, K. (2010) *The Wind in the Willows*. Oxford: Oxford University Press, 11, 64.
8　Sims, L. (2007) *The Wind in the Willows*. London: Usborne Publishing.

このように、一般的には変化と生彩をもたらすバリエーションも、GRにおいては読み手の障害となるために削ぎ落とされることもあるのです。

3　GR における描写場面

　原作と簡約版 GR を読み比べると、特に描写場面が大きく異なっていることに気づきます。GR では語彙の制限に加え、形容詞や副詞の過度の使用を避けるという傾向があるので、必然的に描写は簡素になります。

3.1　人物描写

　チャールズ・ディケンズ (Charles Dickens) は場面および人物描写が巧みな作家です。そこから1つ例を取ってみましょう。長編『大いなる遺産』(*Great Expectations*) にはモリー (Molly) という名の家政婦が登場します。一見主筋とは関係のない端役に見えますが、実は重要な人物であることが小説の後半で判明します（未読者のためにネタバレは控えます！）。そのきっかけになるのが彼女の容貌です。主人公のピップ (Pip) がその女性と初めて会う場面を原作で見てみましょう。

(2) She was a woman of about forty, I supposed—but I may have thought her younger than she was [1]. Rather tall, of a lithe nimble figure, extremely pale, with large faded eyes, and a quantity of streaming hair [2]. I cannot say whether any diseased affection of the heart caused her lips to be parted as if she were panting, and her face to bear a curious expression of suddenness and flutter [3]; but I know that I had been to see Macbeth at the theatre, a night or two before, and that her face looked to me as if it were all disturbed by fiery air, like the faces I had seen rise out of the Witches' caldron [4].

（文末または節末番号・下線筆者）[9]

9　Dickens, C. (2008) *Great Expectations*. Oxford: Oxford University Press, 194.

下線部は女性の容貌を描写した箇所を示しています。ではこれらは GR ではどのように描かれているのでしょうか。Oxford Bookworms と Macmillan Readers を例に挙げてみましょう。

(3) The housekeeper brought in the first dish. She was about forty, with a strange wild expression on her pale face. She seemed almost afraid of her master, and looked anxiously at him whenever she entered the room.

(Oxford, 下線筆者)[10]

(4) Dinner was served by Mr Jaggers' housekeeper. She was a tall woman of about forty. Her face was very pale, and her eyes were dark. Her long dark hair lay over her shoulders.
When the woman brought in the food, she looked only at Mr Jaggers. She was breathing quickly, as though she was afraid.

(Macmillan, 下線筆者)[11]

　(3) の Oxford は上から 2 つ目の Stage 5（見出し語：1800 語）、(4) の Macmillan は最上級の Upper レベル（見出し語：2200 語）からの抜粋ですが、枝葉を切り落とし、それぞれの総語数も原作の半分以下となっています。たとえ上級レベルでもここまで大胆に削ぎ落とすのが GR のスタイルです。原作の前半部 [1] および [2] で描写されている年齢や高い背丈、顔色の悪さ、大きな目、長く豊かな髪は (4) ではほぼすべて言及されていますが、(3) では年齢と顔色以外はすべて省略されています。原作にある "lithe"（しなやかな、優雅な）や "nimble"（動作の機敏な、聡い）といった、動作も内面も表しうる「含み」のある形容詞は、いずれの GR でも使われていません。
　刈り込まれるのは情報量だけではありません。原作の後半部 [3] と [4] にある描写は、2 つの GR ではほとんど省かれているか、または曖昧な解釈を招く言い回しは明確な表現に置き換えられています。「心臓病のためなのか、喘いでいるように開いた口」は、(4) では「主人を恐れているかのように呼吸が速くなっていた」と言い換えられていますし、顔に浮かぶ「奇

10　West, C. (2008) *Great Expectations*. Oxford: Oxford University Press, 48.
11　Bell, F. (2005) *Great Expectations*. Oxford: Macmillan Publishers, 43.

妙な動揺の表情」は、(3) では「奇妙な荒々しい表情」に変わっています。さらに (3) と (4) ともに、主人を恐れ窺い見る様子から 2 人の力関係がはっきりと明示されています。それは後の伏線となる重要な情報だからです。

原作抜粋の最後に描かれている Macbeth を用いた直喩（「『マクベス』の劇中で見た魔女たちの釜から浮かび上がる顔を彷彿とさせるような顔つき」）はいずれの GR にも含まれていませんが、至極妥当な選択です。どれぐらいの日本人学習者がこの描写から明瞭な表情を思い浮かべることができるでしょうか。

参考までに、原作にある描写と 4 つの GR 内の該当部分の描写を比較すると、表 4 のようになります。

表 4　原作と GR の描写の比較

原作	Oxford	Macmillan	Penguin	Black Cat
Headwords	1,800	2,200	3,000	設定なし
about forty	about forty	about forty	about forty	about forty
lithe				lithe
nimble				nimble
lips parted as if panting		breathing quickly		
extremely pale	pale	very pale	extremely pale	extremely pale
large faded eyes	looked anxiously	dark	large faded	large faded
quantity of streaming hair		long dark hair	quantity of streaming hair	long streaming
a curious expression of suddenness and flutter	strange wild expression			
Macbeth				Macbeth

ここでのモリーの描写が意味をもつのは、再登場する時にこれらの情報が伏線となって、意外な発見につながるからです。換言すると、GR ではその再登場場面と呼応してストーリーをつなぐ最低限の描写があれば十分なのです。そして言うまでもなく、このように情報量を極限まで削り、語義の明確な語を選ぶのは、意味が曖昧な語句や表現によって無用に気を散

らされて立ち止まってしまうことなく、読者が2万語以上のGRを読み切ることができるようにするためです。

3.2　GRのスタイルを学ぼう

　様々なレベルの簡略版GRをある程度読み慣れたら、実際に原作からの抜粋をGR風に書き換えてみましょう。まず上述のように原作といくつかのGRにある同場面を比較し、語彙や表現、全体の長さなどの違いを把握しておきます。次に好きな原書から人物や出来事を描写した短い抜粋を用意し、場合によっては日本語訳も参照しながら、内容を確認します。そしてその場面をGR風に書き換えてみます。明確で平易な表現を用い、しかし読者を想定してGR作家になった気分で書きます。想像・創造力を駆使して創作すると、原作とはひと味違った場面が出来上がるはずです。

4　GRにおけるauthenticity

　独自のスタイルを持たないGRは、第一義的にはスタイルを味わうものとは言えません。言葉にかかる負荷を減らすため、スタイルを失くすことがGRの意図であり、スタイルを意識させないほどストーリーに没頭させることがGRの使命だからです。読者は自分のレベルより少し低めのGRから始め、まずは1冊ずつ読み切る達成感を味わうことが大事です。そうして成功体験を積み重ねていくと、次から次へと楽しく読み続けていくことができます。やがて多くの英語に触れる中で言葉自体へも関心が向き、平易な英語でも表現したり感動させたりできると実感できるようになります。そのときにこそ初めてGRのスタイルが意識されるのではないでしょうか。

　GRの英語は加工された「不自然な」ものだと、そのauthenticityを疑問視する意見もあります。たしかにGRには手が加えられています。では皆さんは、小学生の頃に親しんだ少年少女文学全集を「本物ではない」と思いながら読んでいたでしょうか。そんなことはなかったはずです。楽しみながらストーリーに没頭することが何より大事で、スタイルのことなど念頭に浮かばなかったでしょう。これと同様に、GRを楽しんで読む経験を

すれば、それが authentic かどうかは問題でなくなるはずです。前出のバセット氏は、「authenticity はテキストそのものの特徴ではなく、読者とテキストの関係性の中にあるもので、...読み手が読書の過程で作者の意図に気づいたときに到達されるものだ」と述べています（前掲書、27–28）。読者がスタイルに気を取られず、スラスラと集中して 1 冊読み切れた！ と喜び、さらに次の 1 冊に手が伸びれば、それで GR はなすべき役割を十分に果たしているのです。

参考文献

Bassett, J. et al. (2011) "A series editor's view (1)." In J. Bassett et al., *Bringing Extensive Reading into the Classroom.* Oxford: Oxford University Press.

Day, R. D. & J. Bamford (1998) *Extensive Reading in the Second Language Classroom.* New York: Cambridge Univeristy Press.

古川昭夫・神田みなみ・黛道子・西澤一・畑中貴美・佐藤まりあ・宮下いづみ（編）(2013)『英語多読完全ブックガイド 4 版』東京：コスモピア．

ウェールズ，ケーティ (2000)『英語文体論辞典』(豊田昌倫他訳) 東京：三省堂．

第 14 章

新聞・雑誌のスタイル

高見　敏子

1　はじめに

　英語の新聞や雑誌が読めるようになりたい、というのは英語学習の主要な動機の1つと言えるでしょう。けれども実際に読んでみると、学校で習ってきた教科書の英文とは異なる、やや特殊な文法的あるいは語彙的な特徴に戸惑うことがあるのではないでしょうか。この章では、新聞・雑誌の見出しの基本的な特徴の一部や本文のスタイルに関するいくつかの事例を見ていきましょう。

2　見出し (headline) の特徴

　新聞や雑誌の言語を考えるとき、こうしたメディアには「スペース」という大きな制約がある、ということに注意が必要です。新聞や雑誌の重要な構成要素でもある見出しは殊に、記事の概略を示したり読者の興味を引いたりするという本来の役割を果たしつつも、与えられたスペースに過不足なく、見た目にもきれいに収まるようにしなくてはなりません。そのため、一般的な言語とは異なる、略語や特有の表現の使用、短い日常語の転用、一部の語の省略、などが慣例化していて、こうした慣例に慣れていない読者にとっては理解がいっそう難しくなっている場合があります。

　まず、略語や特有の表現の例を挙げると、アメリカの新聞で Gov. は州知事 (governor)、G.O.P は共和党 (Grand Old Party＝共和党 the Republican Party の愛称) を表しますし、イギリスの新聞で MP は国会議員 (member of parliament)、PM は首相 (Prime Minister)、No 10 は英国首相官邸を表します。No 10 は所在地 (10 Downing Street) に因んでいるので「永田町」に似た用法と言えます。

また、英語メディア共通の用法として Washington や Tokyo といった首都名がその国の政府という意味でよく使われます。

また日常語の転用の例には、back「支援する」、blast「爆発」、blaze「大火事」、call「要請」、hit「打撃を与える」、hold「拘束する」、no「拒否」、OK「承認する」、press「強く迫る」、quit「辞任する」、quiz「尋問する」、storm「騒動」などがあります。

見出しで学習者が特に混乱するのは時制です。ここで *The Japan News* の 1 面を飾った 2 つの見出しを見てみましょう（下線は筆者。以下同様）。

(1) Obama to visit Hiroshima on May 27　　　　　　(May 12, 2016)
(2) Obama visits Hiroshima　　　　　　　　　　　(May 28, 2016)

(1)がオバマ前大統領の広島訪問前、(2)が訪問後の見出しです。見出しでは、これから起きることは主語に続けて to 不定詞で表す一方、起きたばかりの出来事は現在形で表すことが一般的です。

一方、次のような見出しは、過去形ではなく受動態を表します。

(3) Missing boy found alive in Hokkaido　　　(*The Japan News*, June 4, 2016)

一般の文であれば、A missing boy has been（または was）found alive in Hokkaido. などとなるところですが、冠詞や be 動詞がよく省略されるのが見出しの最も大きな特徴です。(1)についても is to visit の is の省略と考えることもできるでしょう。

また、次の例の will は単なる未来を表す助動詞でないことに注意が必要です。

(4) Osborne: Brexit vote will trigger recession　　(*The Times*, May 23, 2016)

これはイギリスの EU 離脱国民投票を 1 か月後に控えた時点での見出しです。記事中、当時の財務大臣 Osborne が発表する予定と報じられている "Britain would enter a year-long recession if the country voted to leave the European Union" という見解に用いられている仮定法過去の would が、見

出しでは可能性や推量を表す will に変わっています。これを to trigger にすると確定した予定ということになり、意味が変わってしまいます。見出しの will はこの例のように可能性や推量を表すほか、意思を表す場合にも使われることがあります。

なお、(4) のように人名の前や後にコロンがある見出しはその人物の発言内容であることを示し、これも見出しの慣例の1つです。見出しの記号が意味を持つ類例として、コンマ (,) が and として使われることも挙げられます。

ところで、(4) に使われている Brexit は、Britain と exit を合わせた「イギリスの EU 離脱」を意味する比較的新しい造語で、2012年あたりから使われ始めたようですが、2016年6月の投票日が近づくにつれてその頻度が増えました。また、関連語として離脱支持派の人を意味する Brexiteer という語も派生しました。このように新語がメディアで繰り返し使われることは、その語が一般に認知されていく過程で重要な役割を果たしています。一時的な流行語で終わるものも多いですが、投票の結果 Brexit が決定して他国のメディアでの使用も増え、歴史的な重要性という点を考えても、この語は近いうちに多くの辞書に掲載されるようになることでしょう。

見出しにはまたときに、以下のように修辞的な特徴が見られます。

(5) Paul Prudhomme, king of Cajun cooking, died on October 8th, aged 75　　　　　　　　　　　　　　(*The Economist*, October 24–30, 2015)
(6) The Trump Slump　　　　　　　　　(*TIME* アジア版, August 22, 2016)

(5) は頭韻の例で、下線部が /k/ の頭韻になっています。この見出しは著名シェフの追悼記事で、本人の名前自体に /p/ の頭韻があるためいっそう効果的な修辞法になっています。この記事では大見出しにも The joy of jambalaya と頭韻が用いられていて、こうした修辞的工夫を凝らしていることにも故人に対する書き手の好意と追悼の意が込められているように思われます。

(6) は脚韻の例で、米大統領選挙におけるトランプ陣営の不振を報じる記事の目次タイトルです。一般に、押韻には、読者がそのリズムを楽しんだり単語の選び方に感心したりして一種の気分転換になる効果があります

が、この記事の場合には候補者名 Trump とネガティブな言葉である Slump を語呂よく結びつけることによる印象操作的な効果が生じていた可能性も考えられます。

　見出しにときどき見られるまた別の修辞的特徴は、有名な書籍や映画などのタイトル、人口に膾炙した言葉や諺などを、そのまま、あるいはもじって使うことです。ここでは 3 つのもじりの例を見てみましょう。

(7)　CITIZEN KHAN　　　　　　　　　　　　　　(*TIME*, May 23, 2016)
(8)　A TALE OF THREE HEADQUARTERS　　　　(*TIME*, June 6, 2016)
(9)　WOMAN OF MASS DESTRUCTION　(*Daily Mail*, February 27, 2004)

　(7) は、ロンドン初のムスリム市長に就任したサディク・カーン (Sadiq Khan) についての雑誌記事のものですが、映画『市民ケーン』(*Citizen Kane*) の Kane を市長の名字である KHAN に変えた見出しになっています。記事本文も IT'S SUNDAY MORNING IN LONDON, AND Sadiq Khan is sitting in the newly vacated mayor's office. という一文で始まり、まるで映画の一場面を描写しているような雰囲気です。なお、本文冒頭部分が大文字表記されるのも新聞や雑誌によく見られる特徴で、最初の 1～3 語程度が一般的ですが、1 行目全体をすべて大文字にするのが現行の *TIME* のスタイルです。

　(8) は米大統領選 3 候補の選挙本部を取材した記事の見出しで、チャールズ・ディケンズ (Charles Dickens) の『二都物語』(*A Tale of Two Cities*) を意識して、two を three に、cities を headquarters に変えたもじりであることがわかります。

　(9) は古い例になりますが、前年のイラク戦争の根拠として連日のようにニュースに登場した weapons of mass destruction (大量破壊兵器) をもじった見出しで、weapons を同じ文字で始まる woman に置き換えることで、イギリス諜報部が国連を盗聴していると発言した同国の政治家 Clare Short を「大量破壊女」であると非難している大衆紙の見出しです。

　ここに挙げた例のように、私たちにも馴染みのあるフレーズをもとにしているものは理解しやすいのですが、そうでない場合には単語も違うものに変わっているため、その国・その時代の背景知識や教養がないともじり

であること自体に気がつかないこともあり、注意が必要です。

　念のために付け加えますと、ここで取り上げた押韻やもじりを用いた見出しはときおり見られるもので、大半の見出しは特に修辞的な効果を狙ったものではありません。

3　雑誌 *TIME* の英語——"Timese"

　次に、おそらく日本で一番知名度が高い時事英文雑誌、*TIME* に注目してみましょう。1923年発刊のこの世界初の週刊ニュース誌は、*The New York Times*[1] で "For years, *Time* was an editor's magazine." と評されたように、長い間個性の強い編集長がスタイルや内容を決定していて、初期の頃から「読者の意表をつくような語句と語順とを用いる」[2] 個性的なスタイルで知られ、*Oxford English Dictionary*[3]（以下 OED と略）にも Timese（「タイム語（の）」。Time-ese の綴りもある）という語が掲載されているほどです。

　そうした *TIME* の特徴の1つは倒置文で、古い号に "Back to Rio from Paris last week hurried Ambassador Morgan."（米国版、November 3, 1930）といった例を見つけることができますが、これは当時の *TIME* のスタイルとして広く知られていたらしく、ウォルコット・ギブス（Wolcott Gibbs）が1936年に雑誌 *The New Yorker* に発表した Timese のパロディーの中の一節である "Backward ran sentences until reeled the mind."[4]（「後ろへ進んだ／文は／ふらつくまで／精神が」）は有名なフレーズになっています。

　新聞や雑誌の働きの1つには既に述べたように造語や新語の普及がありますが、次の (10) のように現在の新聞・雑誌にも頻繁に使われている、「実業界の大物」を指す日本語由来の語 tycoon（「大君」）をこの意味で広めたのは *TIME* だと言われています。ほかに socialite（社交界の有名人）や pundit（社会からコメントを求められるような専門家）なども *TIME* が広めた語とされてい

1　"Time Speaking With a New Voice." *The New York Times*.（1990年6月4日付）
2　研究社「時事英語講座」編集部（編）(1967)『新聞・雑誌の英語』東京：研究社, 19.
3　*Oxford English Dictionary*（http://www.oed.com/）
4　Wolcott Gibbs. "TIME . . . FORTUNE . . . LIFE . . . LUCE." *The New Yorker*.（1936年11月28日号）

ます[5]。

（10）Bernie Ecclestone, the Formula One tycoon ...

(*The Times*, May 30, 2016)

TIME は造語でも有名で、創刊者の1人であるブライトン・ハッデン (Briton Hadden) は、ホメロス (Homer) の叙事詩『イーリアス』(*Iliad*) から学んで、moose-tall（ヘラジカのように高い）や bug-eyed（出目の）といった「人物を動物に見立てた形容辞 (epithet) を考案した」[6] という逸話があります。また、初期には特に cinemactor（映画俳優）に代表される cine(m)- を接頭辞とする多数の造語があり[7]、その1つである cinemaddict は上述のパロディーにも用いられています。ただし、tycoon とは異なり、これらの語は一般に普及することはなく、1923年から2006年までの *TIME* の記事 275,000（合計1億語）を集めた TIME Magazine Corpus[8] で調べてみると、cinemaddict がよく使われたのは1940年代まで、cinemactor は1960年代までで、*TIME* においても今ではすっかり廃れてしまったようです。

知識層の読者が多く、300万部の発行部数を誇る *TIME* のスタイルは他のメディアで話題にされることがあり、1960年代には以下の引用文に記されているように、日常的な語ではなく少し変わった語を多用することを揶揄されてもいたようです。

また数年前、「*Time* の記事によると、誰も彼も、walk しない。stride している。The president strode into the conference room. / The judge strode out of the court. なぜ皆 stride するのか。（中略）」などと、*The New Yorker* は書いた。[9]

上の記述の真偽を確かめるため、先述の TIME Magazine Corpus で、walked と strode という語形に限定して簡単に調べてみたところ、誰も walk

---

5 堀内克明 (1964)『時事英語の語法』東京：研究社, 29.
6 Ibid., 30.
7 研究社「時事英語講座」編集部（編）(1967)『時事英語概説』東京：研究社, 175.
8 TIME Magazine Corpus (http://corpus.byu.edu/time/)
9 注2に同じ。

しないというのは誇張のしすぎで、どの時代でも walked のほうがはるかに多く使われていました。ただ、上記のような批判のためでしょうか、表1のように、1950〜60年代には walked 対 strode の比率が5対1程度だったのに比べて、2000年代には17対1にまで差が広がっているのは面白い変化と言えるでしょう。

表1　TIME Magazine Corpus における walked と strode の検索結果

	ALL	1920s	1930s	1940s	1950s	1960s	1970s	1980s	1990s	2000s
WALKED	6519	449	747	1308	1301	818	675	506	422	293
STRODE	1168	143	131	232	255	159	87	107	37	17

続いて、もっと近い時代の Timese に関する記述として、1997年の *The Washington Post*[10] の記事を見てみましょう。

A once singular feature of that magazine [注：*TIME* を指す] was its tendency to get right to the point by beginning sentences with two words before a colon—"His reasoning:" or "Her achievement:" or "Their excuse:". Now everybody does it. Our reasoning: It works.

実例を先述の TIME Magazine Corpus で探してみると（11）が見つかりましたが、この「人称代名詞所有格＋名詞＋コロン」というフレーズも近年の *TIME* ではあまり使われなくなっているようです。

（11）His reasoning: you just can't take politics out of the process.

(*TIME* 米国版, April 26, 1999)

かつては強い決定権を持つ編集長の手による非常に独創的なスタイルで知られていた *TIME* ですが、1990年代にその方針から脱却して現在は署名記事がほとんどになった結果でしょうか、かつて Timese と呼ばれたような名物的なスタイル上の特色は現在は薄れてしまったようです。

10　"Chattering Class." *The Washington Post*.（1997年4月6日）

他に日本で購読できる英文週刊ニュース誌として、同じくアメリカの Newsweek やイギリスの *The Economist* があります。後者の出版形態は雑誌ですが、面白いことに同誌 (紙) は自身を newspaper と位置づけています。経済だけでなく、世界各地域の政治や時事問題、科学技術や文化の記事が万遍なく網羅され、また Theresa May, Britain's prime minister といった具合に背景知識がない読者にも配慮があって、学習者向けの良い教材と言えるでしょう。

4 英国の新聞──大衆紙と高級紙

対照的な英文のスタイルの資料として、よく取り上げられるのが英国の大衆紙と高級紙です。同じ事柄を異なる表現で記述した記事を比較的容易に見つけることができるため、同じ日の新聞を比べてみると面白いのです。

大衆紙と高級紙の見出しについては本書第 1 章の「ヘッドラインのスタイル」でも触れられているので、ここではそこで取り上げられた記事の中から、大衆紙・高級紙各 1 紙の本文冒頭の 3 段落を見てみましょう。

(12) RIOTING spread across London on a third day of mindless violence yesterday.

　　Thugs clashed with police as buildings were set ablaze and copycat looting broke out in Birmingham.

　　Cops have arrested 215 rioters since Saturday. Prime Minister David Cameron was flying home from holiday early today to take charge of the crisis.　　　　　　　　　　　　　　　(*The Sun*, August 9, 2011)

(13) London was hit by a third consecutive night of rioting and looting amid fears that the capital was descending into a summer of lawlessness.

　　David Cameron flew home on a RAF aircraft from his summer holiday in Italy and will chair an emergency meeting of the Cobra committee this morning.

　　With less than a year to go before the start of the Olympic Games, pictures of London in flames were broadcast around the world, leaving the Metropolitan Police facing accusations that they had surrendered control of the inner city to rioting mobs.

(*The Times*, August 9, 2011)

　一目でわかるのは文の長さの違いです。大衆紙の (12) は 1 文当たり 13 語 (4 文、52 語)、高級紙の (13) は 1 文当たり 31 語 (3 文、92 語) です。その主な要因は名詞句の長さにあります。(12) と (13) の下線部は 2 語以上の名詞句ですが、大衆紙では単独の名詞が多いのに比べて、高級紙では関係詞 that を用いた修飾・of による語句の連結・固有名詞の言及などによって長い名詞句が多くなっていることがわかります。また、(13) の最後の文では with や現在分詞を用いた付帯構文の使用も長文化の要因になっています。

　ただ、増えた語数に比例して情報も増えているかというと、もちろんそういう場合もあるのですが、上の例では必ずしもそうとは言えません。consecutive, to go, the start of, summer など、省いてもさほど問題の無さそうな語句がいくつかありますし、英国の空軍機に搭乗したことなども余談的な情報です。それをあえて書いていることから、この記事の場合にはスペースに余裕があったことがうかがえます。そしてある程度の長さの文を連ねることや、やや抽象的・比喩的な表現を織り交ぜること (例：the capital was descending into a summer of lawlessness)、正確を期すため、あるいは知識や教養を表すようなトリビア的な固有名詞を用いることが「高級紙的なスタイル」と言えるでしょう。一方、長文は避け、情報を簡潔にまとめるのが大衆紙の基本です。

　文の主語を見ると (12) では順に RIOTING, Thugs, Cops, Prime Minister David Cameron と、4 文中 3 文が人であるのに対して、(13) では London, David Cameron, pictures of London in flames となっていて 3 文中 2 文が人以外であるうえ、3 文目で早くも事態が世界に与える印象という視点に移っている点に高級紙の特徴が表れています。一般に、大衆紙は人について、高級紙は物事や状況について述べることが多いようです。また thugs, cops といった語は、高級紙で見ることもありますが、大衆紙で使われることがずっと多い語です。また面白いことに、(12) に引用した大衆紙の記事では

Prime Minister をフルネームの前につけていますが、高級紙では他国の首相は別として、自国の首相に対してはそうした表記をすることは少なく、(13) のように名前のみか、the Prime Minister とするかのいずれかが一般的です。高級紙の読者にとっては言わずもがなの常識ということなのでしょう。なお、こうした表記は大衆紙でも使われます。

　上に挙げた thugs や cops のほかに、clashed, ablaze, copycat なども大衆紙的な語と言えます。前節で Timese という語を紹介しましたが、OED によればその数十年前の 1882 年から新聞の特異な表現を指す journalese という言葉がありました。また 1981 年には、大衆紙的な表現を指す tabloidese という語も登場しました。上記の ablaze は tabloidese の一例です[11]。高級紙である (13) では類似の表現として in flame が使われています。ただ、大衆紙的な表現がときに高級紙にも登場することがあります。

　高級紙的表現のみを指す、tabloidese に相当するような語はないのですが、(13) の中で lawlessness, accusations, surrendered, 動詞の chair などは高級紙で好まれる語です。そして was hit by, amid fears などはやや大衆紙的ですが高級紙にも使われ、広く使われる journalese の例と言えるでしょう。本章第 2 節冒頭に挙げた特殊な略語や表現、転用語も journalese の例と言えます。

　引用部分には含まれていませんでしたが、ほかにも大衆紙でよく見る表現の例として mother-of-two や father-of-four があります。「2 児の母」や「4 児の父」という意味で、mother-of-two Margaret のように形容詞としても、a jobless father-of-four のように名詞としても使われます。大衆紙に比べると、高級紙でこうした表現が使われることはずっと少ないのですが、使われる場合はハイフンなしで、Mrs Healey, a mother of three と後置されるか、an unemployed father of five のように名詞として使われることが多いようです。

　最後の例の unemployed と上の jobless という形容詞の対比も典型的です。正確に言えば、どちらの語も高級紙・大衆紙の両方に見られますので、明確な使い分けがあるとは言えませんが、大衆紙では jobless が、高級紙では unemployed が多く使われる傾向があります。

11　Waterhouse, K. (2010) *Waterhouse on Newspaper Style*, 3rd ed. Bringhton: Revel Barker, 223.

イギリスでは以前は長い間、大衆紙はタブロイド判、高級紙は約2倍の大きさのブロードシート判という具合に判型の選択における明確な棲み分けがありました。先に述べた大衆紙的表現を指す tabloidese という語が生まれたのもそのためですが、発行部数の長期低落傾向に悩んだ高級紙が2003年から紙面の小型化に乗り出し、世界最古の日刊紙として知られる *The Times* も2004年から「コンパクト判」と称して紙面を小型化しました。タブロイドではなく、コンパクト判としたのは、従来のタブロイドにまつわるネガティブなイメージを避けるためでしょう。

　The Times は小型化当初、紙面を小型化しても内容はこれまでと変わらない、としていましたが、10年以上が経過した現在、小型化以前の紙面と比較してみると、レイアウトや内容、言葉遣いを含めた全体のスタイルに、大衆紙的要素が増えている印象を受けます。例えばイギリスの口語で「お母さん」を表す mum は大衆紙では以前からよく見る単語でしたが、かつては高級紙ではあまり見なかったように思います。そこで *The Times* でこの単語が使われた記事の数をデータベース[12]で調べてみると、2001年には681件なのに対して、2015年には1,697件にものぼり（ただし、版違いの同記事を一部含む）、記事数が倍以上になっています。

　こうした使用語彙の変化以外に、見出しや本文のフォントも大きくなり、1文や1段落の長さも短くなって、写真や広告のスペースが増えたように思います。何事においても形式と内容にはある程度の相関があるものですから、時代の変化に加えて、高級紙の判型の小型化が記事の内容や言語のスタイルに影響を及ぼしているのではないでしょうか。

5　おわりに

　「高等学校学習指導要領解説　英語編」には「時事英語」の項があり、「新聞、テレビ、情報通信ネットワークなどにおいて用いられる英語を理解するとともに、必要な情報を選び活用する基礎的な能力を養う」とされています。本章で触れることができたのは新聞・雑誌の英語のスタイルの一部

12　LexisNexis *Academic*.

にすぎませんが、より多くの人が英語のメディアに親しめるようにするためには、メディア特有の頻出語句や多様なスタイルについても、高校や大学などで学べる機会を増やしていく必要性がありそうです。

第15章 小説のスタイルをどう教えるか

佐々木　徹

1　はじめに

　まず、英語で書かれた2つの小説を読み比べてみましょう。(1) はサッカレイ (William M. Thackeray) の『虚栄の市』(*Vanity Fair*, 1848)、(2) はヘミングウェイ (Ernest Hemingway) の「白い象のような山並み」("Hills like White Elephants," 1927) からの引用です。

（1）　"Revenge may be wicked, but it's natural," answered Miss Rebecca. "I'm no angel." And, to say the truth, she certainly was not.

　　　For it may be remarked in the course of this little conversation (which took place as the coach rolled along lazily by the river side) that though Miss Rebecca Sharp has twice had occasion to thank Heaven, it has been, in the first place, for ridding her of some person whom she hated, and secondly, for enabling her to bring her enemies to some sort of perplexity or confusion; neither of which are very amiable motives for religious gratitude, or such as would be put forward by persons of a kind and placable disposition. Miss Rebecca was not, then, in the least kind or placable.[1]

（2）　"What should we drink?" the girl asked. She had taken off her hat and put it on the table.

　　　"It's pretty hot," the man said.

　　　"Let's drink beer."

　　　"Dos cervezas," the man said into the curtain.

1　Thackeray, W. M. (1983) *Vanity Fair*. Oxford: Oxford University Press, 15.

"Big ones?" a woman asked from the doorway.
"Yes. Two big ones."
The woman brought two glasses of beer and two felt pads. She put the felt pads and the beer glass on the table and looked at the man and the girl. The girl was looking off at the line of hills. They were white in the sun and the country was brown and dry.[2]

この2つの小説が際立って異なる文体で書かれているのは一目瞭然でしょう。ヘミングウェイに比べてサッカレイが難しい言葉と複雑な構造の文を使っているのは特に目立ちます。こうした語彙や構文の観点からスタイルを論じることはもちろん可能ですが、本稿で注目したいのは物語中の人物や出来事について語り手が読者にどう考えてほしいと思っているか、そのためにどんな手段を用いているか、という点です。(1)では、レベッカは「天使ではない」、「温和ではない」、「親切ではない」人物だとはっきり述べられており、その結果読者は彼女を悪い女、警戒すべき人物だと判断します。一方(2)では、この男女について名前すら与えられず、読者がどう考えればよいのか、手がかりがまったくありません。語り手は何も言ってくれないのです。

2　テクストの語り手

　ヘミングウェイのような文体は一般に「客観的」と言われます。要するに、語り手が価値判断を明らかにしない文体です。彼はこういったスタイルの代表的な作家と言ってよいでしょう。ただ、「客観的」とは言っても、完全に中立な態度で読者に物語を提示するというテクストはまずありません。語り手は何らかのレトリックを用いて、読者が物語内の人物・出来事についてある見解を持つよう誘導するのが普通です。ヘミングウェイとてその例外ではありません。本稿では彼の有名な短編「殺し屋たち」("The

---

2　Hemingway, E. (1927) "Hills like White Elephants." *Men without Women*. New York: Scribner's, 39.

Killers"）を取り上げて詳しい分析をほどこし、しばしば「客観的」[3] と言われるこの作品の語り手が用いるレトリックを子細に検討することによって、小説のスタイルについてどう考えるか、1つのサンプルを提示したいと思います。

　さて、上で「語り手」と言いましたが、これについてまず確認しておきましょう。例えば、サリンジャー (J. D. Salinger) の『キャッチャー・イン・ザ・ライ』(*The Catcher in the Rye*) は「僕」という一人称の代名詞を用いるホールデン・コールフィールド少年が語り手です。ヘミングウェイの「殺し屋たち」にはホールデンのような語り手は登場しませんが、それでもこの物語を読者に伝達している主体が存在すると考えられます。つまり、地の文を担当し、「殺し屋がやってきた」という出来事を読者に報告している存在です。これを語り手と呼ぶことにします。物語によっては、作中人物が語り手になることもあれば、作者と思しき神のような目に見えない存在が語り手になることもあるわけです。

3　「殺し屋たち」の分析──語り手による読者の誘導

　最初に、「殺し屋たち」のあらすじをごく簡単に述べておきましょう。2人の男が食堂に入ってきます。食堂には主人のジョージと客のニックがいます。2人の男は食べ物を注文した後、自分たちはその店の常客であるオッリー・アンダソンを殺しに来たのだと言い、ニックと調理人のサムを縛り上げて厨房に閉じ込め、アンダソンを待ちます。しかし、いつもの時刻を過ぎてもアンダソンが現れないので、2人は立ち去ります。ジョージに言われてニックはアンダソンに殺し屋が来たことを告げに行きますが、アンダソンは逃げるのに疲れたと返事するのみです。ニックが店に戻ってジョージにその旨を報告し、自分はこの町から出て行くと言うと、ジョージは「それがいい」と同意して「こんなことはもう考えないほうがいい」と答える。それで終わりです。アンダソンが何をやったのか、彼がこれからどうなるのか、まったくわかりません。ヘミングウェイ自身が "That story probably

---

3　Brooks, C. & R. P. Warren (1959) *Understanding Fiction*, 2nd ed. Englewood Cliffs: Prentice-Hall, 303.

had more left out of it than anything I ever wrote."[4] と言っているだけあって、謎の部分が多い、不思議な物語です。

　ともかく、テクストの冒頭を丁寧に調べることから始めましょう。便宜上、文に番号をふっておきます。

(3)　[1] The door of Henry's lunch-room opened and two men came in. [2] They sat down at the counter.
　[3] "What's yours?" George asked them.
　[4] "I don't know," one of the men said. [5] "What do you want to eat, Al?"
　[6] "I don't know," said Al. [7] "I don't know what I want to eat."
　[8] Outside it was getting dark. [9] The street-light came on outside the window. [10] The two men at the counter read the menu. [11] From the other end of the counter Nick Adams watched them. [12] He had been talking to George when they came in.
　[13] "I'll have a roast pork tenderloin with apple sauce and mashed potatoes," the first man said.
　[14] "It isn't ready yet."
　[15] "What the hell do you put it on the card for?"
　[16] "That's the dinner," George explained.[5]

　この文体が客観的と言われる1つの理由は、think など人間の心理を表す動詞がないので、登場人物を外側から観察しているような趣があるからです。また、このテクストの地の文には語り手の心的態度を示す表現（must, probably など文法用語で言う法表現）もありません。とはいえ、語り手が無色中立かというと決してそうではないのです。それをこれから例証します。
　物語の出だしは語り手が読者を新しい未知の世界に導く入口です。ここで読者に対して物語世界に関する情報がどのように与えられているか——

4　Hemingway, E.（1990）"The Art of the Short Story." In J. J. Benson（ed.）*New Critical Approaches to the Short Stories of Ernest Hemingway*. Durham: Duke University Press, 11.
5　Hemingway, E.（1927）"The Killers." *Men without Women*. New York: Scribner's, 45. 以後この作品への言及はページを括弧に入れて本文中に示す。

これは語り手のレトリックを分析する際の重要な手がかりになります。例えば、「むかしむかし、あるところに桃太郎という人がいました」という出だしは、物語世界について読者が何も知らないという前提で話を進めています。これは最も素朴な語り方であり、たいていの物語はより洗練された手法を用います。つまり、「桃太郎は山で芝を刈っていた」のように、説明なしに読者をいきなり話の中に引っ張り込むのです。この場合、桃太郎が誰で、山がどこの山を指すのか読者が知っていることが前提になっており、語り手は物語中の事柄を読者にとって既知のものとして提示し、読者に出だしからすでに物語世界の中にいるような感覚を与えるわけです。

ヘミングウェイのテクストでは、[1]の"The door of Henry's lunch-room"という表現から、語り手がこの店を読者に既知のものとして提示していることがわかります。「ある食堂があって、そこはヘンリーのランチルームと呼ばれていた」というような書き方にはなっていません。そして、殺し屋たちは初めは[1]「2人の男」と紹介され、次に「そのうちの1人」が[4]でアルという名前を出してから地の文に固有名アルが使われます。一方店の中にいるジョージとニックは初めから固有名で呼ばれています。つまり、語り手はジョージとニックは読者にとって既知の存在として、殺し屋たちは未知の存在として扱っているのです。いきおい読者は前者に親近感を覚え、彼らの立場に身をおいて物語を読み進めることになります。[12]もその傾向を助長します。過去完了を用いて殺し屋たちが来る前のニックやジョージたちの行動に関する情報を提供することで、読者にニックとジョージの親しい関係を知っておいてもらいたいという意図がここには見えます。そして、語り手は読者にそのグループに加わってほしいのです。

また、ここでは、人物の発話を報告する際の動詞は無色と言ってよい"asked" "said"に限定されています。ただし、最後[16]に"explained"という例外があります。「説明する」という行為は「知っている人が知らない人にある情報を与えること」を意味しますので、ある種の特権を有するグループとその特権を持たないグループの区別を前提とします。この語を用いることで語り手は上で見たニック、ジョージ(ならびに読者)のグループと、殺し屋たちのグループの区別を微妙に補強しているのです[6]。

---

6 ファウラー, R. (1979)『言語学と小説』(豊田昌倫訳) 東京：紀伊國屋書店 (Fowler, R. (1977) *Linguistics and the Novel*. London: Methuen), 79–88 を参照。この他、「殺し屋

このような、登場人物に対する読者の心理的な位置設定と同時に、空間的な位置設定もまた語り手のレトリックの重要な部分を形成します。[1]の動詞が came in となっている点に注目してください。このフレーズによって、ニックたちがいる場所に殺し屋たちがよそ者として入ってきたという感じが出ます。仮にこれが went in であったとすると、読者は殺し屋たちと一緒に店の中に入っていくことになります。ある人物と空間的位置を共有すると、読者はその人物の目を通して物語世界の中の出来事を経験するような格好になり、それが継続するとその人物に対する共感が生まれやすいのです[7]。

読者に登場人物がどういう形で紹介されるか、物語の出来事がどういう形で伝達されるか、は文体分析の重要なポイントです。それを念頭に置いて物語を読み進めていきましょう。アルが「キッチンには誰がいる？」と尋ねると、ジョージは "The nigger" と答え、テクストは以下のように続きます。

(4)　"What do you mean the nigger?"
　　　"The nigger that cooks."
　　　"Tell him to come in." [. . .]
　　George opened the slit that opened back into the kitchen. "Sam," he called. "Come in here a minute."
　　The door to the kitchen opened and the nigger came in. "What was it?" he asked. The two men at the counter took a look at him.
　　"All right, nigger. You stand right there," Al said.
　　Sam, the nigger, standing in his apron, looked at the two men sitting at the counter. 　　　　　　　　　　　　　　　　　　　　　　　　(47–48)

　　たち」の読解に英語学の知見を応用した研究として、大沼雅彦「語用論と他の分野」小泉保（編）(2001)『入門　語用論研究：理論と応用』東京：研究社, 165–78 と内田聖二 (2011)『語用論の射程』東京：研究社, 114–17, 123–26 が参考になる。
7　ドン・シーゲル監督、リー・マーヴィン主演の映画「殺し屋たち」(1964) は、2人の殺し屋たちを主人公にして、アンダソンがなぜ逃げなかったかという疑問について彼らが考えるという筋書きになっている。ここでは観客は彼らの空間的位置を共有し、彼らの目を通して物語世界の中の出来事を経験する。

この最後の文に見られる "Sam, the nigger" という表現はどういう意味を表しているのでしょう？　第一感として頭に浮かぶのは、語り手が読者に「サム、つまり、当面の話題である黒人」と説明している、という解釈です。しかし、ここの文章の流れをよく考えてみてください。「キッチンに黒人がいるという情報が与えられる。次に、その黒人を呼び出すよう命じられたジョージが『サム』と声をかける。そして黒人が現れる」のです。サムが当該の黒人であることは明白なので、「キッチンから現れたサムが今話題になっている黒人です」とわざわざ読者に説明する必要はありません。Sam もしくは the nigger のどちらかで十分です。言葉をそぎ落としていくのに力を注いだヘミングウェイがこんな無駄を残すとは思えません。となると、このフレーズはジョージの店の常連が料理人を指して「黒人のサム」と言い慣わしていたことを示すのではないでしょうか。後に出てくる "Sam, the cook" (51) という表現も同じで、(われわれがよく知っている)「あの料理人サム」という地元の人たちの意識を表しているように思えます。だとすれば、語り手は読者にそのフレーズを既知のものとして提示することによって、地元の住民の意識を読者に共有してもらおうと企んでいるわけです。

　つまるところ、語り手は決して無色中立ではなく、読者をニックやジョージと同じグループに属する地元民の位置に置こうと操作しています。そのような語りを「客観的」と呼ぶことには問題があるでしょう。その点を確認した上で、次に、このテクストの語りについて考えを深めるために、ランサーとチャットマンの2人の研究者の意見を検討したいと思います。ただし、その前に、1つ見ておかねばならないことがあります。

4　誰の言葉か？　誰の意識か？

　小説の中に次のようなくだりがあったとします。

(5) Jim saw Betty. She was beautiful.

　簡単な文章ですが、これが実はとても難しい問題をはらんでいます。2番目の文、「彼女は美しい」は誰が発した言葉なのでしょう？　地の文だか

ら語り手の言葉だ、という答えが当然予想されます。その場合、この文は [I, the narrator, tell you, the reader, that] She was beautiful. のような構造を有していると考えられます。「語り手の私が読者のあなたに『彼女は美しい人でした』と伝えている」のです。しかしながら、これはジムが心の中で発した言葉で、この文は彼の意識を反映している、とする解釈もありえます。この場合は、[Jim thought that] She was beautiful. という構造が隠れていると考えられます。「『彼女は美しい』とジムが思っていた」のです。この解釈の分かれは物語中の事柄の意味合いに大きく関わってきます。前者の解釈をとると、地の文を受け持つ語り手がそう言うのですから、ベティが美女であるというのは物語世界の中では絶対的な真実です。対して、後者の場合、ベティが美女であるかどうかは定かではありません。はっきりしているのはジムがそう思っていることだけで、それが物語の中で客観的な事実である保証は何もありません。

　(5) の例文をいくら辛抱強く眺めても、上の 2 つの解釈のどちらをとるべきか、決めることはできません。判断をくだすための決定的な根拠がないのです。では、次の (6) の例はどうでしょう？

(6) Jim saw Betty. She was beautiful!

こうなっていると、ジムが心の中で「彼女は美しい！」と叫んでいるような印象が強くなります。しかし、この場合でも、100 パーセントそうだと断定することはできません。「ジムが叫んでいるような印象が強い」との判断は「地の文を担当する語り手は読者に向かって叫ばない」という前提に基づいているのです。ところが、例えば、(1) に挙げた『虚栄の市』では、語り手が読者に話しかけるのはごく普通であり、"But, lo! and just as the coach drove off, Miss Sharp put her pale face out of the window ...." (10) のように、実際、感嘆符が地の文に入ってきます。仮に (6) がそういう状況のもとで発生した文であるとすれば、「彼女は美しい！」は語り手の言葉であってもおかしくありません。

　よく似たサンプルをもう 1 つだけ見てください。

(7) Jim saw Betty. She was beauuuuuuutiful!

こうなっていると、「あの子はうっつくし～い！」というような感じになり、地の文の文体と著しく異なるので、この部分はジムの言葉で彼の意識を反映している、と解釈できる可能性が高くなるでしょう。要するに、「誰の言葉か」という問いに対する読者の判断は文脈に依存するのです。

これは英語の文法で言う自由間接文体（free indirect style）に関わる問題です。次の例を見てください。

(8) He said to himself, "She is beautiful."　　直接話法
He said to himself that she was beautiful.　　間接話法
She was beautiful.　　自由間接話法

自由間接文体とは「主節のない（主節から自由な）形の間接話法」と理解すればよいでしょう。この文体は、地の文の中に登場人物の言葉がまぎれこんでその人物の意識が反映される、という興味深い現象を作り出します。これを英語で最初に多用した小説家がジェイン・オースティン（Jane Austen）でした。ヘミングウェイもいろいろな作品の中で用いています。これは小説のスタイルを理解する上で欠かせない重要な文法事項です。

5　「殺し屋たち」の分析——自由間接文体

自由間接文体について説明を済ませたところで、先に触れた2人の研究者の説を紹介しましょう。まず、ランサーは、語り手はときおり作中人物に対して解説めいたものを加えていると指摘し、その例として、テクストから次に挙げる5箇所を抽出しています[8]。

(9) [1] He [Al] was like a photographer arranging for a group picture.
(49)

[2] In their tight overcoats and derby hats they [Al and Max] looked like a vaudeville team.
(51)

8　Lanser, S. S. (1981) *The Narrative Act.* Princeton: Princeton University Press, 268.

> [3] He [Nick] had never had a towel in his mouth before.　　(52)
> [4] He [Nick] was trying to swagger it off.　　(52)
> [5] It sounded silly when he [Nick] said it.　　(53)

　ランサーによれば、これらは純粋な地の文、すなわち、語り手が読者に向かって発する言葉です。ところがチャットマンは、これらはすべて自由間接文体でニックの意識を反映しているのだ、と主張します[9]。つまり、すべての文の冒頭で "Nick thought" に類する主節が省略されていると考えるのです。いったい、ランサーとチャットマンのどちらが正しいのでしょう？
　まず、少なくとも、[2]に関するチャットマンの読みは支持できません。なるほど、先述したように、語り手は(3)で引いた冒頭において、店に入ってくる殺し屋たちを読者がニックと同じ位置から見るよう誘導しています。しかし、その後アルがニックをキッチンに監禁すると、読者の空間的位置をニックと共有させるのではなく、"Al's voice came from the kitchen" (48) という文にはっきり示されるように、ジョージと殺し屋のマックスがいるカウンター付近に設定したままにしているのです。その点をおさえて、[2]の前後を見てみましょう。

> (10)　The two of them [Al and Max] went out the door. George watched them, through the window, pass under the arc-light and across the street. In their tight overcoats and derby hats they looked like a vaudeville team. George went back through the swinging door into the kitchen and untied Nick and the cook.　　(51)

殺し屋たちが立ち去ったとき、ニックとサムはまだキッチンに閉じ込められているので、「ヴォードヴィルの芸人みたいだ」という判断をニックのものとするチャットマンの読みは成り立ちません。直前に「ジョージは彼らを見た」とありますから、[2]はもし語り手のコメントでないなら、ジョージの意識を反映した文のはずです。
　では、残りの4つの文についてはどうでしょうか？「誰の言葉か」「誰の

9　Chatman, S. (1990) *Coming to Terms*. Ithaca: Cornell University Press, 122.

意識か」という問いの答えは文脈次第である、と上で説明しました。ここではその「文脈」をどう定めるか、という点が問題になります。ニックはヘミングウェイの一連の短編小説の主人公ですから、その文脈でこの作品を「ニックの物語」と捉え、そこを重視するならば、たしかに地の文にニックの意識を読み込みたくなります。また、ヘミングウェイの他の作品では作者がコメントをする頻度が少ないので、それを考慮に入れると、この作品にもその傾向が生きていると思いたくなるでしょう。チャットマンの読みはそういう立場に基づくものです。しかし、この短編のみに文脈を限定すると、読み方は変わってきます。仮に読者が常にニックと空間的位置を共有するように誘導されていたとしたら、すべてニックの意識を反映したものだという解釈が有力かもしれませんが、(10) に明らかなように、テクストの実際はそうなっていません。ですから容易に結論が出せないのです。私の考えでは、[1], [3] はまだしも、[4], [5] にニックの意識が表れているという読みは不自然に思われます[10]。ただし、この判断はあくまで主観的なもので、印象の域を出ません。地の文のどこまでが語り手の言葉で、どこまでが登場人物のものか、判然としない——これは、「殺し屋たち」のみならず、小説のテクストにおいてしばしば起こる現象です。こうした、割り切れない、曖昧なところが文学の面白さと言えるのかもしれません。

6 おわりに——小説を味読する

　小説のスタイルを教える——それは結局、小説の言葉を味読する楽しさを伝えることです。味読と言ってもいろいろな形があるでしょうが、私が手本にしたいのは、小説家でありすぐれた批評家でもあるデイヴィッド・ロッジのような読みです。ヘミングウェイの短編「異国にて」("In Another Country") における and の反復に着目した彼の分析を参考にするならば、小説を味読するための第一歩はテクストにおいて反復されるパターンの発見

10　チャットマンは語り手を「地元の住民」と限定し、[3] について、「地元の住民である語り手がニックがタオルを口に入れたことがあるかないか知っているはずがない」と述べている (122)。読者の知識が「地元の住民」と同じ水準に誘導されることは確かだが、語り手の知識までがその水準に限定される必要はまったくないので、この論の根拠は薄弱であろう。

にある、と言うことができるでしょう[11]。私は「殺し屋たち」において、ロッジが「異国にて」で見つけたようなキーワードの反復を認めることはできませんが、何度も読んでいるうちにある興味深いパターンに気づきました。最後にそれについて述べておきたいと思います。

まず、次の引用を見てください。

(11)　George looked at the clock on the wall behind the counter.
　　　"It's five o'clock."
　　　"The clock says twenty minutes past five," the second man said.
　　　"It's twenty minutes fast." (45)

殺し屋が時計を見て5時20分だと思ったらそれは間違いで、正しい時刻は5時でした。瑣末な点に見えますが、これが案外意味深長なのです。というのも、「てっきりそうだと思っていたら実は間違っていた」という事例はテクストにおいてたびたび繰り返されるからです。例えば、ニックはジョージに言われてアンダソンを探しに "Hirsch's rooming-house" に行き、そこで出会った女性とこんな会話を交わします。

(12)　"Well, good-night, Mrs. Hirsch," Nick said.
　　　"I'm not Mrs. Hirsch," the woman said. "She owns the place. I just look after it for her. I'm Mrs. Bell."
　　　"Well, good-night, Mrs. Bell," Nick said. (54)

ニックがてっきりハーシュ夫人だと思い込んでいた相手はベル夫人でした。こうした「誤った思い込み」は、アンダソンが定刻に現れると思っていた殺し屋たち、および、アンダソンが逃げ出すだろうと思っていたニックにも繰り返し観察されます。いや、そんな経験をするのは彼らだけではありません。(3) に示した冒頭をもう一度ふりかえってみましょう。そこには "The door of Henry's lunch-room" というフレーズがありました。読者はこの食堂を仕切っているのはヘンリーだろうと思いつつ店内に入るの

11　ロッジ, D. (1997)『小説の技巧』(柴田元幸・斎藤兆史訳) 東京、白水社 (Lodge, D. (1992) *The Art of Fiction*, London: Penguin Books), 124–30.

ですが、予測に反してそこにいるのはジョージです（ベル夫人とハーシュ夫人の関係と同じで、ジョージもヘンリーから店を預かっているだけなのかもしれません）。さらに、このテクストはもう一度読者に「誤った思い込み」を経験させます。ヘミングウェイは、まず、タイトルで「殺し屋たち」と言っておいて、2人のなぞの男を登場させ、彼らについてこんな情報を与えます。

(13) "Give me bacon and eggs," said the other man. He was about the same size as Al. (46)

2人の殺し屋が「同じ背丈」と知って、おそらく読者はどちらも屈強な大男だと想像するでしょう。ところが、上の引用から15行ほど下がったところに次のようなパッセージがあるのです。2人の殺し屋のうち、アルだけは名前がわかっていて、もう1人はまだわからない段階です。

(14) "So you think that's right?" Al asked George.
"Sure."
"You're a pretty bright boy, aren't you?"
"Sure," said George.
"Well, you're not," said the other little man. "Is he, Al?" (46)

ここで「もう1人の小男」という情報を与えられて、読者は2人が同じ背丈の小男だったと悟るのです。ヘンリーの店だと思っていたらジョージがいた、殺し屋は大柄な男だと思っていたら実は小男だった——もしかしたら、ヘミングウェイのテクストは、ニックや殺し屋たちの「誤った思い込み」に対応する経験を読者にさせることで、われわれの日常にひそむ意外性を示唆しようとしているのではないでしょうか。

第 16 章

詩のスタイルをどう教えるか

中川　憲

1　はじめに

「詩のスタイル」と聞くと、やはり音の美しさとリズムの良さを連想します。と同時に「韻」とか「弱強格」とかの専門語が頭に浮かびます。ややこしい話はいやだという方もおられるでしょう。「詩」と聞くと難解だと考える人も多いと思います。大学入試問題の題材に選ばれないので教材として取り上げることを敬遠されている先生もいるでしょう。

それ以前に発音に自信がないので、英詩を教えるなんてとんでもないと思われている先生もおられることでしょう。「英語の発音指導に自信のない先生が中学校で約 36 パーセント、高校で約 20 パーセント、そもそも自分の発音に自信がない先生が中学で約 48 パーセント、高校で約 20 パーセントとの結果が出ています」(鳥飼 2016: 24) という統計もあります。そういう先生には、英詩の音読をお勧めします。詩の意味を味わいながら、朗々と大きな声を出して読むのです。必ず発音が矯正されます。

以前から気になっていたことがあります。学生の 2 重母音に対する意識が弱い、つまり、正確に発音できない学生が多いということです。ここで皆様にクイズを出します。英語のアルファベット 26 文字の中に、例えば /eɪ/ という 2 重母音をもつ文字はいくつありますか。エー、ビー、シー、ディー、イー、エフ、ジー、エッチ、アイ、ジェー、ケー...という調子でいくと、正解はおぼつかないことになります。答えは 4 文字：a /eɪ/, h /eɪtʃ/, j /dʒeɪ/, k /keɪ/ です。「エー、ビー、シー、ディー、イー、エフ、ジー...」と言えたからといって、初学者に「よーくできました、よく覚えましたね」ではだめです。このこと、すなわち /eɪ/ という 2 重母音があることを、中学 1 年の入門期に、いやこれからは小学校 5 年生のときに頭に叩き込むべき、いや幼い口と舌の筋肉に覚えさせるべきでしょう。最初

[191]

が肝心です、英語の2重母音を発音するときは唇の形が変わることを教えるべきです。現行の英語教職課程では「英語音声学」が必修科目ではないとのことです (鳥飼 2016: 24)。履修せずに先生になられた方には、今からでも遅くはないので、英詩の各詩行を、発音記号を確かめながら朗読されることをお勧めします。そうすれば、英語の音とリズムの美しさを味わうことができます。発音がよくなること請け合いです。

2 英詩のリズムと韻律

ここではワーズワス (William Wordsworth, 1770–1850) の有名な「水仙」(1815) を例に出して、英詩の韻律の基本を修得しましょう。

第1連

1 I wandered lonely as a cloud	谷や丘の上高く浮かぶ雲のように
2 That floats on high o'er vales and hills,	私はひとりさまよいあるいていた。
3 When all at once I saw a crowd,	そのときふと目にしたのは
4 A host, of golden daffodils;	金色の水仙の大群が
5 Beside the lake, beneath the trees,	湖のほとり、木立の下で
6 Fluttering and dancing in the breeze.	そよ風にひるがえりおどるさま。

（前川俊一訳、以下同）

この詩の韻律を見るために、1行1行の強勢 (stress) を示します。強勢が置かれるところ (母音) に ´ の記号を記し、強勢のないところ (母音) に ` を記します。

Ì wán / dèred lóne / lỳ ás / à clóud   a
Thàt flóats / òn hígh / ò'er váles / ànd hílls,   b
Whèn áll / àt ónce / Ì sáw / à crówd,   a
À hóst, / òf góld / èn dáf / fòdíls;   b
Bèsíde / thè láke, / bènéath / thè trées,   c
Flúttèrìng / ànd dánc / ing ín / thè bréeze. c

1行目をご覧ください。「弱強調」(iambus)（視覚的に表すと●●）を1単位として、全部で4単位あることがわかります。この1単位を詩脚(foot)と言います。それぞれが斜線/で区切られています。斜線/は語の切れ目と一致しない場合が多いことに注意が必要です。例えば、1行目の wán / dèred と lóne / lỳ は語の途中で切れて、dèred と lóne で、また lỳ と ás でそれぞれ1詩脚を構成しています。1行の中にいくつの詩脚を含むかによって、例えば2詩脚、3詩脚、4詩脚、5詩脚等と呼ばれます。それゆえこの1行は弱強調4詩脚 (iambic tetrameter) (●●/●●/●●/●●) の詩行であると言われます。第1連では、この弱と強からなる詩脚を4つ持つ行が5行連続しています。6行目の第1詩脚は、「破格」(solecism) です。それまでとは違って強弱弱調 (dactyl) (●●●) です。あるいは、真ん中の音節を読まずに Flút(tèr)ing /flʌ́trɪŋ/ と発音すれば、強弱調 (trochee) (●●) となります。

　これらの6行で1つの「連」(stanza) を構成しています。1編の詩を何行かずつのまとまりに区切ったものを「連」と言います。「水仙」の詩全体は6行からなる連4つで構成されており、計24行の詩行からできていることになります。

　また、●と●は絶対的な強弱を表すものではなくて、あくまで相対的なものです。いつも同じ強さで読むものとは限らないことを知っておく必要があります。

　音節を1つ減らすための工夫にも気をつけるべきです。2行目の o'er は、over ならば ó・vèr /óʊvɚ/ で2音節ですが、v を省略することで1音節になっています。o と e の間の ' は省略記号です。

　ここで、上で触れた「破格」について説明します。「水仙」は弱強調4詩脚で進行しますが、その基本リズム「弱強調」が崩れるのは、上の第1連6行目の Flút(tèr)ing と、下の第2連 11, 12 行目の 'Tén thóusànd' と 'Tóssìng' の部分だけです。こちらは2行続けての基本からの逸脱です。

第2連

　7　Continuous as the stars that shine

　　　　　　　　　　　　　d　銀河にひしめいて

　8　And twinkle on the milky way,　　e　ひかりまたたく星屑のよう

　9　They stretched in never-ending line

10　Along the margin of a bay:　　　d　彼らは入江のふちにそって
11　Ten thousand saw I at a glance,　e　目路のかぎりつらなっていた。
12　Tossing their heads in sprightly dance.　f　一目見てざっと一万の花が

　　　　　　　　　　　　　　　　　　　f　頭をふり立て陽気におどっているのだ。

　どちらの連でも水仙の踊りが描写されています。第 1 連の 'a crowd, A host, of golden daffodils' は群れなす水仙を表し、第 2 連では主要語の 'daffodils' は 'Ten thousand' の中に隠れてしまっています。ダンスする水仙とその数の多さにびっくりしたことが、破格を生み出したのです。'Tén thóusand' は「強強調」(spondee)（● ●）に、そして 'Tóssìng' も「強弱調」(trochee)（● ●）に変わっています。「詩的興奮の激するとき、理論的なリズムを超越して、全体の調和を破るように見えて、かえって読者の心に迫るものがある」（石橋他 1973: 854）のです。
　そもそも「水仙」がどうして弱強調 4 詩脚とわかるのかという学生の素朴な疑問がときに出ます。それには次のように答えています。まず、何度か音読します。すると大体の格調がわかってきます。学生には詩行を発音転写して単語内の分かれ目をしっかりつかみなさいと指導しています。
　詩脚に分けるときに大いに役立つのは、辞書の見出し語の表記です。ほとんどの辞書は音節に分けて表記しています。音節を分ける分節の印が「なかぐろ」(・) です。例えば、daffodil を引けば daf・fo・dil /dǽfədìl/ と出ます。「なかぐろ」が音節に分ける際の切れ目の印となるわけで、これは 3 音節の語です。
　ついでながら、ここで「音節主音」(syllabic) について説明をしておきます。1 つの音節には 1 つの母音が含まれていることが普通です。例えば、2 音節の little の辞書の見出しは lit・tle /lítl/ と出ます。第 2 音節には母音がありませんが、/l/ は 1 つの音節とみなされます。rhythm /ríðm/, but・ton /bʌ́tn/ の /m/, /n/ も同様です。このように音節の働きをする子音を音節主音と言います。
　詩脚に分けるときのもう 1 つの知恵は、詩行のうしろから迎えにいくことです、つまり詩行の末尾から前に向かって強勢記号をつけていくのです。案外うまくいくことがあります。

第 16 章 詩のスタイルをどう教えるか

英語の格調を、対応する形容詞形とともに挙げておきます。

1. 弱強調 (` ´)　　　　iambus /aɪǽmbəs/, iambic /aɪǽmbɪk/
2. 強弱調 (´ `)　　　　trochee /tróʊkiː/, trochaic /troʊkéɪɪk/
3. 弱弱強調 (` ` ´)　　anapest /ǽnəpest/, anapestic /ænəpéstɪk/
4. 強弱弱調 (´ ` `)　　dactyl /dǽktɪl/, dactylic /dæktílɪk/
5. 強強調 (´ ´)　　　　spondee /spɑ́ndiː/, spondaic /spɑndéɪɪk/
6. 弱弱調 (` `)　　　　pyrrhic /pírɪk/, pyrrhic /pírɪk/

また詩脚の名称も挙げておきます。

1 foot	monometer	/mɔnɔ́mətɚ/	1 詩脚
2 feet	dimeter	/dímətɚ/	2 詩脚
3 feet	trimeter	/trímətɚ/	3 詩脚
4 feet	tetrameter	/tetrǽmətɚ/	4 詩脚
5 feet	pentameter	/pentǽmətɚ/	5 詩脚
6 feet	hexameter	/heksǽmətɚ/	6 詩脚
7 feet	heptameter	/heptǽmətɚ/	7 詩脚
8 feet	octameter	/ɔktǽmətɚ/	8 詩脚

英詩では、5 詩脚、4 詩脚、3 詩脚が、この順序で、よく使われています。

　ここでまたクイズです。iambic pentameter を日本語に直すと、どうなりますか。上の格調と詩脚の表を使うと「弱強調 5 詩脚」となります。伝統的には「弱強 5 歩格」という訳語があります。皆さんはどう読みますか。「ごほかく」が正解だと思いますが、パソコンで検索すると「ごぶかく」という読みが出てきました。まぎらわしいので、「〜…歩格」ではなくて「〜調…詩脚」を使うことにします。ちなみに、iambic pentameter「弱強調 5 詩脚」が英詩で最も多く使われる格調だそうです。

　1 編の詩は大体同じ格調を使って書かれることが多いです。上のワーズワスの「水仙」は基本、弱強調 4 詩脚 (iambic tetrameter) で書かれていました。人間の歩行に適した格調で、詩人がさまよい歩くという詩の内容そのものにふさわしいものでした。

　次に挙げる詩はアリンガム (William Allingham, 1824–1889) という詩人の「思い出」(A Memory) という短詩です。1〜4 行目の各行で前半と後半の格調が

違う例です。5行目には破格が見られます。また 6, 7 行目は 1〜4 行目と違う格調が見られます。どのような格調になっているのでしょうか。今までの復習をやるつもりで考えてみてください。

　まず何度か音読してみてください。次に辞書を引いて見出し語の音節分けに注意を払いながら、詩脚に分けて、弱強 2 種類の強勢を打ってみてください。

A Memory (1854)	「思い出」　ウィリアム・アリンガム
Four ducks on a pond,	池には四羽の鴨、
A grass-bank beyond,	彼方の岸辺には緑の草、
A blue sky of spring,	春の青空、
White clouds on the wing;	流れる白雲
What a little thing	とるにたらぬ風情ながら、
To remember for years—	なぜか年がたつにつれ思い出す、
To remember with tears!	涙とともに思い出す！　　（平井正穂訳）

この詩は日本の和歌を意識して作られたと言われています。全部で 31 語から成り、定動詞が 1 つもない詩です。

　この詩の韻律を見るために、「水仙」の場合と同様に、1 行 1 行の強勢を示します。強勢が置かれるところを ´ で示し、強勢のないところを ` で示します。

1 Fòur dúcks / òn à pónd,	a	ˎ● / ˎˎ●
2 À gráss / bànk bèyónd,	a	ˎ● / ˎˎ●
3 À blúe / skỳ òf spríng,	b	ˎ● / ˎˎ●
4 Whìte clóuds / òn thè wíng;	b	ˎ● / ˎˎ●
5 ∧ Whát / à lít / tlè thíng	b	(ˎ)● / ˎ● / ˎ●
6 Tò rèmém / bèr fòr yéars—	c	ˎˎ● / ˎˎ●
7 Tò rèmém / bèr wìth téars!	c	ˎˎ● / ˎˎ●

　1 行目をご覧ください。すべて単音節の語で、全部で 5 音節からなっています。/ で区切られた行の前半が弱強調 (iambus) (●●) で、後半が弱弱強

調 (anapest) (●●●) で構成されています。それぞれが 1 詩脚 (foot) を構成しています。この 1 行ではこの弱強からなる詩脚と弱弱強からなる詩脚、すなわち格調の異なる詩脚が連続しています。詩の 4 行目までこのパターン (●●/●●●) が続きます。第 5 行は最初の詩脚に弱音節が 1 つ省略された弱強調 (iambus) の 3 詩脚 (trimeter) ((●)●/●●/●●) から構成されています。6, 7 行目は 6 音節の行で、弱弱強調の繰り返し (●●●/●●●) からなる弱弱強調 2 詩脚 (anapestic dimeter) の詩行です。

3　韻 (rhyme)

　詩にとっては前述のリズムと韻律のほかに、韻 (rhyme) も大切です。先に日本語の例を出します。「むすびのむさし」は語の始め (頭) が同音です。頭韻 (alliteration) の実例です。After life's fitful fever he sleeps well;（（殺害されたダンカン王が、）人生という痙攣(けいれん)する熱病も癒えて安眠している。小田島雄志訳）(Macbeth) が有名です。「セブンイレブンいい気分」は語のうしろ (脚) のブンが 3 回響きあいます。「トントントントン日野の 2 トン」でも「トン」の音がこだましています。両者ともに脚韻 (end rhyme)、内部韻 (internal rhyme) の実例です。そのほか、good /gúd/ と mood /múːd/ のように発音は違いますが綴りが同じ視覚韻 (eye rhyme) というものもあります。

　上に引用した「水仙」の第 1 連の脚韻をご覧ください。詩の行末が、a-b-a-b-c-c と韻を踏んでいました。a-b-a-b は交互韻 (cross rhyme) をなし、c-c は対句・2 行連句(ついく) (couplet) をなしています。残りの 3 連ともすべてこの脚韻で通してあります。

　アリンガムの「思い出」の場合は a-a-b-b-b-c-c と脚韻を踏み、2 つの対句・2 行連句 (couplet) の間に 1 つの 3 行韻が挟まれています。

4　ヤーコブソンの詩的機能

　さて、これまでは伝統的な韻律法に基づいて、「水仙」と「思い出」の詩行の韻律を分析してきました。これ以降の節は、筆者が学部生時代に学ん

できた個々の韻律法とは異なって、詩の根底にある言語的事実を新たな角度から総まとめする観のある、ロマーン・ヤーコブソン（Roman Jakobson, 1896–1982）の革新的な説を紹介します。詩を専門としない先生にも興味を持っていただける説だと確信しています。

　ここで場違いの話題を持ち出して読者の皆さんを戸惑わせる無礼をお許し願います。誰もが、「三角形の内角の和は2直角である」という定理を小学校高学年で習われたことでしょう。筆者は、原始的ながら、当時分度器を使っていくつかの三角形に当たって、その通り180度になるかどうかを確かめたことを覚えています。結果、その定理がどんな形の三角形にも通用したので驚きました。

　長じて、言語学者ヤーコブソンの次のような言説に接しました。彼によると言語に6つの機能があって、そのうちの1つの「詩的機能」は「等価の原理を選択の軸から結合の軸へ投影する」というのです。初めてヤーコブソンのこの定義を見たときには、どのようなことを述べているのかわかりませんでした。彼は、詩に内在する様々な特徴はこの一文にまとめられると言います。一読しただけでこの文の言おうとしていることがわかる人は天才です。筆者は、何度か読み返すうちに、少しずつわかるようになってきました。ゆっくりと味わうと、なんと効率よく、包括的に、「詩的機能」なるものを表現したものか、と驚いてしまいました。少し難しく思われるかもしれませんが、決して理解不可能な内容ではありません。原文を挙げて詳しく解説してみます。

　　The poetic function projects the principle of equivalence from the axis of selection to the axis of combination.

単純なSVOの構文です。主語（S）が「詩的機能」（The poetic function）、動詞（V）が「投影する」（projects）、三単現の -s がついています。何を「投影する」かというと、目的語（O）の「等価の原理」（the principle of equivalence）を投影します。それに、場所を表す副詞句 from A to B「選択の軸から結合の軸へ」（from the axis of selection to the axis of combination）が付属している文構造です。「等価の原理」が難しそうですが、あるもの（あるいはこと）が別のあるもの（あるいはこと）と類似していること、何かと何かが似ていることがわ

かる人なら大丈夫です。「選択の軸から結合の軸へ」も一見難解そうな感じを受けますが、ふだん言語活動をしている人なら誰もが無意識のうちに実践していることです。

これから具体例を出して説明しましょう。ヤーコブソンは自身の定理ともいうべき言説を説明するために短い文章を持ち出しました。'I like Ike.' がそれです。その昔アイゼンハワー大統領 (Dwight D. Eisenhower) の陣営が選挙戦で使ったキャッチフレーズだそうです。図1を御覧ください。

	S	V	O
(1)	I	like	Ike
(2)	We	love	Dwight
(3)	Our group	are fond of	Eisenhower

図1　'I like Ike.' に見られる「こだま式押韻」

図1の縦軸が選択の軸 (axis of selection) で、横軸が結合の軸 (axis of combination) です。

われわれはある1つのアイディアを伝えようとする場合、いろいろ取り出し可能な音・語・句・文の中からあるものを選び出す、すなわち選択します。そうして選び出された要素を統語法に則って線状に配列します、すなわち結合させます。

例えば「ドワイト・アイゼンハワーに好意を抱いている」という内容を表すには、いろいろな表現法があります。斎藤兆史 (2001) の説明を一部借用しましょう。図1 (1) の I like Ike. でも、(2) の We love Dwight. でも、(3) の Our group are fond of Eisenhower. でもいい、いずれを使っても表現できます。あるいは、左上から右斜め下に向かって主語 I, 動詞 love, 目的語 Eisenhower を選択し、結合させて、I love Eisenhower. も可能ですし、今度は左下から右上に向かって Our group, love, Ike を組み合わせて、Our group love Ike. という統語法も OK です。そのほかの組み合わせも可能ですが、1952年の選挙では I like Ike. という、詩的機能が前面に出たキャッチフレーズが使われました。

どのように詩的機能が発揮されているのでしょうか。この選挙スローガンの中には、/aɪ/　/laɪk/　/aɪk/ というふうに、/aɪ/ という2重母音が3度繰

り返されてこだましています、響きあっています。/laɪk/ という行為の中に、/aɪ/ という愛する主体と /aɪk/ という愛される客体が文字通りすっぽり包み込まれています。「アイク大好き！」と、この文を連呼する支持者たちが、候補者と一心同体になっている様子が目に浮かぶようです。「等価の原理」に基づいて、We, Our group でなくて I が、love, are fond of ではなくて like が、Dwight, Eisenhower でなくて愛称の Ike が選択されて、1つの文の形に結合されています。だからこそ効果的で印象深い政治スローガンに成り得ているのです。

　等しい音が響きあう「こだま式押韻」(echo rhyme) を持つこの一文にこそ、「等価の原理を選択の軸から結合の軸へ投影する」姿を見ることができます。すなわち、この I like Ike. という一文には詩的機能が最高度に実現されているわけです。選挙参謀の中にすぐれた言語操作者がいたのですね。

　よく考えてみると、この節の始めで触れた「三角形の内角の和の定理」と、続いて詳しい解説を加えた「ヤーコブソンの詩的機能の定義」には共通点がありそうです。何らかの並行性が感じられます。両者それぞれに、すべての三角形、すべての詩に適用できるという明快さと汎用性があるからです。ヤーコブソンは、詩を詩たらしめる法則として、短いながら、包括的な定義を与えています。われわれはそのことをあらためて認識すべきです。

5　「水仙」に見られるこだま式押韻

　さて、ここまではヤーコブソンの詩的機能の説明をしてきましたが、以下では具体的に、「水仙」の中に現れたこだま式押韻を観察し、いかにヤーコブソンの「等価の原理」がワーズワスの詩的言語の上に実現されているかを探っていきたいと思います。

　最初に、音の面で等価性が見られる個所として、上で説明した「こだま式押韻」が第3連15行目と17行目に観察されます。

第3連

13　The waves beside them danced; but they　　g=e

	まわりの波もおどっていた。しかし彼らの歓びようは	
14 Out-did the sparkling waves in glee:	h	
	きらめく波を上まわっていた。	
15 A poet could not but be gay,	g=e	
	このようにたのしげな連中に出遭っては	
16 In such a jocund company:	h	
	詩人もこころうかれざるを得ない。	
17 I gazed—and gazed—but little thought	i	
	私はただみとれていたが、その眺めが	
18 What wealth the show to me had brought:	i	
	どのような富を私にもたらしたか、気づかなかった。	

各連の行末に、脚韻形式をa, b, c等の記号で示しておきました。等しい音が響きあう脚韻にこそ最も明示的に等価の原理が現れます。押韻部で同一の音が繰り返されるからです。そして、15行目のgayは、17行目に2度も現れるgazedの中にエコーしており、「詩人たる者はそのような仲間の中にいて喜ばざるを得なかった。私は凝視に凝視を重ねた」という詩行の意味を音の面から強力に支えているように思われます。詩人が踊り戯れている水仙のそばで歓喜に浸り切って、水仙を凝視している姿をほうふつとさせ、文字通り「凝視」(gaze /géɪz/) する行為の中に、「喜び」(gay /géɪ/) が包み込まれてしまっているかのような印象を与えます。

もう1つのこだま式押韻が第4連に見られます。

第4連

19 For oft, when on my couch I lie	j		
			というのは、茫然と、また思いに沈んで
20 In vacant or in pensive mood,	k	臥しどに身をよこたえるとき	
21 They flash upon that inward eye	j	彼等は、孤独のよろこびである	
22 Which is the bliss of solitude;	k	内心の眼にひらめくのだ。	
23 And then my heart with pleasure fills,	l=b	すると私のこころは歓びにあふれ	
24 And dances with the daffodils.	l=b	水仙とともにおどるのだ。	

19行目の行末に 'I lie' (/aɪ laɪ/) が出現し、'lie' は脚韻の相手語である21行目の 'eye' と押韻し、やはりこだま式押韻を構成しています。21行目の 'eye' (/aɪ/) と結合している修飾語 'inward' は対比的に 'outward eye'（外面の眼）、つまり 'bodily eye'（肉体の眼）をわれわれ読者に連想させ、19行目の「私がベッドに横たわるとき」'When on my couch *I* lie' も「私の肉体の眼 (*eye*)、感覚の眼 (*eye*) が眠るとき」という表現を連想させます。ここのこだま式押韻は、第1連3行目 (I saw)、第2連の11行目 (saw I)、第3連の17行目 (I gazed―and gazed―) で大活躍した肉体の眼、感覚の眼が眠ったときに、「精神の眼、内面の眼がいっそう活躍するのだ」ということを強調しているかのようです。

6　音の等価性（鏡像関係をなす音）

次も音の問題です。第4連冒頭の、さかのぼって理由を述べる 'For' を中心に、音の面でやや細かな、微視的な観察をします。17行目から21行目にかけての詩行が表す意味は「私は凝視に凝視を重ねた。しかしどんな富をその黄水仙の光景がもたらしていたかをまったく考えてもみなかった。というのは一人ぼっちで寝床に横たわるときにしばしばその光景が詩人の内面の眼、すなわち想像力によみがえってくるのだから」というものです。

第3連18行目末尾の 'brought' と第4連19行目冒頭の 'For oft'、すなわち 'brought: For oft' の発音は、/brɔːt　fɔː　ɔːft/ となります。音がどのような関係になっているかを図2で確認しましょう。なお、ここの発音記号は *Longman Dictionary of Contemporary English* (1978) のものを使っています。

図2　鏡像関係 (mirror-image relation) をなす音

図2の(1)の行に現れる母音は、3語とも長母音の /ɔː/ です。(2)の2番目の音 /fɔː/ と3番目の音の一部 /ɔːf/ とは、相対する矢印が示すように、鏡像の関係 (mirror-image relation) にあります。(3)で、もう一歩観察の幅を広げてみましょう。最初の語の末尾音 /t/ ＋2番目の /fɔː/、すなわち /tfɔː/ に対して3番目の /ɔːft/ も、やはり鏡像の関係を保持します。さらに観察の度合いを深めて、両者の間に「連結の 'r'」(linking r) が入ったとしても、/tfɔː/ → (r) ← /ɔːft/ の鏡像関係は損なわれません。これに対して、for は、この詩の基本リズムの弱強調の弱が来るのだから、/fə/ の音を持つという意見もあります。しかし、ここの for は前置詞ではなくて、かなりの意味量を担っている接続詞なので、相対的に見て、強形の /fɔː/ の音価を与えることにしました。

　第3連末尾がピリオドではなくてコロンになっているのは、ワーズワスが次に理由を説明するためです。第4連始めの For は、逆行的あるいは遡及的に「というのは...だから」という理由を導く言葉です。上に述べた音構成は、その理由づけに見事に貢献していると言えるでしょう。すなわち、第4連はまるで鏡が対象を反射するように、きわめて容易にその理由を第3連に投げ返すわけです。詩行の持つ音構成と詩行の持つ意味構造がぴったり一致していると思われませんか。私にはワーズワスが意識してこの音の組み立てを作り上げたとは思われません。無意識のうちに後世の分析に耐えうる巧緻な音構成が詩人の天才を通してできているのです。不思議なことです。

　ここまでは音の等価性についての話でしたが、次は意味の等価性についての話です。

7　意味の等価性

　「水仙」が最初は3連だったということはあまり知られていないようなので、その改変の様子を見ていきましょう。

　第1連4行目の 'daffodils' にかかる形容詞は、1807年版では 'dancing' でした。それが、'dancing daffodils' の頭韻を犠牲にしてまで、1815年に 'golden' に改訂されました。また、その改訂と同時に第2連が新たに書き

	1807年版		1815年版
1	I wandered lonely as a Cloud	1	I wandered lonely as a cloud
2	That floats on high o'er Vales and Hills,	2	That floats on high o'er vales and hills,
3	When all at once I saw a crowd	3	When all at once I saw a crowd,
4	A host, of dancing daffodils;	4	A host, of golden daffodils;
5	Along the Lake, beneath the trees,	5	Beside the lake, beneath the trees,
6	Ten thousand dancing in the breeze.	6	Fluttering and dancing in the breeze.
		7	Continuous as the stars that shine
		8	And twinkle on the milky way,
		9	They stretched in never-ending line
		10	Along the margin of a bay:
		11	Ten thousand saw I at a glance,
		12	Tossing their heads in sprightly dance.
7	The waves beside them danced; but they	13	The waves beside them danced; but they
8	Out-did the sparkling waves in glee: —	14	Out-did the sparkling waves in glee:
9	A poet could not but be gay,	15	A poet could not but be gay,
10	In such a laughing company:	16	In such a jocund company:
11	I gaz'd—and gaz'd—but little thought	17	I gazed—and gazed—but little thought
12	What wealth the shew to me had brought:	18	What wealth the show to me had brought:
13	For oft, when on my couch I lie	19	For oft, when on my couch I lie
14	In vacant or in pensive mood,	20	In vacant or in pensive mood,
15	They flash upon that inward eye	21	They flash upon that inward eye
16	Which is the bliss of solitude;	22	Which is the bliss of solitude;
17	And then my heart with pleasure fills,	23	And then my heart with pleasure fills,
18	And dances with the Daffodils.	24	And dances with the daffodils.

図3　1807年版（左）と1815年版（右）

加えられたという事実も決して見逃すことはできません。第1連のdaffodilsの描写が、第2連になると、天の川の上で光り輝く無数の星の直喩を使って飛躍的に展開されているからです。ここに見られる連想の飛躍的な動き、一足飛びの連想化を助けているのが、'daffodils'の修飾語'golden'です。以下の説明でわかるように、見事な改変と言うべきでしょう。

さて、どのように卓越した改訂なのでしょうか。まず押さえておきたいことは、'golden'には〈輝き〉と〈高価で価値のあるもの〉という2つの意味成分があることです。黄金色に輝くdaffodilsの〈輝き〉が、第2連に出る'stars'の光り輝く属性と同一性を持つが故に、詩行の流れがきわめてスムーズになっているのです。この〈輝き〉という特性は、図4に矢印で明示されている通り、'stars'、'shine'、'twinkle'、'sparkling'、さらに'flash'に関連しています。等価性をもつ類義語が有機的に結合しています。さて、ここで最後のクイズです。'golden'のもう1つの意味特性〈高価で価値のあるもの〉はどの語と結びつくのでしょうか。すでにおわかりの方もおられることでしょう。18行目の'wealth'という語に関係しているのです。

4行目の'golden'という語は、ご覧のような重層的な意味構造を持っていたわけです。改訂前の'dancing'では、決してこのような有機的な結束（cohesion）は実現されなかったことでしょう。'dancing'を捨てて'golden'

```
       1   I wandered lonely as a cloud
       2   That floats on high o'er vales and hills,
  I    3   When all at once I saw a crowd,
       4   A host, of golden daffodils;
       5   Beside the lake, beneath the trees,
       6   Fluttering and dancing in the breeze.

       7   Continuous as the stars that shine
       8   And twinkle on the milky way,
  II   9   They stretched in never-ending line
      10   Along the margin of a bay:
      11   Ten thousand saw I at a glance,
      12   Tossing their heads in sprightly dance.

      13   The waves beside them danced; but they
      14   Out-did the sparkling waves in glee:
  III 15   A poet could not but be gay,
      16   In such a jocund company:
      17   I gazed—and gazed—but little thought
      18   What wealth the show to me had brought:

      19   For oft, when on my couch I lie
      20   In vacant or in pensive mood,
  IV  21   They flash upon that inward eye
      22   Which is the bliss of solitude;
      23   And then my heart with pleasure fills,
      24   And dances with the daffodils.
```

□ ＝＜輝き＞
■ ＝＜高価で価値のあるもの＞

図4　'golden' の担う有機的な働き

を選択したことで、ワーズワスは2方向に意味を拡充することに成功したわけです。

8　おわりに

　「詩のスタイル」と言えば、まず韻律が思い浮かびます。第1節で、初学者に2重母音を認識させる必要を説きました。音への意識を高めるためです。続いて第2節で、英詩のリズムと韻律の基本について、従来の方法で、ワーズワスの「水仙」とアリンガムの「思い出」を例に出して説明しました。第3節では、韻について簡単に述べました。第4節以降は、ヤーコブソンの革新的な「詩的機能」の理論と「三角形の内角の和」の定理との類似性を指摘し、彼のいわゆる「等価性の原理」を強力な武器として、「水仙」の音と意味の秘密を解明しました。第5節では「こだま式押韻」がどのように意味を補強しているか、第6節では、鏡像関係をなす音について述べました。第7節では、類義語が内包する意味の等価性がいかに一編の詩に統一を与えているかについて論じました。

　ここまで述べたことは、詩のスタイルのほんの一端を説明したにすぎません。詩に接することは言葉に対する感性を高める最高の手段です。英詩

を教えることで学生・生徒諸君の英語という言語への気づきを鋭敏にしていってもらいたいものです。

使用テクスト

1815年版の "Daffodils" は、*The Poetical Works of William Wordsworth*, Vol. 2 (Ernest de Selincourt ed. Oxford: Clarendon Press, 1969) から引用。1807年版の "Daffodils" は、*Wordsworth Selected Poems* (H. M. Margoliouth ed. London and Glasgow: Collins, 1975) から引用。"A Memory" は『イギリス名詩選』(平井正穂 (編) 東京：岩波書店, 1990) から引用。下線はすべて筆者による。

引用文献

石橋幸太郎他 (編) (1973)『現代英語学辞典』東京：成美堂, 854.
Jakobson, R. (1960) "Closing Statement: Linguistics and Poetics." In T. A. Sebeok (ed.) *Style in Language*. Cambridge, MA: MIT Press, 350–77.
斎藤兆史 (2001)『英語の味わい方』東京：日本放送出版協会, 65–67.
鳥飼玖美子 (2016)『本物の英語力』東京：講談社, 24.

参考文献

新井明 (1986)『英詩鑑賞入門』東京：研究社.
深井龍雄 (1997)『英詩を味わう：韻律美の構造』東京：南雲堂.
池上嘉彦 (1967)『英詩の文法：語学的文体論』東京：研究社.
中川憲 (2006)「'Daffodils' を精読する：ヤーコブソン詩学と伝統的語学から」『英語青年』152 (7): 392–94.
豊田昌倫 (1981)『英語のスタイル』東京：研究社.

V

英作文（ライティング）編

第17章 英作文とスタイル

富岡　龍明

1　はじめに

　外国語として英語を勉強している人が自分の書いた英文をネイティブスピーカーに見せると、awkward（ぎこちない）、redundant（ダラダラしている）、stilted（堅い）、unnatural（不自然）、unclear（不明瞭）などのコメントを返されることがあります。こういうコメントは、文を作る上での規則である文法ではなく、語彙、構文、文と文のつながりに関わる choice（選択）の問題、すなわちスタイルに関するものである場合が非常に多いのです。

　上述のようなネイティブスピーカーのコメントは、裏を返せば、英文には英語表現としての基準的なスタイルがあるということを示しています。その基準をいくつかの表現でまとめると、simple（簡潔）、clear（明瞭）、natural（自然な）、reader-friendly（読者にわかりやすい）などの評価語になるのではないかと思います。

　文法に比べるとスタイルは一般になじみの薄い領域で、「文法だけでも難しいのに、細かいスタイルの違いまではとても…」という考えの方もいるかもしれません。筆者は以前ある学生から、「先生はよくこの表現は堅いとか言われるけど、柔らかい、堅いなんて全然わかりませんよ。文法的に正しかったらそれでいいんじゃありませんか」と言われたことがあります。その時は「それじゃ、今日はいい天気ですね、と言う代わりに、本日はよい天気でござるな、と言ったらどうでしょう。文法的には正しいけれどかなりおかしいでしょう」と答えました。そう言うことでスタイルの重要性を理解してもらおうと思ったのですが、どの程度その学生に伝わったかはわかりません。

　筆者はこれまで多くの日本人学生に英作文を教えてきましたが、学生のスタイルに関する認識は文法に比べると一般に非常に低いことを痛感して

います。文法だけでなくスタイルの面でも適切な英文を書けるようにすることは、英語による円滑なコミュニケーション能力を養うという観点から非常に重要なポイントではないかと考えます。こうした認識のもとで本編では以下の3つの領域に分けて、英作文の際に日本人学習者が特に留意すべきスタイルの問題を扱います。

1. 柔らかい表現 vs. 堅い表現
2. 簡潔で無駄のない表現
3. 語句や文の適切な配列

1. は speech level の領域で、口語表現と文語表現の違いを扱います。
2. はどう書けば simple で clear な英文になるかを扱います。
3. は organization の領域で、表現語句の相互の関連を扱います。

実際には、日本人学習者が書く英文は上記の3領域に関する問題点が同時多発的に表出し、多種多様な添削を要するのが常ですが、ここでは便宜上それぞれの領域ごとに論じることにします。

2 柔らかい表現 vs. 堅い表現

外国語として英語を学ぶ学習者にとって難しいのは、ある英語表現の持つスタイル的価値を知ることです。つまりある表現が、例えば友人相手の手紙や会話などで用いられる柔らかな口語体なのか、あるいは例えば政府発行の公式文書や公の場での演説等で用いられる堅い文語体なのかという価値判断が容易ではないということです。ある表現のスタイル的価値を知るためには、基本的にはその表現についての辞書上の記述、用例に注意する必要があります。英英辞書などでは、スタイルマーカーとして *formal, informal* などの表記があって参考になります。日本人学習者の場合、英語表現の習得に際しては訳語としての日本語表現を当てて覚える傾向がありますが、その作業は危険な要素をはらんでいます。というのも、英語表現とそれに対応すると考えられる日本語表現が意味、含意、スピーチレベル

等で必ずしも一致しないためです。しかし、可能な範囲で、その英語表現のスピーチレベルなどのスタイル的価値にそれなりに対応する日本語表現を当てるように努力することは、必ずしも無意味ではないと筆者は考えます。

　例えば、他動詞としての weary という英語表現に対応する日本語として「ひどく疲れさせる」という日常的な表現を当てて覚えてしまうことは、スピーチレベルの観点からは必ずしも適切とは言えないというのが筆者の主張です。他動詞としての weary はたしかにおおざっぱに言えば「ひどく疲れさせる」という意味ですが、スピーチレベル的には、その日本語とは異なる堅い語感があります。だから例えば、「彼女の子どもたちは彼女をひどく疲れさせた」に対して、英語の Her children wearied her. はややフォーマルな言い方であり、日本語表現とは必ずしもそぐわない感じです。これを Her children made her very tired. とすれば英文として日常的なスタイルになりますから、元の日本語表現に合っていると言えるかもしれません。ここでスピーチレベル学習の便宜を図る上での１つの提案ですが、make someone very tired に「～をひどく疲れさせる」という日常の日本語を当てて覚えるとすれば、weary には例えば「～を疲弊させる、疲労困憊させる」などのようなやや堅めの日本語を対応させて覚えるとよいでしょう。つまり Her children wearied her. は「彼女の子どもたちは彼女を疲弊（疲労困憊）させた」という少し堅い感じの日本語表現がふさわしいと考えるわけです。

　さらに、筆者の個人的体験談を１つお話しすると、いわゆる受験英語の一例かもしれませんが、as is often the case with ～ という英語表現は「～にはよくあることだが」という日常的日本語に当たる、と長らく覚えこんでいました。しかし後年、英語語法研究家として確かな語感を持ったあるネイティブスピーカーから、この表現は非常にフォーマルなスタイルで日常英語ではないと指摘され、ショックを受けた記憶があります。その人物に Alex is late for school again, as is often the case with him. のような英文を見せると、as 以下の構文のスタイルの古さと堅さを指摘して、日常的なスタイルでは Alex is late for school again, as he usually is. のようにすべきだ、と言っていたのを思い出します。もし筆者が as is often the case with ～ を「～には頻繁に見られる事例（現象）ではあるが」などの堅いスタイルの日本語で理解していれば、上記のようなスピーチレベルのずれは起こさ

なかったでしょう。

　ただし、柔らかい英語には柔らかい日本語を当て、堅い英語には堅い日本語を当てる、というやり方は常に可能とは限りません。例えば、hurry と make haste にそれぞれふさわしい日本語を当てて習得の助けにすることは難しいと思われます。どちらも「急ぐ」という意味ですが、hurry が日常的に使われる表現であるのに対し、make haste は堅い文語的なスタイルの表現です。しかし、hurry を「急ぐ」とした場合、make haste にふさわしい文語的日本語を考えることは容易ではありません。

　そういうわけで、ここでお示しした提案（「日英スピーチレベル対照型学習」と呼んでおきます）はあくまでスタイル学習の効率を上げるための1つの方略であり、可能な範囲で、また必要に応じて採り入れればよいのではないかと考えます。あまりこだわりすぎて、英語表現と日本語表現の厳密な相関を追求しようとすると、幻影を追うような無い物ねだりの語学的不毛に陥ってしまう危険があります（一例を挙げると、hate と abhor はともに「～を（ひどく）嫌う」という意味を持つ動詞ですが、hate に比べて abhor は堅い表現であるとともに hate にはない道義的嫌悪（道義的に適切でないことに対する嫌悪）を表す語であり、abhor に厳密に対応する日本語表現はないと言えます）。

　ともあれ、基本的には、出くわした英語表現が使われている環境（柔らかい英文か堅い英文か）をよく知り、可能な限り良質な辞書等でそのスタイル的な価値を確認する作業が重要だと思われます。その不断の作業が英作文力の養成に不可欠だと考えます。

　一般に日本人学習者は、柔らかい口語体で書くべきところを堅い文語体で書いてしまいがちです。単語、語句レベルで例を挙げてみましょう。

要添削例1　副詞 therefore について
　I wanted to learn English conversation and *therefore* I went to a language school in Shibuya.

　副詞の therefore は「ゆえに、それゆえ」という堅い日本語に当たる文語的表現で、日常表現ではありません。上記のような英文を書いてしまう原因の1つとして、先ほど触れた「日英スピーチレベル対照型学習」が適切

に行われていなかったことが考えられます。つまり、therefore に対応する日本語として「だから、それで」などの口語的な表現を当てはめていた可能性が高いと思われます。

　ついでながら、「英会話」というと English conversation という表現を使う人が多いですが、この表現は「英会話」という日本語の語感とは異なる堅い響きがあり、一般にはあまり使われません（この場合 English conversation にピタリと対応する日本語表現が浮かばないという点で、先ほどの日英スピーチレベル対照型学習がうまく機能しません）。この英文は以下のように直せばよくなります。

Improved:

　I wanted to learn spoken English, *so* [*and that's why*] I went to a language school in Shibuya.

要添削例2　not only ～ but also … について

　Yoshiko doesn't speak any foreign languages, but her sister Emiko speaks *not only* English *but also* French.

　上記の例のような日常会話の文脈の中で not only ～ but also …を使ってしまう原因の1つとして、要添削例1の therefore の場合と同様に、日英スピーチレベル対照型学習が適切に行われていないことが考えられます。日本人学習者の多くは英語の not only ～ but also …は日本語の「～だけでなく…も」という日常的な表現に当たると考えている様子ですが、この英語表現はそれほど日常的な表現とは言えません。日本語で言えば「～ばかりでなく…もまた」や「～のみならず…をも」などの堅い表現に対応するもので、どちらかといえば以下のような文語的な文章にふさわしいものです。

　It was *not only* their valor *but also* their perseverance that was praised by General Grant.

　要添削例2の英文は、以下のように書けばスタイルのずれが修正されます。
Improved:

Yoshiko doesn't speak any foreign languages, but her sister Emiko speaks English *and* French [English *and* French *as well*].

3　簡潔で無駄のない表現

　ある調査・研究によると、英文の1つのセンテンスの長さは歴史的に段々短くなってきているとのことです。1つのセンテンスの長さは、16世紀のエリザベス朝の頃は約45words, 19世紀のビクトリア朝の頃は約29words, 現代では17〜20words程度であり、明らかに短文化・簡潔化が進んでいる状況です。時代が進むにつれて、装飾的な回りくどい表現を避けて、簡略で無駄をそぎ落とした文章構成が尊ばれるようになってきていると言えます。とはいえ語数が少なければ少ないほど良い英文である、などということはもちろんありません。次節の「語句や文の適切な配列」で述べますが、語数が少なく舌足らずであるために論旨が不明瞭になることは往々にしてあります。しかし一般的には、英語は表現の経済性を重視する言語で、てきぱきした簡潔性 (business-like brevity) がそのスタイルの特徴と言えます。この簡潔性への志向は日本語よりも英語のほうがはるかに強いように思われます。日本人学習者の書く英文は冗長でダラダラしているという指摘がネイティブスピーカーからなされることが少なくありません。その原因は多岐にわたると考えられますが、ここではその中で以下の点を取り上げたいと思います。

1）いわゆる無生物主語構文への心理的抵抗
2）関係詞（節）の不必要な使用

上記の2点について、具体例とともに見ていきましょう。

要添削例3　無生物主語構文を適宜使用する
　If you look at world history, you'll realize that humankind hasn't yet been able to make war a thing of the past.

英作文で日本人学習者の苦手な構文として、No や Nothing などから始まる否定辞主語構文と並んで、いわゆる無生物主語の構文があります（ここで'いわゆる'と言ったのは、一般的にネイティブスピーカーはこの構文を特殊なものとは見ておらず、無生物主語の構文としてとりたてて認識する傾向が見られないためです）。日本人学習者にとっては、物やことが動作の主体として扱われる無生物主語構文は違和感があり使いにくいようです。筆者が昔見た映画の中で、ある人物がワインをすすめられたとき、'No, thanks. My health doesn't allow it.' と答えるシーンがありました。まだ英語を習い始めの学生だった筆者は「ほう、英語ではこういうふうに言うのか。私の健康状態がそれ（ワイン）を許さない、とは面白い言い方だ」と、強い印象を受けた記憶があります。ただ、この種の擬人法的（?）表現は日本人にはかなり抵抗があるな、とも思いました。その後、教壇に立って英作文を学生に教え始めると、予測した通りこの種のいわゆる無生物主語構文を学生に使いこなしてもらうのは難しいようだなと実感しました。例えば、「何をぐずぐずしているんだ」を What's keeping you? というふうに表現することは、学生にとってはかなり心理的抵抗があるようです。また、「タクシーに乗れば駅まで15分で着きます」という文を学生に英訳させると多くの場合、If you take a taxi, you'll get to the station in 15 minutes. などのように if 節を使った人称主語構文で書きます。この英文自体は英語表現として何の問題もありませんが、簡潔性という観点からはできれば、A taxi will take [get] you to the station in 15 minutes. と書いてもらいたいところです。この構文では、文頭の不定冠詞が if 的な条件の意味合いを持つということを理解できるかどうかがポイントとなります。

　無生物主語構文が人称主語構文やその他の構文に比べてすぐれているということではありませんが、簡潔なスタイルという観点と構文のバラエティという観点からは、ある程度使えるようになってもらいたいものです。

　要添削例3 の英文は World history を主語にして以下のように書き換えることができます。

Improved:

World history shows that humankind hasn't yet been able to make war a thing of the past.

もう1つ例を挙げてみます。

以下の例文は人称主語構文でありませんが、Improvedのように無生物主語構文に書き換えることが可能です。

Medical technology has been significantly improved and consequently many serious diseases can be cured now.
Improved:
Significant improvements in medical technology have made many serious diseases curable.

無生物主語構文が常にその他の構文よりも語数が少なく簡潔な印象を生むというわけではありません。例えば、人称主語構文であるWhy did you do that? と無生物主語構文であるWhat made you do that? は、どちらも5wordsで語数は同じです。ただ、一般的に言って無生物主語の構文はeconomy of speech（言葉の経済性）が高くなる傾向がある構文だと思います。

無生物主語構文でよく用いられる動詞make, enable, help, cause, allow, show, take, bringなどの用法に習熟することが、この構文習得のポイントだと言えます。日本人の観点からは、この構文は言語文化的に見て物珍しく感じられるので、興味を持って習得できるでしょうが、それほど特別な構文と考える必要はなく、様々な英語構文の1つという位置づけでいいと思います。

要添削例4　関係詞（節）を使わずに済む場合について

The number of Japanese students who study abroad has recently been decreasing.

英語では関係詞節は、名詞を修飾する構造として非常に重要な働きをします。正しい関係詞の用法を身につけることは、英作文力の向上に欠かせません。

ただ、日本人学習者には、関係詞を使わなくても済む場合でも関係詞を使ってしまい、結果として簡潔性が低い英文を書いてしまう傾向があります。例えば、The mountain（*which/that*）I climbed yesterday is called 'the

Mountain of the Devil'. という文において、関係詞は目的格ですから特に口語スタイルでは省略されるのが普通です。しかし日本人学習者の場合、関係詞を省略することをためらう傾向があります（目的格の関係詞は省略可能ではありますが常にそうとは限りません。例えば、This is the symphony which, to our surprise, he composed at the age of seven. などのように関係詞節の中に挿入語句がある場合、関係詞は省略しないのが普通です）。またいわゆる後位分詞、後位形容詞として名詞に直結できる場合でも、日本人学習者は関係詞を使う傾向があります。後位分詞の例を1つ挙げると This is an ancient castle *which was* built in the 14th century. という文は、This is an ancient castle built in the 14th century. と関係詞とそれに伴う be 動詞を省略してより簡潔な文にすることができます。

　ここで 要添削例4 の例文にもどりますが、これは関係詞が省略可能かどうかということではなく、そもそも関係詞節を使って書く必要があるのかどうかという問題です。この英文は文法的には何の問題もありません。ただ、文章の簡潔さという観点からは修正の余地があります。まず、The number で書き始めると who 以下の関係代名詞節を伴うことになり、その分だけ全体の文構造が複雑になります。同じ内容をこのような従属節を含む複文ではなく、単文で表すことができるならば、それを first choice の英文と考えてよいと思います。ここでは fewer and fewer Japanese students を主語とすることでより簡潔な文章が出来上がります。時制は現在形で可です。

Improved:
These days, *fewer and fewer* Japanese students study [are studying] abroad.

　日本人学習者にとっては、この Improved の英文のように否定辞的語句 (nothing, no-one, few, fewer, little, less, etc.) を主語にして文を書くのはかなり難しいようです。英語のような否定辞主語構文を持たない日本語の構造がその背景にあると考えられます。否定辞を含む構文の習得には、日本語の「～が減っている、～が少ない」などの述語部分は英語の否定辞＋名詞に転換できる、という日本語・英語の構造ギャップを認識することがポイントです。

関係詞節を使わなくても済むところで使ってしまうその他の例を見てみます。

There are many Japanese tourists *who* like to go to the British countryside.
Improved:
Many Japanese tourists like to go to the British countryside.

この例は、「〜がいる」ということを意味する存在構文ではなく「〜が…である」式の陳述文で簡潔に書くことができます。

We need someone *who has* a working knowledge of German.
Improved:
We need someone with a working knowledge of German.

この例では、所有の意味を表す who has の部分を前置詞句で置き換えることで構文を簡略化できます。

4　語句や文の適切な配列

　英文のスタイルの特徴という観点から、この節では文と文のつながり、それに文の集合体であるパラグラフの構造について見ていきます。この節のポイントとなるコンセプトは「言葉の自然なつながり」「論理性」です。
　文と文のつながりで注意を要する点はいろいろありますが、1つの文だけでは見えにくい要素として、同語反復のぎこちなさを挙げることができます。英作文心得として、英文を書く時は、なるべく同一語句の繰り返しを避けて、類義語の使用、代名詞化、省略などを試みることをお勧めします。日本語は同一表現の繰り返しに比較的寛容ですが、英語では elegant variation（優雅な変奏）を重視する傾向があります。例えば、Ted *and* Jane *talked about* their financial problems in their place, *and* they moved to the cafeteria in George IV Street *and* they *talked about* their future plans there. という英文では、動詞句 talked about 〜が2回、接続詞の and が3回繰り返されています。この英文は、後半を以下のように書くことで同じ動詞句の繰り返しは避けられ、接続詞 and も1回に減ります。Ted *and* Jane *talked about* their financial problems in their place. Then they moved to the cafeteria

in George IV Street, *where they discussed* their future plans.

　語句について言えることは文についても言えます。日本人学習者は、同じ構文を多用する傾向があります。構文においても、あまり神経質にならない程度に elegant variation を意識して、構文の多様性に注意して英文を書く必要があります。例えば、*I* enjoy speculating on the universe. *I* am fascinated to think about life that might be somewhere in outer space, and *I* am awestruck when I contemplate the infinity of time and space. *I* am particularly interested in pondering over where the whole energy of the universe originated from. という英文は、一人称Iを主語とした人称主語構文だけで書かれているので、スタイルとしては単調でぎこちない印象があります。以下のように主語のあり方に配慮して、適宜構文を変えて書き直すことで文章の抑揚を出すことができます。*I* enjoy speculating on the universe. *Thinking about life that might be somewhere in outer space* is fascinating, and *contemplating the infinity of time and space* is awe-inspiring. *What I find particularly interesting* is to ponder over where the whole energy of the universe originated from.

　さらに、文と文のつながりで注意すべきこととして、情報の優先順位や論理性の問題が挙げられます。英文は常に「抽象から具体へ」という流れに沿って構成されます。例えば、George is always complaining about his family and his friends. I'm sick of him. という文章は「抽象から具体へ」という英文構成の基本原理に反しています。この文章では第1文が具体的な記述、第2文が総括的な記述になっているので、むしろ順序を逆にして I'm sick of George. He is always complaining about his family and his friends. とするのが自然な文配列になります。文構成の論理性という点では、例えば Miranda is always complaining about her parents and her friends. She is always criticizing people close to her. という文章では、第1文と第2文がほぼ同じことを言っていて tautological（同意反復的）な構造になっており、論の進展・展開がありません。この場合第2文を例えば、She sometimes gets a real telling-off from her parents for staying out late... などのようにすれば論の展開が見られ、流れが自然になります。

　この節の最後に、文と文のつながりについて、パラグラフの構造を例にとって考えてみたいと思います。

第 17 章　英作文とスタイル

要添削例 5　抽象的な総括コメントは最初に置く

① Yesterday, my boss, having a thorough look at an English report which I had submitted to him a few days before, noticed that a period was missing at the end of a sentence. ② He came up to me immediately and asked me to explain about the missing period. ③ I apologized to him, saying that I had forgotten to put a period there. ④ Then he said cynically and scornfully that I might be suffering from dementia, that it was a thousand pities I knew very little about the basic rules of punctuation, that I was a bit too avant-garde if I had tried the stream of consciousness technique by omitting a period, and much more. ⑤ He kept complaining for more than half an hour about the small punctuation problem. ⑥ *He is a typical nitpicker.* ⑦ *He is the kind of guy who believes in paying extremely careful attention to every little detail.* ⑧ He is totally impossible.

　この英文は、「抽象から具体へ」という英文の構成原理に沿っているとは言えません。よく知られているように、英文のパラグラフ構成は総括コメント的な topic sentence からそれを具体的に肉付けする supporting details へと繋がるのが自然であり、その点でこの英文は修正の余地があります。この英文では⑥と⑦が「私の上司」の人柄に関しての総括コメントとなっているので、この⑥と⑦の2つの文を冒頭に置くのが適切な配列になります。⑧も総括コメント的ですが、これは結論としてパラグラフの最後に置くのが自然だと考えます。それらの点を踏まえて以下のように書き直してみます。

Improved:

My boss is a typical nitpicker. He is the kind of guy who believes in paying extremely careful attention to every little detail. Yesterday, having a thorough look at an English report which I had submitted to him a few days before, he noticed that a period was missing at the end of a sentence. He came up to me immediately and asked me to explain about the missing period. I apologized to him, saying that I had forgotten to put a period there. Then he said cynically and scornfully that I might be suffering from dementia, that it was a thousand pities I knew very little about the basic rules of punctuation, that I was a bit too avant-garde if I had tried the stream of consciousness technique by omitting a period, and much more. He kept complaining for more than half an hour about the small punctuation problem. He is totally impossible.

これで、全体の流れが抽象から具体へという英文の構成原理に沿ったものになったと言えます。

要添削例6　具体的記述の欠落による論旨の不明瞭さ
① I think that robots can be very dangerous if they make tremendous progress and become human-like in many ways. ② Human-like robots can be a serious threat to human society. ③ They may develop a strong hostility to human beings and kill them all. ④ I think this is likely to happen in the not too distant future.

この英文は、具体的な記述がないために論旨が不明瞭になっている典型的な例と言えます。①は一応 topic sentence と言えそうですが、それに関する論旨の展開がほとんどなく、英文で特に重要な要素である論旨の明快さが欠落しています。人間に近い (human-like) ロボットが人間社会にとって脅威であり、敵意を抱いて人間を殺すかもしれない、というのは論理の飛躍であり説得力がありません。人間に近いとはどういう意味においてか、なぜ人間に近いロボットが人間を殺そうとするのかという点の説明が必要と思われます。英文は表現の無駄を省いた簡潔性にそのスタイルの特徴があるわけですが、この例の場合、言葉を端折りすぎて全体の意味が不明瞭になっています。言葉数が少なければ簡潔で良い英文であるとは限らないことを示す例だと言えます。以下に論旨のわかりやすさを念頭に置いた修正文を提示します。

Improved:
① I fear that robots, if allowed to make too much progress, can become doomsday machines. ② In recent years scientists have been working hard to produce human-like robots. ③ Their aim is to make robots very close to human

beings not only in shape and behavior but also in thinking and feeling. ④ Things will be catastrophic if extremely intelligent robots become conscious of themselves and begin to act of their own free will. ⑤ Human-like robots would behave like human beings; this means that they would be capable of doing good things and at the same time evil things such as robbing, cheating, destroying and killing. ⑥ If those robots develop a strong hostility to human beings, who try to suppress their free will, they may become real killers. In that case, all humankind will be doomed to extinction. ⑦ This is not a science fiction story but a possibility that might become a reality in the not too distant future.

この英文では①が総括コメント的な topic sentence であり、②から⑤までは具体的な supporting details として論旨を展開しています。⑥は topic sentence と同様の趣旨の結語的な文であり、最後の⑦はその結語を補足するしめくくりの文になっています。

5　おわりに

　以上でこの小論を終えます。ごく限られた数の事象だけを取り上げて英作文におけるスタイルの問題を考えてきましたが、ここで述べたことが英文を書く際のヒントになることを切望します。

　この小論では、特に日本人学習者が英作文でスタイル認識を向上させるにはどういう点に注意すべきかについて述べてきました。日本語からは非常に遠い言語である英語のスタイルは、日本人学習者にとって厄介なものであることは間違いありません。ここで取り上げた 3 つの領域はどれも日本人にとって challenging なものですが、とりわけ、1 で取り扱ったスピーチレベルの問題、つまりある表現が柔らかいか堅いかの判別は容易ではありません。ここで提案した「日英スピーチレベル対照型学習」は英語表現を日本語に置き換えて理解把握しようとする際の 1 つの便宜的方略であり、これがどの程度実効性があるかは、各学習者の言語感覚によるところが大きく、また辞書記述などにも大きく左右されるところだと感じています。2

の表現の簡潔性、3の語句や文の適切な配列も、日々の地道な英語学習によって習得できる領域だと思います。

英作文においてスタイルの認識を向上させるには、良質な英語辞書、英語学習書・研究書の援用、また語感の豊かなネイティブスピーカーの協力を得ることなどが必要であろうと考えます。

参考文献

江川泰一郎 (1986)『英文法解説』東京：金子書房.

Fowler, H. W. (1965) *A Dictionary of Modern English Usage*, 2nd ed. Revised by Sir E. Gowers. London: Oxford University Press.

池田拓朗 (1992)『英語文体論』東京：研究社.

Strunk, W. J. & E. B. White (1972) *The Elements of Style*, 3rd ed. New York: Macmillan.

富岡龍明 (2000)『大学入試英作文実践講義　改訂版』東京：研究社.

富岡龍明 (2006)『英語らしい英文を書くためのスタイルブック』東京：研究社.

第18章 e-mail のスタイル

奥　聡一郎

1　e-mail とは

　e-mail は、電子的にメッセージを送るシステムと考えると起源はモールス信号や電報にさかのぼることができます。これらは、緊急性を要する場合に用いられており、その目的も内容も限定されていました。近年のコンピュータやインターネット、さらには携帯端末の進歩によって、メッセージの送り方も伝達媒体や内容に従って多様になってきています。最近では、効果的な e-mail の書き方を解説する実用書がたくさん出版されていますが、これはビジネス関係の e-mail が主な対象のようです。本章では、一般的な e-mail を題材に、英語教育の現場で（特にライティングに関して）文体論的な知見をどのように活用できるか、語彙や表現の観点から示していきたいと思います。

　さて、現在の e-mail には Twitter, Instagram, Facebook, LINE やブログの返信など、様々なサブカテゴリがあります。これらの特殊な e-mail については後で触れることにして、最初は、パソコンからメールソフトで送受信する e-mail を対象に、その枠組みを見ていくことにします。

　まず、e-mail の物理的な条件として、本文の全体の分量と画面のサイズ、フォントの種類と大きさなどが挙げられます。e-mail を HTML 形式で編集すれば、文字やフォントの設定で選択の幅が拡がりますし、強調のための下線や斜字体、イタリック体、文字の色の変更、テキストへのハイライトも可能です。しかし、受信する側も同じ HTML 形式で受信をしなければ、それらのメッセージの装飾、すなわち書記素レベルの効果はうまく伝わりません。これらは物理的な制約として考えるよりは、メッセージに付与される効果ということになるでしょう。

　これまで e-mail は、できるだけ少ない文字数で書くべきだと言われてお

り、不必要に長い e-mail は望ましくありません。通常の e-mail では 4 から 5 以上のパラグラフは避けられているようです。e-mail は、quick and simple communication の道具であるということからも、短い時間で簡潔なメッセージを送る手段として使うべきなのでしょう。

2　e-mail と letter

それでは、e-mail と手紙ではどのような文体的な違いがあるのか、例を取り上げて比較してみましょう。e-mail も手紙も、はっきりとした目的があって特定の読み手を想定して書かれています。話し言葉ではなく、書き言葉で書かれていることでは同じですが、内容を伝える媒体の違いで文体が異なります。まず、感謝の気持ちを伝える手紙を読んでみましょう (Campbell-Howes & Dignall 2012: 20)。

(例 1)
Dear Otto and Katerina,
Thank you very, very much for the beautiful handmade quilt you sent for Mira's fifth birthday all the way from Germany.

She is absolutely delighted with it of course, because you have sewn all the characters from *The Gruffalo* into it. Otto, you must have remembered her telling about the book when you visited in spring—what a good memory you have! Katerina, you are so talented, and you have put such a huge amount of time and care into making this quilt perfect for Mira.

Yours is the kindest and most thoughtful gift Mira has ever received, and I know she will treasure it for many years to come. Who knows—maybe one day she will have children of her own who will love it too.

With love and thanks to both of you,
Lynne, Alec and Mira

これは、娘の Mira の 5 歳の誕生日プレゼントに手作りのキルトを送ってくれた友人夫妻に対する感謝の手紙です。招待や贈り物に対する感謝の気持ちを表すには、e-mail よりは手紙のほうが好まれます。自筆のサインが加わること、また特定された読み手が直接手にして読むという行為が、親密さの度合いを高めるからでしょう。

　フォーマットの点では、'Dear...' などの salutations や 'Yours sincerely' などの closings は e-mail でも使われますが、感謝の手紙には特徴的な語彙や表現が見られます。まず代名詞の人称ですが、感謝を述べる文では一人称が主語になっています。Your gift is very good. よりは I really appreciate that excellent gift you sent me. のほうが、贈り物をもらったことへの感謝の気持ちが直接的に伝わります。また、読み手を指す二人称が多用され、呼びかけのように書き手と読み手をつなぐ役割を果たしています。

　表現の面では、相手の努力を称賛するような強意表現、例えば 'Thank you very, very much'、'She is absolutely delighted' や 'You are so talented' など、副詞を効果的に使っているのがわかります。さらに、'Yours is the kindest and most thoughtful gift Mira has ever received' のように、最上級を使って感謝の度合いを最大限に強めています。最上級や比較級の表現は、多すぎると冗長になるので、バランスや用いる箇所の選択が重要です。動詞の時制では、これまでの継続的な努力に敬意を表するために完了形を用いたり、今後も感謝の気持ちが続くことを表すために未来形を用いたりと、それぞれの文法的な言語形式が効果的に使われていることがわかります。

　このように、手紙ではそれぞれの目的に応じて語彙や表現が緻密に選択されており、模範的な手紙文を分析的に読むことで自分が手紙文を書く際の参考になります。

　次に e-mail の例を見てみることにします。

(例 2)
　Dear Lisa

　Thank you so much for all your hard work during the past three months! We would never have exceeded our goals without your efforts. I would like to suggest that we hold a lunch meeting for our team once a week. That way, we could keep everyone up to date on our project. These meetings would also give us opportunities to share ideas for solving ideas.

Regards,
Adam

　同じ Thank you … で始まる e-mail ですが、書き手と読み手が仕事上の同僚であり、手紙に比べて親疎の関係が異なっています。主語の人称としてチームワークを意識した we が多いことと、仮定的な提案を述べる際に would, could などの法助動詞が多用されていることが指摘できます。法助動詞には、書き手の心的な態度が込められています。例えば、He is rich. という言明は単純に「彼は金持ちだ」という情報を伝えるにすぎません。しかし、He must be rich.「彼は金持ちに違いない」となると、書き手の判断、推量の意味が付け加わることになります。would や could が丁寧な表現につながるのも、仮定法の「もしできたら」というニュアンスが加わり、丁寧さの度合いが高まるためと考えられます。

　表現としては一文一文が短くなっています。これまで、e-mail の文体として、大文字を使わない、主語を省略する、句読法を守らないなどの点が指摘されていました。これらは e-mail の本文をできるだけ短くするための書き手の工夫だったのですが、こうした傾向はメッセージの分量がより少ない SMS などに踏襲され、最近の e-mail はややフォーマルな形式にもどりつつあるようです。

　e-mail にしても手紙にしても、特定の読み手を想定し、具体的な目的に沿って書かれます。人間関係や上下関係などの複雑な要因が、その言語形式に反映されています。例えば、お礼、感謝、苦情などを伝える上でどの定型表現を用いるかに加えて、読み手との親疎の程度によってフォーマルかインフォーマルかの選択がなされます。特に、e-mail では、即時性という媒体としての特性のために、フォーマルな書き言葉よりはインフォーマルでより話し言葉に近い表現が用いられることが多いようです。

　以上のように、手紙と e-mail の文体の違いについて、語彙と表現を中心に概観してみましたが、次に携帯端末での e-mail について考えていきたいと思います。

3　携帯端末 (スマートフォン) での e-mail

　近年の携帯端末の発達は目覚ましいものがあります。電車の車内でもほんの数年前まではほとんどの乗客は雑誌や新聞に目を通していましたが、今ではそれが携帯端末、特にスマートフォン (以下スマホ) に置き換わっています。スマホの e-mail がパソコンの e-mail と異なる点として、画面の大きさという物理的な視認性の制約はもちろんのこと、入力にはキーボードではなく、独自の入力システムに頼らざるを得ないということがあります。それでも今では、e-mail もスマホで作成するほうが速いという人が増えつつあると思われます。

　さて、携帯端末から電話番号宛てに短いメッセージを送るサービスを SMS (=Short Message Service, 日本では E メールとの対比で C メールと呼ばれます) と呼びます。英語ではそのメッセージを作成し、送信することを text と言い、動詞でも名詞でも用いられます。

(例 3)
　Text me if you need anything. / Send me a text to let me know you got home.
　　　　　　　　　　　　　　　　　　　　　　　　(Campbell-Howes 2012: 9)

texting では、e-mail と比較して、画面サイズや入力システムが極端に制限されるために、1, 2 文程度で伝えたい内容をまとめなくてはいけません。挨拶や結語はなく、機能語 (冠詞、接続詞、助動詞、前置詞など) も省略した、英字新聞の見出しのような英文が用いられることになります。

(例 4)
　Party at Students' Union tonight. You coming? = There is a party at the Students' Union tonight. Are you coming?
　Could u b there by 7? = Could you be there by 7?
　Train delayed 30mins. = The Train has been delayed by 30 minutes.
　　　　　　　　　　　　　　　　　　　　　　　　(Campbell-Howes 2012: 8)

一昔前は e-mail でも使われていた短縮語（abbreviations）や頭文字語（acronyms）ですが、これらはフォーマルな e-mail には使用できないものでした。texting では、できるだけ簡潔にという制約や、電話番号を知っているぐらいに付き合いのある人物が読み手であるということからも、短縮語や頭文字語が積極的に使われているようです。これらはある種の記号で、受信者が知らなくてはまったく意味を成しませんので、メッセージの送信者は情報が共有されていることを確認しておかなくてはいけません。こういった記号の代表的な例をいくつか挙げておきます（Campbell-Howes 2012; Campbell 2012 より抜粋）。

（例5　短い語句のそれぞれの語の頭文字）
　btw = by the way
　FAQ = frequently asked questions
　ASAP = as soon as possible
（例6　文字や数字の音の組み合わせ）
　b4 = before, m8 = mate, gr8 = great, u = you, r = are, cu = see you
（例7　語の中の子音を残したもの）
　msg = message, pls = please

　上記のほかに、感情を表す記号として smileys, emoticons があります。これらは使用される状況が非常に限定的で、使いすぎるのは e-mail に慣れていないことを明かしているようなものです。フォーマルな e-mail には勧められるものではありませんが、近年は広く使われているので、あらかじめ意味を知っておくと便利でしょう。

（例8　感情を表す記号）
　;) =joking / don't take this seriously

　また、短いメッセージを特徴とするコミュニケーションツールとして、Twitter があります。Twitter 上でやりとりするメッセージを Tweet と言います。これは 140 字以内という制限があり、また、不特定多数の人が読むことを前提として書かなくてはいけません。以下は Tweet の例です。

(例9　学会の大会予告など)

There's also a ○○ conference. Twitter account: @○○○○ Follow for updates. Spread the word. Want to learn about the how + why of corpus linguistics?

非常に短くて情報がつかみやすい表現となっています。

4　e-mail のスタイルを分析する

さて、e-mail のスタイルに関して基本的なことを述べてきましたが、以下では実践的に e-mail を書くための方略について、いくつか紹介していきたいと思います。

語彙の選択や表現の使い分けについては、e-mail の受信者との関係に応じて、フォーマルとインフォーマルのどちらが適切かを判断する必要があると述べました。そして、実際に使い分けるためには、以下のような表現を熟知しておかないといけないでしょう。

(例10　フォーマルな表現とインフォーマルな表現の対応例)
Hello.　←→　Hi!
How are you getting along with?　←→　What's up? / How's it going?
I don't understand.　←→　I don't get it.
Please tell me about what is happening.　←→　What's going on?
I'm sad that I can't see you very often.　←→　Miss you.
(Campbell-Howes 2012: 4)

インフォーマルな表現は、年代、性、職業などによってかなり違いがあります。友人に対するインフォーマルな e-mail であっても、子どものころからの親友と数週間前に出会った友人とでは、用いるべき表現は異なります。このようにフォーマル vs. インフォーマルという枠組みは定義づけが難しいのですが、でもあえて一言で言い換えるとすれば、文語表現と口語表現 (colloquial language) の対比になるかと思います。もちろん、あらゆる表

現に習熟することは不可能ですので、知らない表現が出てきたときには調べたり、書き手に意味を聞いてみることが必要です。

以下では自分でe-mailの分析を行い、頻度の高い語彙や表現を身につけ、表現力を高めていく方略を見ていくことにします。

4.1　e-mailをコーパスとして分析する

e-mailのスタイルを実感するために、コーパスを用いてe-mailを分析してみましょう。e-mailはもともとコンピュータ可読形式で書かれていますので、ある意味そのままコーパスとして使えるはずです。筆者は、TOEICの模試6回分 (Educational Testing Service 2006, 2008, 2009) から、Readingのセクションで設問になっているe-mailを10通ほどスキャンしてtxtファイルに電子化しました。同時に品詞タグをつけたファイルを用意し、コーパス分析ツールで検索します[1]。通常のコーパスと呼ばれるものとは異なり、1,800語程度のミニコーパスですが、自分で分析を始める分には十分だと考えます。

まず、Word Listの機能で、TOEICのe-mailに現れる語彙の頻度を見ていくと、図1のようになります。人称代名詞ではI, you, your, weが多く用いられているのがわかります。また、法助動詞ではwillが13例, wouldが10例あり、ほかの法助動詞に比べて高い頻度で用いられています。それでは、どのようにwillとwouldが用いられているかを見てみましょう。

1　PDFをtxtファイルに変換するプログラムや品詞タグ付け、コンコーダンスの検索ソフトAntConcなどは、http://www.laurenceanthony.net/software.htmlからダウンロードできます。品詞タグについてはCLAWS tagger developed at Lancaster Universityをインターネット上で利用しています。

第 18 章　e-mail のスタイル　　231

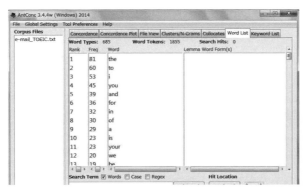

図 1　Word List

（例 11　e-mail に用いられている will）
　　As you will see from my attached resume,
　　I will be relocating to the Vancouver area ...
　　I will be out of town next week
　　You will be asked to refer to this number.
　　You will receive an e-mail detailing.

　この 5 例から、主語が I の場合は予定された移動についての文で will が用いられ、主語が you の場合は期待された行為についての文で will が用いられているのがわかるでしょう。would の 10 例では、主語に I, we, you の人称代名詞や固有名詞が使われる場合には would like to が続き、他の場合は主語に時間的な状況が置かれ、would の後に be が続く次のような表現しか使われていません。

（例 12　主語が人称代名詞以外で would が用いられている用例）
　　Time would be good for setting up a meeting with you.
　　This would be the best way to contact you.
　　The conversation would be published in the second week of August.

　このような will, would の用例は、実際に用いられている模範的な e-mail の英文として参考にできると思います。

それでは、次に品詞別に見ていくことにしましょう。品詞タグをつけたコーパスをまず、形容詞と副詞に絞って検索してみましょう。短く簡潔な表現を重んじる e-mail では、形容詞と副詞は特徴的な分布を見せるのではないかという仮説をたててみます[2]。実際に検索、ソートをかけてみると、形容詞については 105 例ありました。ここから会社名などの固有名詞に含まれる形容詞や複合語を除いて、限定用法と叙述用法で使われている形容詞を頻度順で見てみると、次の通りになります。

(例 13　e-mail で用いられる形容詞)
　Dear, available, able, additional, valid, tentative, sorry, happy, best, qualified, ready, new

高頻度の形容詞は、挨拶や感情に関するものと、「利用可能な、有効な、付加的な、一時的な」などの契約や商取引に関わるものに分かれました。同様に副詞についても頻度を調べると 80 例がヒットします。これも例外的な使用を除いて、頻度順で示すと次のようになります。

(例 14　e-mail で用いられる副詞)
　please, sincerely, forward, probably, quickly, alternatively, exponentially, incorrectly, certainly, just, later

副詞では、please や sincerely が 15 例近くを占め、他の副詞は look forward to の forward など慣用表現や結語の一部を成す語がランクインしています。純粋な -ly の副詞はそれぞれ 1 回程度しか出現しておらず、全体として副詞はあまり使われていないようです。しかしそれだけに、副詞が使われているのはそれをあえて使わなくてはいけないような状況ということであり、非常にインパクトのある英文を観察することができます。

(例 15　–ly の副詞)
　Alternatively, you can also fax me your response.

2　CLAWS5 のタグセットでは AJ0　adjective (unmarked)(e.g. GOOD, OLD) と AV0　adverb (unmarked)(e.g. OFTEN, WELL, LONGER, FURTHEST)で検索してみます。

The demand for our products has grown exponentially.

　以上のように語彙頻度に基づいて特徴的な語彙を抽出し、さらにそれが用いられている例文に立ち戻り、帰納的に形式と機能の関係を考察することは、まさに文体論的なスタイルの探求にほかなりません。

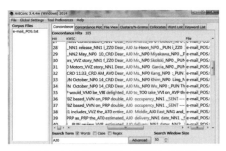

図2　AJ0（形容詞）で検索した結果

5　さいごに

　ここまで、e-mailのスタイルについていろいろな特徴を見てきました。e-mailはいったん送信のボタンを押すと書き直しができません。対面ではなく、短い簡潔な表現で要点を伝えなくてはいけないため、思ったよりも文を作るのが難しく、素っ気ない文面になってしまうこともよくあります。それだけに、推敲に手をかけないといけないでしょう。また、習うより慣れろで、友人や仕事仲間とたくさんのe-mailのやり取りをするなかで、自分なりの定型表現を確立し、状況や相手に応じた使い分けを身につけていくことが、e-mail上達の早道なのかもしれません。

参考文献

Angell, D. & B. Helslop (1993) *The Elements of E-mail Style: Communicate Effectively via Electronic Mail.* Tronto: Addison-Wesley.

Bray, J. (2015) "Narrative Point of View." In V. Sotirova (ed.) *The Bloomsbury Companion to Stylistics*. London: Bloomsbury.

Campbell-Howes, K. & C. Dignall (2012) *Collins English for Life. B1+Intermediate. Writing*. London: Collins.

Campbell, F. E. (2012) *How to Easily Write Effective E-mails in English*. Wrocław: Amazon.

Chan, J. F. (2008) *E-Mail: A Write It Well Guide*, 2nd ed. Oakland: Write It Well.

Educational Testing Service (2006, 2008, 2009)『TOEICテスト新公式問題集 Vo. 1–3』東京：ETS.

第 19 章

アカデミック・ライティングとは

竹下　裕俊・堀　正広

1　はじめに

　本章ではアカデミック・ライティング (academic writing) のスタイルの特徴について考えていきます。アカデミック・ライティングという言葉には、狭義的な意味と広義的な意味があります。狭義的には、卒業論文や修士・博士論文のようなリサーチ・ペーパー (research paper)、そして研究書や学術論文を作成するための英語を意味します。広義的には、大学の授業で提出する、1,000～2,000 語レベルの英文のレポートやエッセイを書くための英語も意味します。Biber et al. (1999) で詳細に比較研究されている 4 つのレジスター (conversation, fiction, news reportage, academic prose) の中の academic prose の分析は、研究書や学術論文を対象としているので、狭義のアカデミック・ライティングの分析ということになります。もちろん、研究書や学術論文と学生や大学院生による卒業論文や修士・博士論文とを比較すると、その完成度には差はありますが、アカデミック・ライティングのスタイルの特徴としては共通したものが見られます。さらに、狭義のアカデミック・ライティングの中でも、研究書ではなく、その学問分野の専門誌に掲載される論文は、科学論文として扱います。科学論文のスタイルに関しては、本書の第 20 章「科学論文のスタイル」で論じられています。一方、英米の大学で入学後に必ず履修しなければならない科目である college writing や first-year university writing (大学によっては academic writing という名称を使っています) で教えられているのは、広義の意味でのアカデミック・ライティングです。

　本章では、アカデミック・ライティングの英語の特徴やスタイルに関して、まず最初に、狭義と広義の両方のアカデミック・ライティングに共通する、good writing, つまり良い文章の書き方や特徴を見ていきます。具体

的には、古典的な名著 Strunk and White の *The Elements of Style* (1999 4th ed.) に代表されるライティングのマニュアルに見られる良い文章や好ましい書き方のスタイルです。その後、狭義の意味のアカデミック・ライティングについて解説します。したがって、本章では、good writing としてのアカデミック・ライティングのスタイルと、研究論文へとつながるアカデミック・ライティングのスタイルの2つの面から、アカデミック・ライティングのスタイルを考えていきます。

2　good writing としてのアカデミック・ライティングのスタイル

　英米の大学では、授業で提出するレポートやエッセイをきちんとした英語で書くために、1年次の必修科目として writing の授業を設けています。授業名は様々で、college writing, first-year university writing, academic writing などの用語が使われます。この writing の授業を受講した後でも、学生が課題のレポートやエッセイを提出する際には、大学に設置された Writing Center のスタッフのチェックを受けるように義務づける授業もあります。こうしたライティング能力向上への意識は、日本の大学ではまだそれほど高くはないように思います。ただ、近年は文科省の指導の下、全学部を対象としたアカデミック・ライティングの授業を設置する大学が増えてきました。その多くが、英米の大学で使用されているマニュアルを参考にして行われています。しかし、日本における英文のアカデミック・ライティングの授業において重要なことは、英語も日本語と同じように、話し言葉と書き言葉のスタイルの違いがあるということをしっかり意識させることです。それが、good writing への第1歩であると思います。したがって、本節では、good writing のマニュアルとともに、話し言葉と書き言葉のスタイルの違いについて考えていきます。

2.1　good writing へのマニュアル

　英米の大学で使用されているライティングのテキストを見てみると、そこにはいくつかの共通したキーワードがあります。まず、規則やルールに関する語として、principles, rules, patterns, types などがあります。その規

則やルールに見られる形容詞として最も多いのが、clear, concise, careful, rhetoric, basic, critical です。アカデミック・ライティング特有の表現も見られます。metadiscourse, paragraph, first-year composition, English for academic purposes, English for specific purposes などです。

　このようなライティングのテキストの中でも古典的な名著として知られる Strunk and White の *The Elements of Style* は、簡潔で明解な文章を書く秘訣を、規則という形で簡潔に明示しています。その規則のいくつかを挙げてみましょう。

　　Use definite, specific, concrete language.（原理規則16）
　　Omit needless words.（原理規則17）
　　Avoid a succession of loose sentences.（原理規則18）
　　Write with nouns and verbs.（文体規則4）
　　Revise and rewrite.（文体規則5）
　　Avoid the use of qualifiers.（文体規則8）
　　Avoid fancy words.（文体規則14）
　　Be clear.（文体規則16）

これらの規則はそれぞれが独立していますが、同時にお互いに関わり合っています。全体に共通しているのは、「不必要な表現を避け、簡潔で明解なスタイルで文章を書く」ということです。例えば "Omit needless words."（原理規則17）では、簡潔であることの重要性を唱え、不必要な単語は削除すべきだとして、次のような例を挙げています。

used for fuel purposes	used for fuel
he is a man who	he
in a hasty manner	hastily
this is a subject that	this subject
Her story is a strange one.	Her story is strange.
owing to the fact that	since (because)
in spite of the fact that	though (although)

ここで挙げられている簡潔なスタイルへの書き換えは、外国語として英語を学んでいる私たちにも容易に納得できるものです。このように英米の学生を対象としたテキストの中には、私たち日本人の学習者でもすぐに参考にできるルールがあります。しかし、そのルールをマスターする前に日本人の学習者がはっきりと意識しておかなければならないことは、アカデミック・ライティングとは書き言葉の英語であるという点です。次項ではその点を考えてみましょう。

2.2 書き言葉のスタイル

日本語で提出されるレポートには、しばしば話し言葉の表現が使われることがあります。例えば、次の一文を見てみましょう。

(1a) 携帯電話用の電子辞書は、すごく便利だけど、いっぱい問題があります。

これは文法的に間違った文ではありませんが、書き言葉では使わない表現が見られます。「すごく」、「だけど」、「いっぱい」です。これを書き言葉にふさわしい表現に直すと、下記のようになります。

(1b) 携帯電話用の電子辞書は、きわめて便利ではあるが多くの問題がある。

ほかにも日本人の学生がレポートで使う話し言葉の表現として、「だから」、「それで」、「やっぱり」、「でも」、「とか」、「だいたい」などがあります。これと同様に、英語においても書き言葉では用いない語彙や表現があります。例えば、papa, mama という単語は、家族の会話では問題ありませんが、留学先の大学へのメールでは使うべきではないでしょう。英米の若者がしばしば使う ain't は、am not, is not, are not, has not, have not の縮約形であり、一見便利な表現のように見えますが、この語の使用は書き言葉だけでなく話し言葉でも、英語を外国語として使う私たちは避けるべきです。同じように、形容詞の nice や cool なども書き言葉では避けるべきです。一般的にこのような表現は、インフォーマル (informal) や口語的 (colloquial) な表現

と呼ばれます。次の一文ではどれが話し言葉特有の表現でしょうか。

(2a) By the way, there are a lot of reasons for choosing this. But they'll be hard to be found.

by the way は、英英辞典では spoken と表記されているように、話し言葉特有の表現です。同様に、a lot of も話し言葉特有の表現です。この2つの表現は、話し言葉だけでなく書き言葉でも、特に日本人の学生にはよく使われます。

さらに、(2a) の文の they'll のような短縮形は、新聞や雑誌ではしばしば見られますが、書き言葉では通例 they will と表記します。これは they'll だけでなく、they're, they'd, they've などにも言えることで、they are, they would/had, they have と表記すべきです。また、文頭の but は、使ってはいけないというわけではありませんが、避けたほうが無難で、however で置き換えたほうがいいでしょう。

(2a) の文を書き言葉に書き換えると、次のようになります。

(2b) There are several reasons for choosing this item. However, these reasons are difficult to identify.

(2a) の by the way は類義語の incidentally で置き換えることもできますが、incidentally「ついでに言えば」を使うと、その後に述べる情報が取るに足りないものだという印象を与えるので、使用していません。a lot of は many というよりも実際には several であることが多いので、several で置き換えています。代名詞 this はそのままでもよいのですが、書き言葉では同じ語を繰り返すことになっても具体的に示すほうが曖昧性はなくなり好まれます。代名詞 they も、繰り返しになりますが具体的に示しました。形容詞 hard は口語的な響きが強いので、よりフォーマルな difficult に置き換えました。動詞は find でもよいのですが、意味的により厳密な動詞として identify を使っています。これは唯一の書き換えではありませんが、(2a) よりフォーマルな書き言葉の印象を与えることができます。

このような話し言葉と書き言葉の違いは、単に語彙や表現においてだけ

ではありません。例えば John が次のように発言したとします。

(3a) John: Mary opened a window. A butterfly came into the room.

ここで John が言いたいのは、「メアリーが窓を開けたので蝶が部屋に入ってきた」という意味だということはわかります。しかし、書き言葉では、2つの文の前後関係、あるいは因果関係を明確にする必要があります。したがって、after や because などの従属接続詞を使って、次のように論理的な文にするべきです。

(3b) After Mary opened a window, a butterfly came into the room.
(3c) Because Mary opened a window, a butterfly came into the room.

このように、話し言葉ではまったく問題ない表現が、書き言葉ではしばしば書き換えることが必要な場合があります。したがって、good writing を身につけるためには、話し言葉とは違った書き言葉のスタイルを意識しておくことが重要となります。

3　研究論文としてのアカデミック・ライティングのスタイル

大学の授業で提出するレポートやエッセイのアカデミック・ライティングと、研究論文のアカデミック・ライティングの違いとして、まず分量が挙げられます。一般的に英文のレポートやエッセイは1,000〜2,000語程度ですが、研究論文の場合は6,000〜10,000語の長さです。また、研究論文はレポートやエッセイに比べてその構成がはっきりしています。「はしがき」(Introduction)、「本文」(Body)、「結論」(Conclusion)、「参考文献」(References)とわかれ、「本文」はさらに3つほどの項目に分かれるのが一般的です。

スタイルの面では、できるだけ主観的な言い回しを避けて、客観性を保った表現が使われます。また、注意深く慎重に議論を進めていくために、断定的なものの言い方を避ける垣根表現 (hedge) が使われます。しかし、その一方で、主張を明確にする、あるいは主張を強める表現 (booster) が使われ

ます。次項では、このような研究論文のアカデミック・ライティングのスタイルの特徴を具体的に見ていきましょう。

3.1　主観的な表現を避けて客観性を高める

　主観的な表現を控えて客観性を高める研究論文のアカデミック・ライティングでは、I think 〜, I believe 〜, I agree 〜 のような一人称代名詞 I と思考動詞の構文は好ましくはありません。一人称代名詞 I を主語にすると、個人的な視点で述べることになるために、客観的な事実なのかどうかが曖昧になってしまうからです。次の例文を見てみましょう。

（4a）I think that moving from the big cities to the rural sunny south will extend our lives.

ここには、主張されている内容と、その内容に対する私の個人的な同意の2つの事柄が述べられています。個人的な意見の表明は、他の人は違った意見を述べることを示唆します。そのため、that 以下の内容の客観性が損なわれることになります。「大都会から太陽が降り注ぐ南部の田舎へ移動すれば寿命は伸びるだろう」ということを客観的に主張したいのであれば、I think の使用は避けるべきです。また、この文では話者の推量の助動詞 will が使われているので、次の文のように will を省いた文にすることで、主観性をさらに弱めることができます。

（4b）Moving from the big cities to the rural sunny south helps to extend our lives.

この文をもっとフォーマルなアカデミック・ライティングのスタイルにするためには、ラテン系の類義語で置き換えるやり方があります。英語には他言語から借用した多くの語彙が含まれています。英語の語彙には、フランス語あるいはその先祖のラテン語をルーツに持つものが少なくありません。例えば、government, liberty, evidence, beauty, pleasure, manners などはどれもなじみのある単語ですが、すべてフランス語からの借用語です。現在、日常的に使われている英語の語彙 1,000 語のうち、約 3 割がフラン

ス語借用語、約6割が英語本来語、残りの1割がそれ以外だと言われています。一般的に英語の母語話者は、このフランス語、あるいはラテン語からの借用語をフォーマルだと感じます。一方、英語本来語に対しては、インフォーマルな打ち解けた印象を持ちます。これは、日本語における「漢語」と「和語」（大和言葉）の関係に似ています。例えば、「考えてみましょう」という和語の文は、「考察してみましょう」と漢語の文で置き換えることができます。「考えること」は、ほかにも「思索、思考、思案、考慮、熟慮」などの語で置き換えることもできます。和語は会話においてよく使用され、一方漢語はフォーマルで、書き言葉で主に用いられます。したがって、英語のフォーマルなアカデミック・ライティングでは必然的に、こうした日本語の漢語に相当する借用語であるラテン系の単語が好んで用いられます。

それでは(4b)をラテン系の単語に置き換えてみましょう。ゲルマン系の単語である city をラテン系の単語である urban を使って urban area に、同じくゲルマン系の単語である sunny をラテン系の単語である temperate に置き換えます。形容詞 temperate「温暖な」は、場所として「南の方の土地」という意味を含んでいるので、意味が重なるゲルマン系の単語である south もラテン形の単語である location に置き換えます。また、our lives もよりフォーマルな表現である life spans に書き換えると、次のような文ができます。

(4c) Moving from a large urban area to a more temperate rural location helps to extend life spans.

(4a)や(4b)と比較すると、主観性を排除した、フォーマルなアカデミック・ライティングのスタイルで書かれた文となっています。

主観性を弱めるということは、別の言い方をすると「没個人的」（impersonal）なスタイルとなります。したがって、アカデミック・ライティングでは人称代名詞を避ける傾向があります。例えば、(5a)のような文よりも、主語が「無生物」である(5b)や(5c)のような文が好まれます。

(5a) In this paper, **I want to examine** some stylistic features of short sto-

ries by Ernest Hemingway.
(5b) **This paper will examine** some stylistic features of short stories by Ernest Hemingway.
(5c) **The aim of this paper is to examine** some stylistic features of short stories by Ernest Hemingway.

さらに、客観性という点から研究論文のアカデミック・ライティングのスタイルを見ていくと、good writing としてのアカデミック・ライティングとは異なる点があります。それは能動態と受動態に関してです。*The Elements of Style* の「原理規則」の規則 14 には "Use the active voice." とあり、能動態のほうが受動態に比べて表現は直接的で力強いと述べています。ただ、*The Elements of Style* では受動態の使用を否定しているのではなく、主語によっては受動態にすべき場合もあると断っています。そして、次の例文を比較しています。

(6a) The dramatists of the Restoration are little esteemed today.
(6b) Modern readers have little esteem for the dramatists of the Restoration.

ここでは、the dramatists of the Restoration を主語にした (6a) のほうが好まれるとしています。(6a) が好まれる理由としては、modern readers と the dramatists of the Restoration を比較した場合、情報としては the dramatists of the Restoration のほうが新しく、より重要であることが考えられます。その証拠として、(6a) では modern readers が省略されています。

一方で、他のレジスターと比較すると、研究論文では受動態の使用割合が高いことは、Biber et al. (1999) でも指摘されています。しかも by ＋動作主が明示されない形が一般的だとされています。次の例は研究論文で使用されている受動態の典型的な例です。

(7) In an experimental facility without breeding animals the health status **can be restored** if healthy animals **are issued** into a clean fumigated or disinfected room, and the infected room **is** gradually **emptied** as

experiments **are terminated**. It is essential during the period that the clean and infected room are both in use that a strict barrier **is maintained** between them. Once the room **has been emptied** it **can be** thoroughly **cleaned** and **disinfected** or **fumigated**.

(Biber et al. 1999: 938)

3.2 論理性

　研究論文では、先行研究を渉猟し、可能な研究領域を明示し、実証的なデータや資料を通して、説得力のある結論へ導いていかなければなりません。したがって、研究論文としてのアカデミック・ライティングのスタイルは、good writing のアカデミック・ライティングのスタイルよりも論理性においてははるかに緻密です。極力、曖昧さを排除し、明快な言葉で論を展開しなければなりません。例えば、次のような名詞句では、(8a) よりも (8b) が好まれます。

(8a) her two children's clothes
(8b) the clothes **of** her two children　　　　(Biber et al. 1999: 302)

(8a) と (8b) の 2 つの名詞句では、それぞれ 's 属格と of 属格を使用しており、互いに交換可能です。Biber et al. (1999) によると、「会話」、「小説」、「新聞」、「研究論文」のすべてのレジスターで of 属格のほうが頻度が高いのですが、特に、研究論文では of 属格の割合が圧倒的に高くなります。その理由の 1 つとして、of 属格のほうが前後の語の修飾関係がより明確で、曖昧さが取り除かれることが挙げられます。
　文構造においても同様のことが言えます。次の例を見てください。

(9) **In order to help such children**, it is necessary to introduce novel and artificial procedures to assist learning.　　(Biber et al. 1999: 786)

研究論文では、他のレジスターに比べて、「目的」を表す表現が多いのが特徴です。そのうちの 1 つとして to 不定詞があります。特に、(9) のように、in order to の形を取ることによって、「目的」の意味を強調し、主張を明確

に示します。

3.3　時制の使い方

　第 14 章の「新聞・雑誌のスタイル」では、新聞の見出し (headline) の時制の特徴について、次の例を使って説明しています。

（10a）　Obama to visit Hiroshima on May 27 (*The Japan News*, May 12, 2016)
（10b）　Obama visits Hiroshima　　　　　　 (*The Japan News*, May 28, 2016)

（10a）がオバマ大統領の広島訪問前で、（10b）が訪問後です。つまり見出し語の時制のルールとして、これから起こる出来事は to 不定詞で表現し、すでに起こった出来事は現在形で表すということです。研究論文のアカデミック・ライティングにおいても、しばしば時制のずれが見られることがあります。例えば、次のような文です。

（11a）　Sørensen **pointed out** an innovative aspect of Dickens' prose by focusing on neologisms, syntactic and stylistic oddities.
（11b）　Sørensen **points out** an innovative aspect of Dickens' prose by focusing on neologisms, syntactic and stylistic oddities.

これらは Sørensen が 1985 年に書いた著書に言及しています。つまり、すでに過去の出来事です。一般的には（11a）のように過去形を使います。過去形の場合は、過去の出来事を一過性のものと捉えているので、Sørensen の研究結果を支持しているかどうかはわかりません。一方、（11b）のように現在形の場合では、書き手が、この出来事を単なる過去の事象としてではなく、現在の視点から見て普遍的な事実として捉えており、Sørensen の研究結果を支持しているというスタンスが窺えます。

　それでは、この文の後に次のような一文が来る場合はどうでしょうか。

（12）　However, Sørensen's base-data is limited; additionally, he seems to have overlooked certain important characteristics in Dickens.

（Hori 2004: 113）

(12) は Sørensen の研究の価値を認めながらも、その限界や問題点を現在形で指摘しています。この場合は、(11b) は文の流れとして問題ないのですが、(11a) は時制が途中で変わるため論理的ではなく、不自然なつながりとなります。(11a) の後に (12) を置く場合、後者の時制を過去形に変えれば一貫性を保つことができます。

　現在完了形もまた、研究論文においては頻繁に使われ、1つの特徴的な使い方を示していると言えます。次の文章を見てみましょう。

(13) The importance of the study of the collocations of grammatical words in contemporary English **has been pointed out** in Sinclair (1991) and Hunston (2002). However, collocational patterns of grammatical words **have not yet been discussed** from the point of view of style or characterization in literature.

(Hori 2009: 95)

研究論文においては、先行研究を引用してその問題点を指摘して、そこにさらなる研究の余地や可能性があることを提示しなければなりません。まだ研究されていない隙間、つまりニッチ (niche) の指摘が重要です。このような場合、上記の例のように現在完了形が最もよく使われます。

　現在完了形は、次のような場合は現在形や過去形とも違ったニュアンスで使われています。

(14a) Thich Nhat Hanh, a Vietnamese Zen Buddhist, **has said**, "If you are a poet, you will see clearly that there is a cloud floating in this sheet of paper. Without a cloud, there will be no rain; without rain, the trees cannot grow; and without trees, we cannot make paper."

(Hori 2004: xv)

この文章の現在完了形の部分を、下記のように過去形や現在形で書き換えたら、どのようなニュアンスの違いが生まれるでしょうか。

(14b) Thich Nhat Hanh, a Vietnamese Zen Buddhist, **said**, "If you are a poet, ... "

(14c) Thich Nhat Hanh, a Vietnamese Zen Buddhist, **says**, "If you are a poet, . . . "

前の例で見てきたように、過去形の場合は、過去の出来事として Hanh の言葉を記述したにすぎませんが、現在形の場合は、普遍的な事実、あるいは客観的な前提や定説を述べていることになります。一方、現在完了形では、過去のある時点で Hanh が述べた事柄が、現時点でも有効だという書き手の考えや思いが示されます。主観性の面からすると、現在完了形には他の2つの時制に比べて書き手の主張が入り込んでいることになります。

3.4 慎重な姿勢とヘッジ（hedge, 垣根表現）の使用

　研究論文とレポートやエッセイのアカデミック・ライティングのスタイルの違いの1つは、確信性や断定を表す表現に見られます。研究論文では一般的に断定的な表現は避けられますが、レポートやエッセイでは断定的に自分の主張を述べる傾向が見られます (Aull 2015: 115)。研究論文はレポートやエッセイに比べ、確信性や断定について慎重になるために、次のような垣根表現がしばしば見られます。

(15) Such differences **may** provide a valuable starting point for identifying heretofore unknown or unnoticed aspects of a writer's style.

研究論文のアカデミック・ライティングでは、自分の主張を行う場合でも慎重さや丁寧さが必要になります。独断に陥り自己主張をしているのではなく、別の視点をも十分に考慮に入れているという態度が重要です。ここでは、法助動詞 may を使って断定的な言い方を避けています。法助動詞 may を使わない場合と比較すると、その違いがわかります。このような断定を避ける表現としてはほかに、可能性や推量を示す could や would も使われますが、法助動詞では may が最もよく使われます。
　このように断定的な主張を避ける方略は、様々なレベルで見られます。

(16a) **It seems likely that** a similar approach **may** also prove useful in examining content words in a longer work such as a novel.

ここでは法助動詞 may だけでなく、形容詞 likely や動詞 seem も使うことで断定の意味を弱めています。形容詞 likely は可能性を、動詞 seem は書き手の推量を表す表現であり、独断的な主張ではないことを暗に示しています。このような垣根表現を取り除いた次の文と比較してみましょう。

(16b) A similar approach also proves useful in examining content words in a longer work such as a novel.

次の例は、研究論文の結論の末尾によく用いられる垣根表現です。

(17) **It is hoped that** collocational analysis, as a fundamental apparatus of linguistic description, will bring about a shift in research emphasis concerning the English language. (Hori 2004: 208)

ここでは推量の助動詞 will だけでなく、it is hoped と期待の意味合いを添えることで、自分の主張を控えめに示しています。

以下は、Aull (2015) による Corpus of Contemporary American English、いわゆる COCA の academic subcorpus で最もよく使われているヘッジのリストです。

The most common single-word hedges are: *may, often, might, possible, likely, perhaps, almost, seem/s, generally, suggest/s, usually, relatively, probably*, and *maybe*. The most common phrasal hedges are: *may not, most of the, tend/s to, in general, not necessarily, not always, might not, for the most part, in most cases, not really, not fully,* and *not quite*. (117)

3.5　主張の強調とブースター（booster, 確信性を強める表現）の使用

前項では、研究論文のアカデミック・ライティングのスタイルの特徴として、自分の主張を慎重に行っていることを示す表現であるヘッジについて見てきました。本項ではある意味ではその対極に位置する表現、自分の主張を強調する表現について見ていきます。次の例文を見てください。

（18）**There is no doubt that** the differences of collocational style of grammatical words as well as content words can be discovered.

(Hori 2009: 111)

ここで書き手は「疑いの余地がない」と明言することで、その主張を読み手に強くアピールしています。このように主張を強く印象づけるブースターの使用は、これまで述べてきた客観性の重視や断定的な言い方を弱めるヘッジと一見矛盾するように見えます。しかし、そもそも研究論文は、自分の研究の価値を自分でアピールする場であり、それができていない論文に存在意義はありません。したがって、研究論文では、自分の主張を読者にアピールするときにはブースターを使用し、そのアピールをできるだけ抵抗なく受け入れてもらうためには客観的な書き方やヘッジを使用する、と考えることができます。

　上記のほかに、主張を強めるブースターとして、特定の動詞、副詞、形容詞が使われます。

（19）... words and phrases constituting examples of this type **demonstrate** that Dickens' coinages can **rightfully** be considered **obvious** aspects of his literary creativity. (Hori 2004: 113)

ここでは、動詞 demonstrate, 副詞 rightfully, 形容詞 obvious がブースターとして使われています。これ以外にも、動詞では confirm, prove など、副詞では extremely, significantly など、形容詞では definite, essential などがブースターの役割を果たします。

　以下は、Aull (2015) による COCA の academic subcorpus で最もよく使われているブースターのリストです。

The most common single-word boosters in published academic writing in COCA are: *must, much, found, very, never, always, certain, clear,* and *known.* (118)

4 さいごに

　本章では、英語のレジスターの1つであるアカデミック・ライティングのスタイルについて、具体例をもとにその特徴を見てきました。必要に応じて他のレジスターの英語と比較しながら、その語句や文構造の特徴について考えてきました。一般的なアカデミック・ライティングの指南書が取り上げる、テーマの設定、構成、論の展開、文例といったことについてはほとんど言及していません。あくまでも、アカデミック・ライティングのスタイルの本質を認識してもらうのが本章の目的であり、その目的が少しでも実現できているのであれば幸いです。

参考文献

Aull, L. (2015) *First-Year University Writing: A Corpus-Based Study with Implications for Pedagogy*. Basingstoke: Palgrave Macmillan.

Biber, D., S. Johansson, G. Leech, S. Conrad & E. Finegan (1999) *Longman Grammar of Spoken and Written English*. London: Longman.

一橋大学英語科 (編) (2015) 『英語アカデミック・ライティングの基礎』東京：研究社.

Hori, M. (2004) *Investigating Dickens' Style: A Collocational Analysis*. Basingstoke: Palgrave Macmillan.

Hori, M. (2009) "Collocational Styles of First-person Narratives in Dickens: *David Copperfield*, *Bleak House* and *Great Expectations*." In M. Hori, T. Tabata & S. Kumamoto (eds.) *Stylistic Studies of Literature: In Honour of Professor Hiroyuki Ito*. Bern: Peter Lang.

中谷安男 (2016) 『大学生のためのアカデミック英文ライティング：検定試験対策から英文論文執筆まで』東京：大修館書店.

Pinker, S. (2014) *The Sense of Style: The Thinking Person's Guide to Writing in the 21st Century*. London: Penguin Books.

Quirk, R., S. Greenbaum, G. Leech & J. Svartvik (1985) *A Comprehensive Grammar of the English Language*. London: Longman.

Strunk W. Jr. & E. B. White (1999) *The Elements of Style,* 4th ed. Boston: Pearson.

Swales, J. M. & C. B. Feak (2012) *Academic Writing for Graduate Students: Essential Tasks and Skills,* 3rd ed. Ann Arbor: The University of Michigan Press.

Swan, M.（1980, 1995）*Practical English Usage*. Oxford: Oxford University Press.
吉田友子（2015）『アカデミックライティング入門：英語論文作成法　第2版』東京：慶應義塾大学出版会.

第 20 章

科学論文のスタイル

野口ジュディー

1 科学論文とは？

　科学技術分野には様々な専門文書があります。例えば、ジャーナルペーパー、レビュー、ケースレポートなどです。ジャーナルペーパーは専門誌に自分の研究を紹介し、研究成果を述べ、その成果の意味、応用の可能性などを説明するものです。レビューは同じく、専門誌に掲載されるものですが、専門分野全体を把握できるような内容が求められ、最新の研究の行方、その分野が抱えている問題などを紹介します。ケースレポートは、例えば医療分野のものであれば、珍しい病気と患者の治療や予後の紹介などをします。

　ここでは、最新の研究成果を発表する手段として最も重要なジャーナルペーパーにフォーカスしていきます。

　「ジャンル」(genre) によって文章のスタイルは変わる、という事実は現在では広く知られていますが、最初にジャンルの概念に注目をしたのは Swales (1981) です。この先駆的な論文は、科学論文のイントロダクションの部分が「ムーブ」(move) で構成されていることを明らかにしました。Swales はさらに研究を重ねて、ジャンル分析の本を出版して (Swales 1990)、パターン化された文書についての研究の基礎を築きました。その後、Nwogu (1997)、Hyland (2007)、Noguchi (2003, 2004)、Robinson et al. (2008) など、パターン化された文書についての論文や本が多数出版されました。これらの研究から、科学論文は単に体裁だけで他の文書と区別されるのではなく、情報を提示する順番が明らかにパターン化されていることがわかり、これは「ムーブ」と名付けられました。また、それぞれのムーブが特定できるようにヒントとなる言葉やフレーズが繰り返し使用されていることも、研究で明らかになっています (Bhatia 1993; Basturkmen 2012; Tojo & Noguchi 2014;

Maswana et al. 2015)。

この章で説明する「科学論文」はジャーナルペーパーのタイプであり、以下のように定義します。
(1) 専門誌 (オンライン版を含む) に掲載するために書かれたもの
(2) 1つの科学研究について述べているもの
(3) 研究の結果に基づき専門分野への提言を試みているもの

2　科学論文のスタイルの特徴を ESP の観点から捉える

2.1　ESP の重要概念

ESP (English for Specific Purposes) とは「特定の目的のための英語」を意味し、英語の使い方をコミュニケーションの目的別に捉えるようにしています。特に、専門分野でのコミュニケーションの場合には、伝えようとしている内容が多岐に渡ったり、複雑であることがあります。そうしたときでもコミュニケーションをスムーズに行うためには、コミュニケーションの決まったパターンに着目することが重要になります。

ここで、ESP の重要な概念として「discourse community」、「ジャンル」、そして「ムーブ」について説明します。discourse community は、専門分野でつながりを持つコミュニティーで、その専門分野を構成している人々の集団のことを指します。例えば、心臓病治療に興味のある集団が思い浮かぶでしょう。地理的に離れても、研究分野が同じであえば、1つのコミュニティーを構成していると考えます。このようなコミュニティーのメンバーを結びつけているのは、Discourse (談話、ここでは「コミュニケーション」と考えます) だけです。これは実際に会って交わす会話に限らず、科学論文などの文書によるコミュニケーションも含んでいます。そうしたコミュニケーションにおいて、使用される語彙やスタイルには共通した特徴が見られます。

実は、科学分野で効率よく情報伝達を図る努力は、17世紀のイギリス・ロンドンの王立協会の Philosophical Transactions までさかのぼることができます (Noguchi 2006)。文書の書き方には様々な可能性がありますが、その中から一番効率よく、正しく情報を伝えるための方法が選別されて、文書

のパターン化が進みました。そこで「ジャンル」が誕生し、進化しました。ジャンルとは、文書の種類を言い、文字として書かれたテクストだけでなく、学会の口答発表などのテクストも含みます。今では、科学分野には、ジャーナルペーパー、レビュー、ケースレポート、学会発表、ポスター発表などがコミュニケーション手段としてあり、これらを科学分野における「ジャンル・テクスト」（ジャンル文書）と言います。

　このようなジャンル文書から必要な情報を速く得るには、決まったパターンである「ムーブ」に注目することが有効です。例えば、科学論文の要旨は、タイトルと著者名と所属に続いて提示され、1つの段落として改行することなく書かれます。この要旨の書き方には、科学論文の特徴的なスタイルが見られます。例えば、科学論文の要旨には「研究の重要性」「研究の目的」「研究方法」「研究結果」「結論」といったムーブがあります。これらのムーブは多くの場合、研究の重要性→研究の目的→研究方法→研究結果→結論の順で提示されます。こうしたムーブの提示の仕方を、ムーブ・パターンと言います。ただ、最近特に医学分野では研究の競合が進み、複雑な情報を大量に処理できるように、要旨がさらに進化して、「structured abstract」というスタイルが増えてきました。このスタイルでは、強制的に「Introduction」「Objectives」「Methods」「Results」「Conclusion」を項目別に書くようになっています（U.S. National Library of Medicine 2016）。

2.2　ムーブ・パターンを明らかにするヒント表現

　ムーブ・パターンの特徴的なスタイルとして「ヒント表現」(hint expressions) があります。これは、ムーブを示す共起表現です（Tojo & Noguchi 2014）。例えば、研究の重要性をアピールするには以下のようなヒント表現がよく使われています。件数は Google Scholar でのヒット数です[1]。

（1）研究テーマの重要性
　　　　in recent years　　　　　　　　　約 3,700,000 件
　　　　is well known for　　　　　　　　約　 202,000 件
　　　　have attracted much attention　　約　 103,000 件

1　Google Scholar (https://scholar.google.co.jp/) の検索対象は学術論文、学術誌や出版物です。ここで示しているヒット数は 2016 年 7 月 31 日に検索した時のものです。

(2) 研究テーマで残されている問題

is still not understood well	約	36,100 件
has not been extensively studied	約	32,000 件
it will be helpful for	約	7,100 件
the major challenge is to	約	5,850 件

このように科学論文では、過去の研究への言及と、今後の研究の余地に関して、ヒント表現で読み取れるようにします。これは科学論文のスタイルの特徴と言えるでしょう。

2.3 OCHA と PAIL

2.3.1 OCHA

上記の説明で、科学論文を書くに当たっては、単なる「英語のネイティブスピーカーモデル」ではなく、「専門分野コミュニティーモデル」を把握し、科学論文特有のスタイルがあることを知っておくことが重要だと述べました。それぞれの専門分野のコミュニティーで良いモデルを構築するには、コミュニケーションを行いたいジャンル文書を「Observe」(観察) し、「Classify」(分類) し、「Hypothesize」(仮説生成) し、「Apply」(適用) します (Noguchi 2003)。これらは頭文字を取って OCHA と言い、この手法を用いて、「専門分野コミュニティーモデル」を把握します。

書きたい種類の科学論文を例に説明しましょう。まず、自分の論文を投稿しようと思っている専門誌の最近の論文を 10 本ほど観察します (観察方法は以下に詳しく説明しています)。次に、その観察結果を整理し、情報を分類します。そうすると見えてくるのは、ムーブ・パターンと頻繁に使用されるヒント表現です。得られた情報は、自分の科学論文を書く際に活用しましょう。

2.3.2 PAIL

OCHA の手法を利用するには、PAIL の考え方が必要になります。PAIL は、「Purpose」(その文の目的)「Audience」(想定される読み手、聞き手)「Information」(含めるべき情報)「Language features」(言語の特徴) の頭文字をとったものです (Noguchi 1997)。

科学論文の場合、Pの目的とAの読み手はセクションによって異なります。例えば、論文のタイトルは一番広く読まれる部分であり、検索結果でもまず目に入ってくるものです。この段階で狙っている読み手にアピールできなければ、要旨は読んでもらえません。良いタイトルには以下のようなI(情報)が含まれ、特有のL(言語特徴)があります。

(1) 論文全体のサマリーである
(2) キーワードが内容を明らかにする
(3) ヒント表現が論文の種類を明らかにする
(4) 簡潔である

このように科学論文のタイトルには、新聞や雑誌のヘッドラインや書籍タイトルとは異なった、特有のスタイルがあります。

3 コーパス活用の勧め

3.1 マイ・コーパス

専門分野の文書を読み書きするためには、「専門分野コミュニティーモデル」を知る必要があります。まずは、その特徴を把握することからスタートすることにしましょう。2.3.2にタイトルの特徴を示しましたが、これを実際に10本の論文のタイトルで検証してみましょう。

Ampersand[2] (open access journal, 自由にアクセスできるジャーナル) から最近の論文10本のタイトルを示します。

1. Voice onset time characteristics of voiceless stops produced by children with European Portuguese as mother tongue
2. The changing face of dixie: Spanish in the linguistic landscape of an emergent immigrant community in the New South
3. Low German with a Swedish twist - Contact-induced word order transfer in the 15th century
4. EFL Arab students' apology strategies in relation to formality and in-

---

2 http://www.journals.elsevier.com/ampersand/recent-articles

formality of the context
5 Language and ecology: A content analysis of ecolinguistics as an emerging research field
6 A suggested model of corrective feedback provision
7 Circumstantiation of projection: Functional syntax of Angle in English and Chinese
8 Divergence through differential frequency: The grammaticalization of the Japanese connective *soredewa* 'now/then'
9 The influence of morphological knowledge on lexical processing and acquisition: The case of Arab EFL learners
10 English relative clauses in science and engineering journal papers: A comparative corpus-based study for pedagogical purposes

　下線を施している部分がヒント表現です。下線がない部分はキーワードです。なお、3, 7, 8のようにすべてキーワードで構成され、1つの現象を紹介しているタイトルもあります。論文の種類としては、1は言語の特徴、2は言語環境の変化、4は方略研究、5は新しい分野の紹介、9は教育的な影響、10はコーパス研究となっています。

　このようにタイトルのみであれば、そのスタイルの特徴は目視で把握することができます。しかし、論文全体の表現やスタイルの特徴となると、目視では難しくなります。そこでコーパスを構築し、コンコーダンス・ソフトを利用することが必要となります。コーパスとは、文書のデータベースのことです。ここでは、自分の専門分野のデータベース（マイ・コーパス）を構築することを勧めます。例えば、Ampersandに論文を投稿したいのであれば、そのサイトから自分の論文と同種の論文を10本ダウンロードして、マイ・コーパスとします。

　マイ・コーパスができれば、CasualConc (https://sites.google.com/site/casualconcj/download) や AntConc (http://www.laurenceanthony.net/software.html) など、コーパスを分析するソフトウェアを利用して、共起表現を見つけることができます。

　コーパスについては多くの解説書がありますが、入門者向けとして以下のサイトがあります。

http://language.sakura.ne.jp/s/corpus.html（AntConc）
https://sites.google.com/site/casualconcj/（CasualConc）

3.2　既存のコーパスと便利なウェブサイト

　自分のコーパスを作成しないで、以下のようなサイトを利用し、論文特有の表現やスタイルを調べることもできます。
　イギリスのマンチェスター大学のPhrasebank（http://www.phrasebank.manchester.ac.uk/）では、用途別によく使われるフレーズが記載されています。
　Academic Word Suggestion Machine（http://langtest.jp/awsum/）は言語学系の論文が多く含まれているコーパスで、論文特有の表現を調べることができます。
　Research Centre for Professional Communication in English（The Hong Kong Polytechnic University）（http://rcpce.engl.polyu.edu.hk/RACorpus/default.htm）では、使いたいコーパスを選んで共起表現を検索できます。
　以上のように、コーパスに基づき、論文で使用される特有の表現や文例が得られます。

4　典型的な論文要旨のムーブ・パターンと表現

　2.2で紹介したムーブのスタイルの特徴をさらに見ていきましょう。次の例は、Tojo & Noguchi (2014) の論文の要旨に見られるムーブとヒント表現です。

　①「研究テーマの重要性」The oral research presentation is an important genre in science and engineering fields.　②「研究目的」To help nonnative English speakers become better able to listen to and prepare research presentations, we tried to define hint expressions that signal moves (sections of communicative purpose occurring in logical progression) and identify the characteristics of these hint expressions.　③「研究方法」In this study, we first defined "hint expressions" by comparing them with formulaic sequences and then undertook the cataloguing of hint expressions for 12 moves from 16 English research presentations by expert native speakers in science and engineering (from a subcorpus of JECPRESE, http://www.jecprese.sci.waseda.ac.jp/). Based on observations during a manual tagging process, we hypothesized that the chronological sequencing of hint expressions within a text and the sensitive use of verb tense and modality appearing in them plays a key role in perceiving shifts in communicative purpose. ④「研究結果」Our analyses revealed a characteristic distribution of verb tenses and modals across moves, which suggested that being aware of hint expressions can help nonnative English speaker researchers become better able to perceive and identify moves as well as prepare more effective research presentations. ⑤「研究の結論と応用の可能性」Our findings have pedagogical implications and should also contribute to the development of automated pragmatic tagging of moves.

このように、一般的に論文の要旨のスタイルの特徴として、「研究テーマの重要性」、「研究目的」、「研究方法」、「研究結果」「研究の結論と応用の可能性」のムーブ・パターンが見られます。そして、それぞれに特有の表現が使われます。上記の例では、下線が付されているものが、それぞれのムーブにおいて特有の表現となります。

5　結び

本章では、英語科学論文に関して、主に論文のタイトルと論文の要旨のスタイルの特徴に焦点をあてて見てきました。論文の要旨のスタイルに関しては、ムーブ・パターンとそのムーブ特有の表現を指摘しました。このムーブ・パターンとそのムーブ特有の表現は、論文の要旨以外にも、「書き出し」(Introduction)、「材料や被験者と方法」(Materials や Methods)、「結果の提示」(Results)、「考察」(Discussion)にも見られます。したがって、英語科学論文は、ムーブ・パターンとそのムーブに特有な表現において、明らかに他のレジスターとは異なったスタイルを持っていると言うことができるでしょう。

参考文献

Basturkmen, H. (2012) A Genre-Based Investigation of Discussion Sections of Research Articles in Dentistry and Disciplinary Variation. *Journal of English for Academic Purposes,* 11(2): 134–44.

Bhatia, V. K. (1993) *Analysing Genre: Language Use in Professional Settings.* London: Longman.

Hyland, K. (2007) Genre Pedagogy: Language, Literacy and L2 Writing Instruction. *Journal of Second Language Writing,* 16: 148–64.

Maswana, S., T. Kanamaru & A. Tajino (2015) Move Analysis of Research Articles across Five Engineering Fields: What They Share and What They Do Not. *Ampersand,* 2: 1–11.

Noguchi, J. (1997) Materials Development for English for Specific Purposes: Applying Genre Analysis to EFL Pedagogy. *English Teaching,* 52(3): 303–18.

Noguchi, J. (2003) Teaching ESP Writing: OCHA in a CALL Class. *Cybermedia Forum,* 4. http://www.cmc.osaka-u.ac.jp/j/publication/for-2003/40-45.html

Noguchi, J. (2004) A Genre Analysis and Mini-Corpora Approach to Support Professional Writing by Nonnative English Speakers. *English Corpus Studies,* 11, 101–10.

Noguchi, J. (2006) *The Science Review Article: An Opportune Genre in the Construction of Science.* Bern: Peter Lang.

Noguchi, J. (2010) Exploring ESP Frontiers: Systemic Literacy, Life-Long Learning, ESP Bilingualism. *Annual Report of JACET-SIG on ESP,* 12.

Nwogu, K. N. (1997) The Medical Research Paper: Structure and Functions. *English for Specific Purposes,* 16(2), 119–38.

Robinson, M. S., F. L. Stoller, M. S. Costanza-Robinson & J. K. Jones (2008) *Write Like a Chemist: A Guide and Resource.* Oxford: Oxford University Press.

Swales, J. (1981) *Aspects of Article Introductions.* Birmingham: Aston University, The Language Studies Unit.

Swales, J. (1990) *Genre Analysis: English in Academic and Research Settings.* Cambridge: Cambridge University Press.

Tojo, K. & J. Noguchi (2014) Linguistic Dimensions of Hint Expressions in Science and Engineering Research Presentations. *JACET International Convention Selected Papers* 1: 131–63. http://www.jacet.org/SelectedPapers/JACET53_2013_SP_1.pdf

U.S. National Library of Medicine (2016) Structured Abstracts: What are structured abstracts? https://www.nlm.nih.gov/bsd/policy/structured_abstracts.html

第 21 章

創作英作文
──理論と実践

斎藤　兆史

1　外国語としての英語の学習者に創作は無理なのか

　英語教育において育成を図るべき英語力は、俗に「4技能」と呼ばれる、英語を「読む・書く・聴く・話す」力です。本章では、このうち「書く」力に焦点を当てます。ただし、普通の作文の指導法ではなく、英語文体論 (English stylistics) を応用した創作英作文 (creative writing) の指導法を解説します。

　昨今、文化的アイデンティティの表現までを視野に収めた発信型英語教育の理念が支持されており、それに伴って様々な作文指導の方法が開発されています。しかしながら、少なくとも日本の英語の授業においては、アカデミック・ライティングや文化紹介の英作文の指導が盛んに行われている割に、文芸創作を学習者に課するような活動はきわめて少ないと思われます。創作が指導できるような教員が少ないこと、創作が可能なレベルに達している学習者の数が少ないことなどが主な理由として考えられます。そして何より、外国語による創作などどだい無理であるとの思い込みがあるのかもしれません。

　しかしながら、教員の英語力・指導力と学習者の英語運用能力が高い場合には、創作も立派な課業になりえます。そもそも、われわれの日常的な言語使用のかなりの部分が虚々実々の語り (narrative) であることを考えれば、その延長線上にある「物語」の創作を指導することは、英語による日常会話の能力向上にもつながるはずです。問題は、どのような方法論で教えるかですが、本章では創作文体論 (creative stylistics) という理論を紹介します。

2　創作文体論とは

　これは、私が博士論文において提唱した理論で、詳しくは斎藤 (2000)、Saito (2015, 2016b) の説明を参照してください。簡単に言うと、文芸創作の指針となるべき規範的な文体論で、その規範主義は、記述主義に偏っていたそれまでの文体論の軌道修正も視野に収めています。

　ここで規範主義／記述主義 (prescriptivism/descriptivism) について説明しておきます。これは主として文法研究の文脈で用いられてきた二項対立です。伝統的な文法が、この表現は語法的にこうでなければならない、という規範的な規則の体系であったのに対し、ソシュール以降の理論言語学における文法は、主として母語話者の言語運用を記述することによって解明される、いわば母語話者の「脳内文法」です。近代言語学を源流の1つとする文体論も、基本的にはその記述主義を受け継いできました。そのため、実際の文体分析においては、ほとんどの場合すでに出来上がったテクストを出発点とし、それが言語的・文体的にどのような構造であるかを記述することが中心的な作業となっています。そして、そのテクストの中に普通の言語運用から考えると不自然な表現が出てきた場合は、何らかの意匠に基づく「異化」(defamiliarization) や「逸脱」(deviation) と解釈されるため、それは不自然なので別の表現でなければならない、というような規範主義的な議論がなされることはまずありません。

　しかしながら、もしも作者の意図や意匠が最初から明確にわかっている場合には、それを言語的なメッセージとして具現化していくプロセスを分析の対象とすることもできそうです。すなわち、その意図や意匠を実現するためには、文体的に考えてこちらの表現よりもこちらのほうが適切である、という議論の方向性も十分にありうるはずです。あるいは、出来上がったテクスト中におけるある表現が何らかの印象を読者に与えているとすれば、逆にその印象を生み出すためにそのような表現が有効である、という議論もできます。これこそ、文体論のもう1つの源流、近代言語学よりもはるかに長い伝統をもつ修辞学 (rhetoric) における議論の方向性です。この規範的な方向性を文体論に取り戻そうというのが、創作文体論の発想です。また、文体論を文芸創作に応用しようという発想自体は Scott (2013) によっ

ても提示されていますが、創作文体論の1つの特徴は、非母語話者による文芸創作や文化的アイデンティティの表現までを視野に収めている点です。さらに、創作文体論を詩作に応用するための考え方を提示したものとして、北 (2016) があります。

創作文体論のプロセスで創作をするためには、理論上、次の1〜12のチェック・リストの項目を確認しながら書き進めていくことになります（ただし、必ずしもこの順番ですべての項目を確認する必要はありません）。

1 意図 (intention)：文学的創作を始める意思があり、創作のためのアイデアを持ち合わせている。
2 メッセージ、テーマ、モチーフ (message, theme, or motif)：自分が何を（について）書こうとしているのかを自覚している。
3 テクストの種類 (text type)：自分の文学的意匠を実現させるために、特定のテクストの種類を選択する。
4 状況・人物設定 (setting and characterization)：自分の文学的意匠の実現にふさわしい状況と登場人物を選択する。
5 語りの構造と視点 (narrative structure and point of view)：誰が誰に対してどのような視点から語るテクストかを定める。
6 時制、相、時間の移動 (tense, aspect, and time shift)：自分の文学的意匠に基づいて作品内部の時間の流れを設定する。
7 統語的選択 (syntactic choice)：統語的選択は、創作しようとするテクストのほかの意匠と連動しなければならない。
8 語彙的選択 (lexical choice)：語彙的選択は、創作しようとするテクストのほかの意匠と連動しなければならない。
9 音韻的選択 (phonological choice)：音韻的選択は、統語的選択、語彙的選択に対して補助的・二次的に作用し、テクストのほかの意匠と連動しなければならない。
10 書記論的選択 (graphological choice)：書記論的変異形によってさらなる効果が得られるかどうかを確認する。
11 隠喩と象徴 (metaphor and symbolism)：テクスト（のある範囲）を通じて隠喩が一貫しているかどうか、さらにそれがテクスト全体として何らかの象徴的な枠組みを作り出しているかどうかを確認する。

12 結束性、一貫性、整合性(cohesion, coherence, and overall textual patterning)：草稿全体を見渡し、文法的な結束性があるかどうか、意味や物語が一貫しているかどうか、そしてテクスト全体に整合性があるかどうかを確認する。

理論的には、このプロセスを経て作品が完成します。出来上がった作品は、自律的なテクストとして記述的な文体分析の対象にもなり得ます。それでは次に、創作文体論の考え方と上記のチェック・リストによる確認のプロセスに基づく創作実践と授業実践を紹介します。

3　創作実践

まず、文体論的な計算によって英語の非母語話者にも英語による創作が可能であることを示すために、私自ら短編小説の執筆を試みました(斎藤2000; Saito 2015, 2016a)。そもそも、創作意図を明確に確認しうる作者が自分しかいなかったという事情にもよります。チェック・リストを用いた創作プロセスと出来上がった作品全体については、上記拙著でご確認いただきたいのですが、ここでは創作文体論の具体的な手順をご理解いただくために、5の「語りの構造と視点」と11の「隠喩と象徴」に絞って解説します。

「語りの構造」とは、簡単に言えばどのような語り手が誰に対して語っているのか、ということであり、「視点」とは、どのような視点から語っているのかということです。語り手と視点は混同される場合がありますが、別物です。たしかに、主人公が一人称で語る物語において、語り手の視点はほとんど主人公の視点だと言ってもいいでしょう。一方、昔話を始め、多くの物語では、語り手は全知の視点を取り、どこで何が起きたのか、誰が何を考えているのかをすべて知っている立場で語ります。また、潜在的には何でも知っていながら、ある特定の登場人物の心理だけに焦点を当てる「選択的全知」(selective omniscience)の視点から語る語り方もあります。ちなみに、「語り」を分類する際に「一人称の語り」、「三人称の語り」と言われることがよくありますが、文体論的に見ればこれは間違いで、「語り」は

すべて一人称が基本です。上記の区分は、語り手が「私」と明言して自分の視点から語るか、語り手が「私」と言わずに全知の視点で語るかの違いなのです。イギリスの19世紀小説などには物語の途中で顔を出す語り手がいますが、これは潜在的に一人称で存在していた語り手が表に出てきたにすぎません。

　さて、拙作 'Cloud and Water'（斎藤 2000; Saito 2016b）は、禅の修行をする雲水が苦行の末に悟りを開く物語ですが、その悟り方を描くために一工夫しました。すなわち、本人も意識しないうちに、気づいたら自己へのとらわれから解放されて悟っていた、というような描き方をしたかったのです。となると、主人公たる雲水に一人称で語らせるわけにはいきません。そのような語りを選んでしまうと、どこかで「自分は悟った」という内省の瞬間を描かざるを得なくなりますが、それは私の意匠に反します。逆に完全なる全知の語りを選んでしまうと、それはそれで都合が悪い。じつを言うと、禅寺では、修行への意欲をためすために入門を乞う雲水をあえて手荒に扱う慣例があり、作中でもその場面があるのですが、そこで新参者を受け入れる側の心理まで書いてしまうと、そのような試練の迫力がそがれてしまう危険性があります。そのため、私はもっぱら主人公の視点を取る「選択的全知」の語りを選びました。

　また、作品を通じ、私はいくつかの隠喩と象徴を用いました。最も重要な隠喩は「雲」と「水」です。これはそもそも「行雲流水」の理念を体現する存在として、禅の修行僧を「雲水」と呼ぶ習わしを利用したものです。短編小説の中では、僧侶を表すものとしての「雲水」はもちろんですが、淀んでいる、あるいは一所にとどまっているときには心のとらわれを暗示し、流れているときにはとらわれから放たれた状態を暗示する隠喩として、「雲」と「水」を用いました。この2つの隠喩はまた、テクスト全体を統合する象徴性としても機能します。

　このような工夫を施し、結束性、一貫性、整合性を確認しながら草稿を書き直し、最終的に作品が出来上がりました。以下には、主人公が熱を出して寝込んでいる間に悟りを開き、その悟りを老師が見極める最後の部分を引用しておきますので、上で解説した意匠を確認していただければと思います。

On the morning after his recovery, Ensho resumed his daily routine of Zen training. The morning bell summoned the monks to the Master's room for their individual interviews. His turn came, and his voice spoke for him the theme of his interview, that inevitable question of the sound of one-hand clapping. In front of the Master, his right hand drew a large circle at arm's length. On his face was a calm smile, which was presently replicated on the Master's.

'You have got it,' the Master said. 'And you've opened all the other doors except the last heaviest one. But I'm sure you will be able to find the key to that in the near future. Again I cannot tell you what is inside, but I can show you the way. Go back to your work, Ensho.'

Ensho made a low bow and left the room for the courtyard. His face was turned upward. A little white cloud scudded across the sky. It dispersed itself into the azure.

次に、'The Country of Fallen Blossoms'（全文はSaito 2016a所収；Saito 2015は、この短編小説の創作過程を説明した論文）は、現在のような「グローバル化」を旗印にした英語偏重の教育が続いていった場合にどのような日本人が育つかを、皮肉を込めて描いた、2030年頃の日本が舞台となっている近未来短編小説です。

主人公は、日本にいながら幼いころより英語漬けの教育を受けた「スーパー・グローバル・キッズ」の1人です。本人は自分を完全な日英のバイリンガルと考え、日本文化の機微も理解できる生粋の日本人だと認識しています。ところが、大学受験に失敗したことを機に、気分転換を兼ねて母親の実家に行って久々に祖父母に会ってみると、どうも話が噛み合いません。主人公のエイゴ（この名前には「英語」を掛けました）は、祖父母の言葉がわからないのは土地のなまりのせいだと考えますが、どうもそれだけではなさそうです。しまいには、主人公が受験に失敗したことを知った祖父が言った「サクラチル、か……」の意味も誤解する始末。このような皮肉な状況を描き出すために、私は「劇的アイロニー」（dramatic irony）の手法を使うことに決めました。

「劇的アイロニー」というのは、本来演劇に関して用いられる用語で、例

えば舞台の袖に殺し屋がいて主人公に気づかれないようにその命を狙っているといったように、観客は全員認識しているのに主人公だけが理解していない（仕立てになっている）皮肉な状況を指しています。これと同じような状況は小説にも現れます。例えば、リチャードソン（Samuel Richardson）の『パミラ』（*Pamela, or Virtue Rewarded*, 1740）の冒頭部において、パミラは大奥様が亡くなったことと同時に、若旦那様がとてもやさしく接してくれること、身の回りの世話を自分に任せようとしていることなどを両親宛の手紙で伝えます。それを読む読者の多くは、若旦那がパミラに対して特別な感情を抱いていることを（彼女の両親同様に）察知しますが、当人はそれにまったく気づかないという仕立てでしばらく手紙が続いていきます。これは小説版劇的アイロニーと言えそうです。カズオ・イシグロ（Kazuo Ishiguro）の『日の名残り』（*The Remains of the Day*, 1989）においても、語り手があえて嘘をついていることをほのめかす語りではありますが、少なくとも読者は語り手が語っていることとは違った状況に気づいています。

　では、同じ状況を創作において実現するには、どのような語りの構造と視点を採用すればいいでしょうか。ほかにも「劇的アイロニー」の要素が現れている小説を分析した結果、すべて登場人物による一人称の語りが用いられていることがわかりました。すなわち、本人は一生懸命ある状況を説明しているのですが、その説明の不自然さ、矛盾が読者にはわかるという仕立てになっているのです。そこで私は、本作において同じ状況を作り出すために、そのような仕立てを採用することにしました。結末部だけを下に引用しておきます。

　　Grandpa then asked me how the examination had gone, or I just thought he did, and I honestly told him the result. He cast down his eyes and muttered, '*sakura-chiru, ka . . .* ' At this moment, I was quite at a loss what to say, for I had no idea how this sudden mention of falling cherry blossoms could be relevant to the previous talk about the exam result. Or were we really talking about it? Since I was perfectly convinced of what Granpa said this time, I looked out of the window and surely saw cherry blossom petals dancing in the wind!

　　In order to get the conversation back on track, I expressed my admiration for their beauty by saying, '*Kirei desu ne*'. Grandpa raised his puzzled eyes and then looked at Grandma. Grandma also looked at him. They looked at each other for a few seconds and whisperingly exchanged some words, of which all I could catch was my name—or did they mean 'English'?—and the Japanese words for 'age' and 'education'. Grandma then turned to me with a somewhat pensive smile and said, '*Rainen wa, sakura saku to ii-wane.*'

　Was she wishing to see cherry trees bloom next year? Of course, they will bloom next year again. Japan is the country of cherry blossoms.

　この皮肉な状況によって伝えようとしたメッセージは、「グローバル化」のためと称してスーパー・グローバル・ハイスクールやスーパー・グローバル大学を次々と指定して英語偏重の教育をしていたら、日本自体が 'The country of fallen blossoms'「サクラチル国」になってしまいますよ、ということです。

4　教育実践

　自分の理論に基づいて創作ができました、と言ったところで、まったく説得力がないかもしれません。そこで本節では、創作文体論が英作文教育にも応用可能であることを示すために、私が大学の英語の授業において実践した創作英作文の指導法を記します。

　授業例を紹介する前に、創作文体論の規範主義について具体的に論じておきたいと思います。この文体論は、テクストを作者の意匠の最善の表出とは見なさないため、テクストそのものに不自然な部分があれば、そこはこう書かれるべきであった、という議論をします。例えば、クリストファー・ニュー (Christopher New) の『香港』(*A Change of Flag*, 1990) という小説を訳しているとき、私は原作中の次の一文に出くわし、違和感を覚えました。

　　Grace closed her eyes, considering with relief that Rachel, compliantly squirting sun-cream in white splotches over Alison's reddening skin, had taken up the burden of conversation also.

違和感の原因は文体分析をすることですぐに明らかになりました。私はこの時点までグレースという登場人物の視点で物語を読み、訳してきたのに、その視点人物が目を閉じたにもかかわらず、次にレイチェルという人物の行動が描写されているのです。基本的に全知の語り手が語っているのだから問題ないと言ってしまえばそれまでですが、文の途中で急に視点が移動するのですから、読みが阻害されるのも仕方がありません。また、書いているのは作家なのだから、特別な意匠があるかもしれないとの考え方もありますが、同作はリアリズム小説であり、そのような視点の揺らぎが何かの効果を生み出しているとも考えられません。私の解釈は、作者が香港大学の哲学教師を本職としており、小説家としての経験も浅いため、文体修業が十分でない、というものです。そのため視点や情報の提示順序が乱れてしまったのではないでしょうか。先述の場面を自然に描き出す文として、例えば次のようなものが考えられます。

Rachel compliantly squinted sun-cream in white splotches over Alison's reddening skin. Grace closed her eyes, considering with relief that she had taken up the burden of conversation also.

この代替案が最善かどうかは別にして、このような議論を可能にするのが規範主義を取り入れた創作文体論です。一方、記述主義の文体論では、なぜテクスト上に特定の言語表現が用いられているのかというと、それが作者にとって最善の表現だからであり、なぜそれが最善かというと、結局作者がそれを選んだからである、という結論に達してしまうのです。

例えば Leech & Short (1981: 126–31) は、キャサリン・マンスフィールド (Katherine Mansfield) の 'A Cup of Tea' という短編小説中に現れる 'The discreet door shut with a click' という一文をいくつかの変異形 (The discreet door shut with a bang; The discreet door closed with a click; There was a click as the discreet door shut; The discreet door was shut with a click; The door discreetly shut with a click) と比較しつつ、いかに元の文が文脈に合っているかを論じていますが、その場

合の「文脈」とは、そもそもその文が収まった状態で構成されている意味の有機体です。したがって、原文が最もその文脈に合っているというのは循環論法でしかありません。しかしながら、もし私たちがマンスフィールドの作意を先に知っていたとしたら、その作意を実現するためにはこちらの文のほうがよいだろう、という議論もできるはずなのです。それが規範主義を取り入れた文体論の議論の方向性です。

　それでは、いよいよ私の授業実践を紹介しましょう。対象クラスは大学の1〜2年生が受講する、いわゆる教養英語の授業です。授業のカテゴリーは作文（Writing）、授業者は私です。当該学期、私が授業の主題に選んだのは創作英作文でした。1回目の授業において、事務的な連絡や導入的な説明をした後で、私はまず学生たちに創作意図を意識させ（そもそも創作英作文を主題とすることはシラバスに記してありますので、履修生たちは創作意欲を持って授業に臨んでいるはずです）、どのようなメッセージ、テーマ、あるいはモチーフを、どのような種類のテクストによって表現するかを簡単に考えさせました。これでチェック・リストの1〜3までを確認させたことになります。興味深いのは、ほとんどの学生が自分の個人的な経験を虚構化して描く計画を立てたことで、もしかしたら日本の私小説の伝統が強く影響しているのかもしれません。また、テクストの種類としては学生全員が短編小説を選びました。特に短編小説を選ぶようにと指示したわけではありませんが、教師たる私自身が長らく英語小説の文体を研究してきたために、創作英作文の説明をするときに、もしかしたら短編小説の執筆を念頭に置いているかのような話し方をしてしまったのかもしれません。

　これに続く数回の授業においては、チェック・リストの4〜12に関わる文体的要素（状況・人物設定、語りの構造と視点、時制、相、時間の移動、統語的選択、語彙的選択、音韻的選択、書記論的選択、隠喩と象徴、結束性、一貫性、整合性）について、適宜英語小説のテクストを用いながら講義形式で説明しました。履修者は、帰国子女や英語を準公用語とする国からの留学生も含め、英語を理解し、運用する力の高い学生たちですが、英語の母語話者ではないので、それぞれがどのような要素なのかを、学習英文法などを援用しながら明示的に解説する必要がありました。その講義形式の授業ののちは、学生に作文の草稿を提出させ、その添削指導を行いました。基本的には、私が添削した草稿を学生が家で書き直してまた提出し、それをまた私が添削す

る、というやり取りを何度か繰り返しました。授業では、修正点の解説（もとの文章にはどのような問題があり、私がなぜ特定の修正案を提示したか、など）と質疑応答を中心に行いました。指導の対象は、語彙や文法事項ばかりでなく様々な文体的要素にまで及びます。

　添削例をいくつか挙げましょう。1人の女子学生が提出してきた草稿（未来の自分に宛てた書簡という形の物語）の中に次のような一節がありました。

Dear K. T. thirty years old,
　　Hello, K. T. You become thirty years old, don't you? 10 years will have passed from now. I am twenty years old.

冒頭部の文法的なミス（K.T と thirty years old がうまくつながってない、など）は別にして、草稿の最初の読者として直感的に感じたことは、視点と時制が変だ、ということでした。文体分析を行ってすぐに明らかになったのは、現在時制が用いられていることから、語り手は現在の自分の視点から未来を見ている仕立てになっている、ということです。しかしながら、先述の『パミラ』や同じ作家の手になる『クラリッサ』(Samuel Richardson, *Clarissa*, 1747–48) を始め、ほとんどの書簡体小説においては、語られるべき出来事はすでに起きている、あるいは少なくとも現在起こりつつあるという前提で物語が進みます。もちろん、これはあくまで慣例ですが、未来の自分に宛てた手紙を現在の自分の時点から語るような構造を選ぶと、物語は基本的に未来表現を用いて書くことになり、その文体をずっと維持するのは難しいと思われます。また、そもそもあまり前例のない文体だけに、読者にとって読みづらいものになってしまいます。つまり、チェック・リストの6に関する選択が適切でない、ということです。その判断に基づき、物語を未来の自分の視点から描くべく、次のような修正案を提示しました。

Dear K. T. of thirty years of age,
　　Now you have become thirty years old. That is to say, ten years have passed since I wrote this when I was twenty years old.

これなら、10年前の自分が書いた手紙を現在の自分が読んでいる仕立てに

なり、物語として自然です。

　時制の選択に問題がある例をもう1つ紹介しましょう。次の一節は、男子学生が提出した短編小説の冒頭に現れます。

　　A man is sitting in a train of Inokashira-line. He is a student of Tokyo University. He is not satisfied with daily lives. He might be wrong with choosing his life. He think [sic] that everyone is not satisfied with daily lives, and no one can make his life what he thinks.
　　This is a story of his life and love ...

問題にしたいのは、作者が選んだ現在時制です。急いで付け加えておきますが、物語を現在形で語り始めること自体に問題はありません。原初的な物語においては、まず「これからお話をします」という、語り手と聞き手との現実の関係性を反映した現在形の文、あるいは「口上」があり、そこから「昔々あるところに……」と物語の中身に入っていきます。物語の本体部は、それがすでに起こった出来事の報告であるとの前提に基づいて、慣例的には過去形で語られます。しかし、この慣例は、現代小説において少しずつ崩れつつあります。すなわち、18〜19世紀イギリス小説などに典型的に見られる、「作者」や「編集者」や「出版者」による現在形の口上が形骸化し、省略されるようになったいま、物語中の現在を過去形でなく現在形で表現する英語小説が少しずつ増えています（斎藤 2000: 132–33）。おそらくは、そのほうが時間表現の選択肢が豊富になるとの考え方があるのではないかと思われます。

　したがって、繰り返しになりますが、先の引用文が現在形で書かれていること自体がまずいということではありません。問題は、第2段落に現れる This is a story of his life and love ... の部分です。これは、伝統的な小説に現れる現在形の「口上」に相当します。この一文を活かすのであれば、残りの部分は、伝統的な過去形の語りを用いたほうがいいですし、最初から現在形を用いるのであれば、この口上は削除すべきです。私は、口上を活かしたほうがいいと考え、また主人公に関する情報と心理描写に関して適宜加筆修正を施し（少し加筆しすぎたかもしれませんが）、次のような案を提示しました。

第 21 章　創作英作文──理論と実践　273

A young man was sitting in a train of the Inokashira-line. He was a student of the University of Tokyo. He was not satisfied with his daily lives. I might have made a wrong choice at some important turn of my life, the young man thought, though he was well aware that, for that matter, other people also were not always satisfied with their daily lives, that no one indeed could live as he or she wanted. The train slid into the station. He rose to his feet to get off, when his eyes were caught by a girl sitting in the next coach.

This is a story of his life and love . . .

次に挙げるのは、文体というよりも、言語コミュニケーションの文化に関する添削例です。創作文体論の機能の 1 つは、英語の非母語話者の英語による創作を可能にすることです。そのため、作者の文化的アイデンティティの表現が可能になるような使い方をしてもらうのが一番なのですが、時として日本人学生は、日本でしか通用しないような言語コミュニケーションのありようをそのまま英語に置き換えてしまうことがあります。そのような場合には、作者の文化的アイデンティティを尊重しつつも、英語で読んだときに誤解されないような書き方に変えるよう指導することもあります。そのいい例が次の (架空の) 手紙文で、世界的に有名な西洋の音楽家に宛てて、日本に来て講演つきの演奏会をしてほしいと依頼しています。

We know that you are too busy to come to Japan and give us a lecture concert. Please don't mind if your answer would be "no". We are asking on the assumption that you couldn't.

いくら謙譲が日本人の美徳とはいえ、これが現実の依頼の手紙であれば、まず確実に断られてしまいますね。したがって、私は次のような修正案を提示しました。

We know you are very busy, but we would very much appreciate your considering our request.

このような過程を経て、何度か私と履修者の間で草稿のやり取りをした

のち、彼らはそれぞれの作品を完成させます。それは、まとめて文集にしてもいいですし（私も一度だけ学期末に学生の文集を作って全員に配布したことがあります）、自分が初めて書いた（学生によっては初めてではないかもしれませんが）創作英作文として大事に取っておくようにと指示してもいいのではないでしょうか。英語で創作をしたという経験は、学生にとっても英語学習を進める上での大きなモティベーションになると思います。

5　学習者レベルに合った創作英作文

　前項で紹介したのは、学習者が非母語話者として非常に高い英語力を持っている場合における指導の様子ですが、学習者の英語力、また授業者の専門に応じて様々な創作英作文指導がありえます。

　学習者が上記の学生同様の、あるいはさらに高度な英語力を持っている場合には、Burnett (1983), DeMaria (1991), Smith & Greenberg (1996), Scott (2013) らが提示する、主に母語話者を想定した創作指導の方法論を用いることもできるでしょう。

　また、日本の平均的な大学生の英語力を考えると、Kita (2014) が提示するような、言語遊びを取り入れたリメリック (limerick) などの滑稽詩の創作指導も有効だと考えられます。Nakamura (2015) は、ジェイン・オースティンやジョージ・エリオットなどの小説の読解を通じて英語の話法を理解させることを目的とした授業の一環として、自由間接話法を用いた短い英作文の執筆を発展課題として学生に課したときの様子を記述しています。

　これ以外にも、読解の授業の一環として、作品の続きを創作させるような活動は実際に広く行われていると思います。Morgan & Rinvolucri (1983) は、様々な形でおとぎ話を語学の授業に取り入れる手法を提示していますが、これを応用し、'Once upon a time...' に続けて短いおとぎ話を創作させるような活動は、日本の高等学校レベルでも実践できそうです。純粋な創作とは言えませんが、物語詩や戯曲（の一部）を小説に書き直すなど、ジャンル横断的な書き換えも面白い活動になりそうです。どこまで枠組みや手掛りを提示するかは、学習者の学習段階や英語力によって決まってきます。そして、そのような手法によって創作英作文を指導する際、特に草稿を修

正していく過程において創作文体論を大いに役立てていただきたいと思います。

参考文献

Burnett, H. (1983) *On Writing the Short Story*. New York: Harper Perennial.
DeMaria, R. (1991) *The College Handbook of Creative Writing*. San Diego: Harcourt Brace Jovanovich.
Kita, K. (2014) "Language Play and Second Language Writing: Teaching Playful English Writing in a Japanese Context."『東京理科大学紀要　教養編』46, 83–101.
北和丈 (2016)「計算ずくの詩学」斎藤兆史 (監修)・北和丈・城座沙蘭・髙橋和子 (編)『英語へのまなざし：斎藤英学塾10周年記念論集』東京：ひつじ書房, 295–316.
Leech, G. N. & M. H. Short (1981) *Style in Fiction: A Linguistic Introduction to English Fictional Prose*. London: Longman.
Morgan, J. & M. Rinvolucri (1983) *Once Upon a Time: Using Stories in the Language Classroom*. Cambridge: Cambridge University Press.
Nakamura, T. (2015) "Benefits of Teaching Speech/Thought Presentation: Developing Language Awareness through Reading Austen and Eliot." In M. Teranishi, Y. Saito & K. Wales (eds.) *Literature and Language Learning in the EFL Classroom*. Basingstoke: Palgrave Macmillan, 151–66.
斎藤兆史 (2000)『英語の作法』東京：東京大学出版会.
Saito, Y. (2015) "From Reading to Writing: Creative Stylistics as a Methodology for Bridging the Gap between Literary Appreciation and Creative Writing in ELT." In M. Teranishi, Y. Saito & K. Wales (eds.) *Literature and Language Learning in the EFL Classroom*. Basingstoke: Palgrave Macmillan, 61–74.
Saito, Y. (2016a) "The Country of Fallen Blossoms." 斎藤兆史 (監修)・北和丈・城座沙蘭・髙橋和子 (編)『英語へのまなざし：斎藤英学塾10周年記念論集』東京：ひつじ書房, 415–19.
Saito, Y. (2016b) *Style and Creativity: Towards a Theory of Creative Stylistics*. Tokyo: Hituzi-Syobo.
Scott, J. (2013) *Creative Writing and Stylistics: Creative and Critical Approaches*. Basingstoke: Palgrave Macmillan.
Smith, M. C. & S. Greenberg (1996) *Everyday Creative Writing: Panning for Gold in the Kitchen Sink*. Lincolnwood: NTC Publishing Group.

読 書 案 内

今林　修

1　はじめに

　本書は、英語を教える人のための文体論の入門書でありますから、まずは、日本語と英語で書かれた英語文体論に関する基本的文献（必読書）を、それぞれ選りすぐって解説したいと思います。

　また、英語文体論は、その学術的発展とともに専門化と細分化が進んできましたので、その発達の歴史を考慮しながら、専門分野別に重要な文献を紹介したいと考えています。

2　英語文体論に関する日本語で書かれた基本的文献

　日本にいち早くヨーロッパ大陸（特にフランスとドイツ）の文体論を紹介し、英語における文体論の種を蒔いたのは、英語英文学分野で初めて学士院賞を受賞した山本忠雄にほかなりません。山本は、『文體論――方法と問題』（賢文館, 1940）において、語学的文体論の方法と問題を論じた後、チャールズ・ディケンズの言語・文体研究と、彼の作品に用いられたイディオムからレキシコンを作成することに心血を注ぎました。

　日本における英語文体論に関する単行本は、出版年順に、池上嘉彦(1967)、豊田昌倫(1981)、池上嘉彦(1985)、斎藤兆史(2000)、菊池繁夫・上利政彦(2016)によって上梓されてきました。換言すると、これらは日本の英語文体論の方向づけをしてきた書物ということになります。本稿が入門書の読書案内であること、出版からかなりの時間が経過していること、また、分析対象が詩に限られていることを鑑みまして、池上嘉彦『英詩の文法――語学的文体論』（研究社, 1967）の詳しい紹介は割愛いたしますが、本書の第

16章「詩のスタイルをどう教えるか」の参考文献に挙げられているように、今日でも英詩のスタイルを分析する上での重要な文献になっています。

2.1　豊田昌倫『英語のスタイル』（研究社, 1981）

本書の日本における英語文体論への貢献は計り知れませんが、その中でもとりわけ、文体論で扱う言語領域を拡大した功績はとても大きいのではないでしょうか。それまでは「文体」という用語で文学作品を代表とする「書かれた言葉」が扱われてきましたが、豊田は「スタイル」という用語を一貫して用い、実際の会話や発話などに見られる「話された言葉」など、より広い言語領域を対象としています。本書は、第1章「音のスタイル」、第2章「語のスタイル」、第3章「文のスタイル」の3章構成となっています。

第1章「音のスタイル」においては、それまでは「文体」分析の対象にならなかった音声の「スタイル」について、イギリス英語に限定して、詳しく解説しています。そして「音」に注目する効用について著者は、「なるほど注意して英語の音に波長を合わせてみると、思わぬ新しい発見があるようだ。個別的な音の発音およびイントネーションには「スタイル」があるし、小説を読む楽しさがまたひとつ増してくる。描写のディテールを重視するイギリスの小説では、登場人物の「声」とか「アクセント」に関する記述がじつに多い。そのアクセントを想像しつつ、またその声がもつ意味をおしはかりながら作品を読みすすめるのも一興である」(198)と述べています。

第1章の後半と第2章「語のスタイル」の前半では、社会言語学的視野に立って、地域方言と階級方言に見られる音と語の「選択」とスタイルとの関連性が語られています。そして、第2章で傑出すべき点は、スタイルから見た「エレガントな変奏」（elegant variation）[1] に対する再評価でしょう。ここで著者は、固有名詞の「変奏」に題材を絞り、「エレガントな変奏」に対する既成概念化された悪評に「スタイル」からの見直しを提案します。

1　H. W. Fowler が A Dictionary of Modern English Usage (Clarendon: 1926) で採用した項目で、これは「二流作家」の技法と非難しています。この MEU は、彼が弟 F. G. Fowler と編纂した COD (The Concise Oxford Dictionary of Current English) とともに、長くイギリス知識階級の人々の座右の書でした。

また、「変奏」と「反復」の違いを強調して、次章に論を上手く運んでいきます。

　第 3 章「文のスタイル」においては、現代散文のスタイルの特徴を「ディノテーション」(denotation)（明示性、わかりやすさ）とし、1961 年に出版され、1970 年に決定版がオックスフォードとケンブリッジ大学出版局から上梓されました『新英訳聖書』(The New English Bible) が、その好例に当たることを指摘しています。また、「手紙のスタイル」にも言及しています。そして、「ことわざのスタイル」を経て、最後に「マーガレット・ドラブルの文体」と題して、彼女の作品には「変奏」がほとんどないことを指摘して、第 7 作までの「文体」について、作品中の「反復」に焦点をあて、「反復の手法が彼女のスタイルの統合的特徴として機能し、文章に力強いリズムと安定感を与え、人物の内面心理の描出に有効な手段となる」(193) と結論づけています。

　著者は「あとがき」で、正直な想いを次のように綴っています。

「英語のスタイル」という題名にもかかわらず、本書であつかう項目には当然あるべくして脱落しているものが数多く、これについては他日を期するほかはない。'stylistics' あるいはいささかいかめしい文体論というかみしもを脱いで、英語そのものに何らかの関心をよび起こすことができるならば、本書の目的はすでに達成されたことになろう。　　(201–02)

　著者自身の宿題は、『英語青年』に 1997 年 10 月から 1 年間にわたって連載されました「現代英語のスタイル」[2] として提出されました。以下に各回のタイトルを挙げます。現代英語の実態に基づく文体論的考察にはどれも驚かされるばかりで、毎月の連載が楽しみでした。是非ご一読いただけたらと思います。

　1.「変わりゆく King's English」(Vol. 143, No. 7: 14–16)、2.「浮上する『河口域英語』」(Vol. 143, No. 8: 62–64)、3.「'outsider' の声──Diana 妃の英語」(Vol. 143, No. 9: 33–35)、4.「報道英語の二重性」(Vol. 143, No. 10: 34–36)、5.「大

　2　12 編の論考の要旨は、菊池繁夫・上利政彦（編）『英語文学テクストの語学的研究法』（九州大学出版会, 2016）に収められています菊池による「日本の論文でテクストを読む」(188–97) に詳しく書かれています。

衆紙のレトリック」(Vol. 143, No. 11: 18–20)、6.「ジャンルを越えて——放送の英語と報道の英語」(Vol. 143, No. 12: 32–34)、7.「文語と口語」(Vol. 144, No. 1: 45–47)、8.「'relaxation' の指標——日常会話の言語」(Vol. 144, No. 2: 32–34)、9.「虚構としての会話」(Vol. 144, No. 3: 34–36)、10.「定型への回帰——ロマンスの世界」(Vol. 144, No. 4: 18–20)、11.「非人称から代名詞へ——Plain English への道」(Vol. 144, No. 5: 39–41)、12.「普遍性と個性——Agatha Christie の英語」(Vol. 144, No. 6: 18–20)。

　そして、スタイルに注目することによって、英語そのものに何らかの関心を呼び起こしてもらいたいという作者の気持ちは、36年経った今日でも変わっておらず、それどころかこの『英語のスタイル』において著者が執筆しました第3章「音にはスタイルがある」と第7章「会話の英語とは」に、その願いがさらに力強く表れているのではないでしょうか。

2.2　池上嘉彦（編）『意味論・文体論』（大修館書店, 1985）

　本書の編者は、意味論と文体論の共通点として、「その関心の重点が言葉の意味を担わされる形式よりも、それによって担われうる意味そのものの方にある」(iii) ことを挙げて、文体論をその後半部で扱っています。第II部「文体論」の執筆者は、第1章「修辞学・文体論・詩学——歴史と位置づけ」、第2章「文体とあや」、第4章「新しい詩学」が山中桂一、第3章「英詩のことば」が中谷喜一郎でした。次で紹介します斎藤兆史 (2000: 191) では、日本語で書かれた貴重な英語文体論の本として、本書と前項で紹介しました豊田昌倫 (1981) の2冊のみを挙げています。

　第1章では、本書が出版された頃の修辞学、文体論、詩学の位置づけが議論されています。この時期、修辞学の後継者として期待されました「文体論の低迷」が原因で、その反作用としての「旧修辞学の見直し」が盛んに行われており、「詩学、テクスト理論、記号論、など一見して区別のつけにくい新分野が続々と登場して、〈解釈と評価〉という伝統的な問題をめぐって研究態勢の組みかえが活発に行われている」(121–22) と概観しています。第2章と第4章については、内容が複雑で抽象的すぎますので、読み飛ばしていただいて構いません。

　しかし、中谷が執筆した第3章は、一読の価値が十分にあります。それどころか、英詩のことばの本質を突いているのです。不思議なことに、こ

の章には「文体」とか「スタイル」という用語は顔を出しません。英詩のことばの特徴こそが、英詩の文体ということになるのでしょう。斎藤 (2000: 153) が指摘していますように、詩学 (Poetics) は文体論の遠い先祖と考えてもいいのかもしれません。

2.3　斎藤兆史『英語の作法』(東京大学出版会, 2000)

　著者自ら「英語文体論 (English Stylistics) の入門書」[3] (i) と述べていますように、本書は英語文体論を初めて学ぶ方にとっては、最初に読むべき日本語文献です。

　構成は、第 I 部「イントロダクション (Introduction)」、第 II 部「詩の文体 (Style of Poetry)」、第 III 部「小説の文体 (Style of Fiction)」、第 IV 部「文体理論 (Stylistic Theories)」、それぞれ 6 章から成り、全部で 24 章あります。本書の特徴の 1 つでもあり、とても使いやすく便利な点として、各章の見出し、専門用語、そして索引に必ず英語が併記されていることが挙げられ、次に紹介します英語で書かれた入門書を読む準備ができます。

　第 I 部では、英語を読んで意味を理解するだけではなく、その文体を「味わう」ために必要な知識と英語文体論の基本的な枠組みが、1. 文体の味わい方 (How to Taste 'Style')、2. 音 / 音韻論 (Sound / Phonology)、3. 書記論 (Graphology)、4. 語彙 (Lexicon / Vocabulary)、5. 意味 / 意味論 (Meaning / Semantics)、6. 文 / 統語論 (Sentence / Syntax) の全 6 章において、とても明解に説明されています。

　第 II 部と第 III 部の各章で扱う項目は、著者も予め述べていますように、詩、小説のどちらか一方だけに特有の文体要素というものではありません。この点には十分に気をつけて読み進んでください。第 II 部は、7. 韻律 (Meter and Rhyme)、8. テクスト (Text)、9. 前景化 (Foregrounding)、10. 言語使用域 (Register)、11. 修辞法 (Rhetoric)、12. 隠喩 (Metaphor)、第 III 部は、13. 語りの構造 (Narrative Structure)、14. 視点 (Point of View)、15. 話法 (Speech / Thought Representation)、16. 時間の移動 (Time Shift)、17. テクスト間相互関連性 (Intertextuality)、18. メタフィクション (Metafiction) が詳細に説明されます。特に、難解な「テクスト間相互関連性」と「メタフィクション」の解説は、

3　日本語のタイトルには「文体」の文字は出てきませんが、英語のタイトルは、*The Art of English: An Introduction to English Stylistics* になっています。

例の選択（ピーナッツの漫画やエッシャーのだまし絵）の巧みさもさることながら、様々な角度から筋道を立てて、誰が読んでもわかるような配慮がなされています。

著者曰く、「第 IV 部は内容がやや専門的ですので、文体論を専門としない読者の方は、あまり細部にこだわらず、理論の大枠を捉えるようにしてください」（i–ii）とあるように、24. 文体論の主要文献（Further Reading）を除いて、19. 文体論の歴史——背景（History of Stylistics: Academic Background）[4]、20. 文体論の歴史——自己規定（History of Stylistics: Self-definition）、21. 教育的文体論（Pedagogical Stylistics）、22. 創作文体論——理論編（Creative Stylistics: Theory）、23. 創作文体論——実践編（Creative Stylistics: Practice）では、話が少し抽象的になっていきます。第 22 章と第 23 章については、この『英語のスタイル』の最終章「創作英作文」でさらにわかりやすく説明がされていますので、読み飛ばしてもらって結構かと思います。

この創作文体論とは、「文芸創作の指針となるべき規範的な文体論で、その規範主義によって記述主義に偏っていたそれまでの文体論の軌道修正も視野に収めて」（『英語のスタイル』の 262 頁参照）おり、斎藤が 1997 年 5 月にイギリスのノッティンガム大学に提出しました博士論文（"Style and Creativity: Towards a Theory of Creative Stylistics"）の中で提唱した理論です。この英語で書かれた論文は、2016 年の 5 月に、タイトルはそのままで、本文に加筆と修正がなされて、ひつじ書房から上梓されました。英語文体論にお慣れになってきた方は、挑戦してみてはいかがでしょうか。

2.4　菊池繁夫・上利政彦（編）『英語文学テクストの語学的研究法』（九州大学出版会, 2016）

菊池が用いる「語学的」という術語には、「文献学（Philology）、言語学（Linguistics）および（狭義および広義の）文体論（Stylistics）[5] の三者を包含した上

4　文体論の歴史につきましては、斎藤兆史（編）『言語と文学』（朝倉書店, 2009）の編者による第 9 章「文体論の歴史と展望」（201–35）が詳しく、さらに後述する菊池繁夫・上利政彦（編）『英語文学テクストの語学的研究法』（九州大学出版会, 2016）に収められています菊池による「語学的文学論の通時的および共時的広がり」（3–80）では、多くの紙面が費やしてあり、より詳細かつより専門的に書かれています。

5　菊池がいう狭義の文体論で扱う対象が豊田（1981）のいう「文体」であり、広義の文体論で扱う対象が「スタイル」であります。

位語としての意味合い」(i) が含まれています。

　本書において、英語文体論の入門者に是非読んでいただきたいのが、前述しました第1部「文学テクストを語学的に読むとは」の中に収められています菊池による「語学的文学論の通時的および共時的広がり」です。文体と文体論の詳しい定義について、研究史を辿りながら明解に説明しています。特に、Wilhelm von Humboldt を頂点とする文体論の歴史の図 (25) は、文体論を通時的に鳥瞰できてたいへん有益です。縦軸に大体の年代の指標があれば、なおわかりやすいかもしれませんが、読まれた方が、ご自分で年代を書き込まれると、歴史的な流れを深く理解できるかもしれません。後半部では、文体論を共時的に観察していきます。ここでは、海外のスカラシップと日本の研究者がいかに関わっていったかについて注意しながら読み進んでいくと興味深く読めるのではないでしょうか。これは、第2部「文学テクストを語学的に読む：論文解題」の中の「日本の論文でテクストを読む」に繋がっていきます。この章も随分長いですが、是非読んでいただきたい文献解題です。第2部には、イギリスの学者 Geoffrey Leech, Michael Toolan, Jean Boase-Beier によるそれぞれ10編の論文解題もありますが、文体論研究者にとっては必読であるものの、やや専門的なので、余力と向学心がおありの方は挑戦してみてください。ただし、文献解題だからといって舐めてはいけません。書かれている英語は理解するのに骨が折れます。

2.5　英語文体論関連の文献リスト

　まずは、斎藤 (2000: 191–94) による1998年までの「文体論の主要文献」の解説とリストが有益でしょう。より専門的で最新の情報は、Saito (2016: 139–46) の References と菊池・上利 (2016: 69–80) の菊池による参考文献にありますのでご参照ください。

3　英語文体論に関する英語で書かれた基本的文献

　日本語で書かれた文献に比べて、英語で書かれた文献はおびただしい数に上ります。個人的には、Leo Spitzer の *Linguistics and Literary History*

(1948) の第 1 章 "Linguistics and Literary History" と Roman Jakobson の "Closing Statement: Linguistics and Poetics" (1960) は是非読んでいただきたい文献ですが、出版からかなり時が経っていますので、タイトルを挙げるにとどめます。また、これから紹介します2冊以外の分野別に選りすぐった文献は、次の項目で取り上げるつもりです。

以下の2冊を取り上げた理由は、後者は辞書だから当然ですが、どこから読み始めてもよく、明瞭な英語で書いてあり、それぞれ初版で高い評価を得た後も、学問の進歩を真摯に取り入れて改訂版を出しているからです。

3.1 Paul Simpson, *Stylistics: A Resource Book for Students*, 2nd ed. (Routledge, 2004, 2014²)

本書は、ノッティンガム大学教授の Peter Stockwell が監修するシリーズ Routledge English Language Introductions の中の1冊です。副題が示すように学生向けの文体論に関する項目、情報、そして資料が非常に多く含まれており、まさに文体論を学ぶためのリソース本になっています。

このシリーズは、どれも4部構成 (A. 導入、B. 応用と発展、C. 研究と調査、D. 読書案内) になっています。本書の場合、A. 導入「文体論における重要事項」、B. 応用と発展「文体論を試してみる」、C. 研究と調査「スタイルを分析する」、D. 読書案内「参考文献を読む」、となっています。A には、1. 文体論とは?、2. 文体論と言語の階層、3. 文法とスタイル、4. 音律と韻律、5.「語り」の文体論、6. 選択としてのスタイル、7. スタイルと視点、8. 発話と思考の描出、9. 対話と談話、10. 認知文体論、11. 隠喩と換喩、12. 文体論の新たな方向性：コーパスの利用、の12項目があり、その12の項目別に B, C, D それぞれの12項目が続いていくのです。本書の最大の長所は、どこから読み始めてもよいのはもちろんですが、例えば、Bのところを最初に読んでもよいですし、A. 12. 文体論の新たな方向性：コーパスの利用 → B. 12. コーパス文体論の発展 → C. 12. コーパスを利用してスタイル分析をする → D. 12. Michaela Mahlberg and Catherine Smith (2012) "Dickens, the Suspended Quotation and the Corpus" を読む、というように興味関心がある項目を A から D の順に読み進めてもよいところではないでしょうか。巻頭に全体の見取り図があって非常に便利で、読んだところにチェックを入れていくこともできます。また、巻末には非常に充実した参考文献

もあります。このように教育的配慮が行き届いた 1 冊ですので、是非ご一読いただけたらと思います。

3.2 Katie Wales, *A Dictionary of Stylistics*, 3rd ed.（Longman, 1990, 2001², 2011³）

英語文体論に関する用語辞典は、筆者が知る限り本書だけです。1990 年に世界中が待ち望んでいました本書が世に出て以来、約 10 年ごとに改訂を重ねて 2011 年に第 3 版が出版されました。本辞典の特徴は、600 をゆうに超える見出し項目が英語文体論のみならず、談話分析、記号論、社会言語学、語用論、修辞学、音声学、コーパス言語学、認知言語学などの隣接関連領域までに及んでいるということと、専門家だけではなく、学生（外国人学生も含む）から教師に至るまで、幅広い層を意識して編纂されていることです。こちらも巻末にはとても充実した参考文献があります。

また、本辞典の初版は、一方ならぬ労作、豊田昌倫（他訳）『英語文体論辞典』（三省堂、2000）に全訳されています。この『英語のスタイル』の執筆者の菊池繁夫、山口美知代の両氏も共訳者に入っています。

4 英語文体論に関する英語で書かれた重要文献リスト

1960 年代以降、英語文体論は急速に進歩してきました。それに伴い数々の単行本や論文が英語で書かれてまいりました。さらなる読書の案内になればと思い、その中から重要な文献を最小限にまとめたリストを作成いたしました。

4.1 入門書と概説書

Jeffries, L. & D. McIntyre (2010) *Stylistics*. Cambridge: Cambridge University Press.

Short, M. (1996) *Exploring the Language of Poems, Plays, and Prose*. London: Longman.

Weber, J. J. (ed.) (1996) *The Stylistics Reader: From Roman Jakobson to the Present*. London: Arnold.

4.2 詩の文体

Leech, G. N. (1969) *A Linguistic Guide to English Poetry*. London: Longman.

4.3 小説の文体

Leech, G. N. & M. Short (1981, 2007²) *Style in Fiction: A Linguistic Introduction to English Fictional Prose*, 2nd ed. Harlow: Pearson Education.[6]

4.4 談話の文体

Tannen, D. (1994) *Gender and Discourse*. Oxford: Oxford University Press.

Carter, R. & P. Simpson (eds.) (1989) *Language, Discourse and Literature: An Introductory Reader in Discourse Stylistics*. London: Unwin Hyman.

4.5 文学的文体論

Nakagawa, K., A. Jimura & O. Imahayashi (eds.) (2016) *Language and Style in English Literature*. Hiroshima: Keisuisha.

Hori, M., T. Tabata & S. Kumamoto (eds.) (2009) *Stylistic Studies of Literature: In Honour of Professor Hiroyuki Ito*. Bern: Peter Lang.

4.6 言語学的文体論

Fowler, R. (ed.) (1975) *Style and Structure in Literature: Essays in the New Stylistics*. Ithaca: Cornell University Press.

4.7 教育的文体論

Teranishi, M., Y. Saito & K. Wales (eds.) (2015) *Literature and Language Learning in the EFL Classroom*. Basingstoke: Palgrave Macmillan.

Hall, G. (2005, 2015²) *Literature in Language Education*, 2nd ed. Basingstoke: Palgrave Macmillan.

Widdowson, H. G. (1975) *Stylistics and the Teaching of Literature*. London:

---

6 研究社から初版の邦訳が出ています。
リーチ, ジェフリー N., マイケル・H・ショート (2003)『小説の文体――英米小説への言語学的アプローチ』(石川慎一郎・瀬良晴子・廣野由美子訳) 東京：研究社.

Longman.

4.8 認知文体論
Stockwell, P. (2002) *Cognitive Poetics: An Introduction*. London: Routledge.

4.9 コーパス文体論
Hori, M. (2004) *Investigating Dickens' Style: A Collocational Analysis*. Basingstoke: Palgrave Macmillan.

Semino, E. & M. Short (2004) *Corpus Stylistics: Speech, Writing, and Thought Presentation in a Corpus of English Writing*. London: Routledge.

4.10 ハンドブック
Sotirova, V. (ed.) (2015) *The Bloomsbury Companion to Stylistics*. London: Bloomsbury Academic.

Stockwell, P. & S. Whileley (eds.) (2014) *The Cambridge Handbook of Stylistics*. Cambridge: Cambridge University Press.

Burke, M. (ed.) (2014) *The Routledge Handbook of Stylistics*. London: Routledge.

索　引

【ア行】
相づち　88, 92
『赤毛のアン』　56, 156
新しい情報　66, 80
『アナと雪の女王』　127
アリンガム，ウィリアム　195
イーグルトン，テリー　8
言いよどみ　80
異音　27, 33
異化　262
イシグロ，カズオ　65, 267
一貫性　18, 22, 264
逸脱　262
韻　197
インフォーマルなスタイル　133
インフォーマルな表現　229
ウェルズ，J. C.　10, 31
エリオット，ジョージ　141
エレガントな変奏　278
エレガント・バリエーション　156
遠距離呼称　105
『大いなる遺産』　161
大塚高信　3
オーバーラップ　96
オコーナー，J. D.　27
「思い出」　195
音節主音　194
音素　27

【カ行】
カーター，ロナルド　85
カープ，アン　29
カール，エリック　14
科学論文　252

書き言葉のスタイル　238
垣根表現　240, 247
核強勢　11
学習者用読み物　154
核となる語彙　47
河口域英語　33
頭文字語　228
堅い英語　40
堅い表現　209
語り手　179
漢語　43
カンバーバッチ，ベネディクト　86
記述主義　262
気息音　30
規範主義　262
脚韻　197
旧情報　80
『キューティ・ブロンド』　92
強強調　195
強弱弱調　195
強弱調　193
『虚栄の市』　178
ギロー，ピエール　4
近距離呼称　105
くだけた英語　40
クック，V. J.　11
『クラリッサ』　271
繰り返し　17, 83
クリスタル，デイヴィッド　83, 88
グレーアム，ケネス　158
グロービッシュ　36
携帯端末　227
劇的アイロニー　266
研究論文　240

言語使用域　53
言語メニュー　40
語彙的コロケーション　49
硬音　26
高下降調　10
高級紙　7, 173
交互韻　197
交錯配列法　21
コーパス　17, 230, 256
コーパス文体論　17, 287
心地よさ　103
こだま式押韻　200
コックニー　33
言葉の経済性　215
コロケーション　48
コロケーション学習　52
「殺し屋たち」　179
コンコーダンサー　16

【サ行】

斎藤兆史　22, 281
サッカレイ, ウィリアム　178
3点列挙　118
シェリー, メアリー　157
視覚韻　197
詩脚　193
自己反復　84
時制　167, 245, 263
詩的機能　197
弱強調　193
弱弱強調　195
弱弱調　195
借用語　241
ジャンル　252
ジャンル・テクスト　254
ジャンル文書　254
自由間接文体　186
修辞学　116, 262, 280
修辞法　21, 118

受動態　60, 243
使用域　41
省略　76
『ジョージアの日記──ゆーうつでキラキラな毎日』　136
「白い象のような山並み」　178
新情報　80
「水仙」　192
ストーリーの要素　119
スピーチのスタイル　115
スピーチレベル　209
スマートフォン　227
声門閉鎖音　32
選択　8, 18, 37, 208
選択的全知　264
造語　170
創作英作文　261
創作文体論　261

【タ行】

『ダーク・シャドウ』　131
ターンテイキング　89
態　60
大衆紙　7, 173
対照　118
態の選択　61
他者反復　84
脱線　73
脱落　78
『たのしい川べ』　158
多和田葉子　4
段階別読み物　158
短縮語　228
談話標識　81
知的意味　37
対句　197
デイヴィ, デレック　83
低下降調　10
ディケンズ, チャールズ　57, 161, 169

丁寧さ　102
ディノテーション　279
伝達節　158
伝達動詞　158
問いかけ　118
頭韻　197
等価性　202, 203
同義語　37
ドゥ・クウィンシー，トマス　2
外山滋比古　5

【ナ行】
内部韻　197
2行連句　197
日英スピーチレベル対照型学習　211
ニュー，クリストファー　268
ネガティブ・ポライトネス　103
ネリエール，ジャン＝ポール　36
能動語彙　46
能動態　60, 243

【ハ行】
破格　193
バックチャネル　92
『パミラ』　267
『はらぺこあおむし』　14
『ハリー・ポッターと賢者の石』　102
バリエーション　156
破裂音　28
否定語のコロケーション　51
『日の名残り』　267
頻度　16
ヒント表現　254
フィードバック　88
ブースター　248
フェイス侵害行為　103
フォーマリティー　41
フォーマルなスタイル　129
フォーマルな表現　229

フォックス，ケイト　9
深い聞き取り　29
副次的な意味　37
『不思議の国のアリス』　102
プラスイメージの語　38
『プラダを着た悪魔』　90
『フランケンシュタイン』　157
古めかしいスタイル　131
プロット　141
文法的コロケーション　49
文法的並行法　156
『ベイマックス』　133
ヘッジ　247
ヘッドライン　5
ヘミングウェイ，アーネスト　178
変種　73, 135
ポジティブ・ポライトネス　103
ポライトネス　103
『ホリデイ』　89
『香港』　268

【マ行】
マイ・コーパス　256
マイナスイメージの語　38
マカーシー，マイケル　85
マンスフィールド，キャサリン　269
見出し　166, 245
見出し語　155
『ミドルマーチ』　141
ムーブ　252
ムーブ・パターン　254, 258
無生物主語構文　213
モンゴメリ，ルーシー　56

【ヤ行】
ヤーコブソン，ロマーン　198
大和言葉　43, 242
柔らかい表現　209
優雅な変奏　217

ユニゾン　91
様態副詞　50
容認発音　33
呼びかけ語　104

【ラ行】
リーチ, ジェフリー N.　3, 286
リサーチ・ペーパー　235
リスナーシップ　87, 101
リチャードソン, サミュエル　267
リメリック　274
リラクゼーション　76
リンジー, ジェフ　28
レゲット, トレヴァー　77
レジスター　41, 53
レスポンストークン　92
連　193
『ローマの休日』　9, 67, 129
ロス, アラン S. C.　8
ロッジ, デイヴィッド　188
ロングフェロー, ヘンリー W.　66

【ワ行】
ワーズワス, ウィリアム　192
わかりやすさ比較　123
話体　5

【欧文】
A Change of Flag　268
A Christmas Carol　57
"A Memory"　195
abbreviations　228
acronyms　228
active vocabulary　46
Alice's Adventures in Wonderland　14, 102
Allingham, William　195
alliteration　197
allophone　27
anapest　195

Angus, Thongs and Perfect Snogging　136
Anne of Green Gables　56, 156
aspiration　30
backchannel　92
Big Hero 6　133
booster　248
Carle, Eric　14
Carter, Ronald　85
CasualConc　16, 257
CEFR　46
choice　18, 208
choral co-production　92
Clarissa　271
Cockney　33
coherence　18, 264
"Come Rain, Come Shine"　65
Confessions of an English Opium-Eater　2
contrast　118
Cook, V. J.　11
core vocabulary　47
corpus stylistics　17
couplet　197
creative stylistics　261
creative writing　261
cross rhyme　197
Crystal, David　83, 88
Cumberbatch, Benedict　86
dactyl　193
Dark Shadows　131
Davy, Derek　83
de Quincey, Thomas　2
deep listening　29
defamiliarization　262
denotation　279
descriptivism　262
deviation　262
Dickens, Charles　57, 161, 169
discourse community　253
discourse marker　81

dramatic irony 266
Eagleton, Terry 8
echo rhyme 200
economy of speech 215
elegant variation 156, 217, 278
Eliot, George 141
elision 78
ellipsis 76
e-mail 223
end rhyme 197
English for Specific Purposes, ESP 253
Estuary English, EE 33
eye rhyme 197
foot 193
formality 41
fortis 26
Fox, Kate 9
free indirect style 186
Frankenstein 157
Frozen 127
genre 252
Globish 36
good writing 235
graded readers, GR 154
Grahame, Kenneth 158
Great Expectations 161
Guiraud, Pièrre 4
Harry Potter and the Philosopher's Stone 102
headline 166, 245
headwords 155
hedge 240, 247
Hemingway, Ernest 178
hesitation 80
high fall 10
"Hills like White Elephants" 178
hint expressions 254
iambus 193
internal rhyme 197

Ishiguro, Kazuo 65, 267
Jakobson, Roman 198
journalese 175
Karpf, Anne 29, 120
Leech, Geoffrey N. 3, 283
Legally Blonde 92
Leggett, Trevor 77
leveled readers, LR 158
limerick 274
Lindsey, Geoff 28
lists of three 118
Longfellow, Henry W. 66
low fall 10
Mansfield, Katherine 269
McCarthy, Michael 85
Middlemarch 141
Milton, John 64
Montgomery, Lucy 56
move 252
Nerrière, Jean-Paul 36
New, Christopher 268
Ngram 20
nuclear stress 11
OCHA 255
O'Connor, J. D. 27
other repetition 84
Oxford English Dictionary 38, 170
PAIL 255
Pamela, or Virtue Rewarded 267
Paradise Lost 64
parallelism 156
phoneme 27
poetic function 198
prescriptivism 262
puzzles and questions 118
pyrrhic 195
Received Pronunciation, RP 33
register 41, 53
repetition 17, 83

research paper 235
response token 92
rhetoric 116, 262
rhyme 197
Richardson, Samuel 267
Roman Holiday 9, 67, 129
Ross, Alan S. C. 8
selective omniscience 264
self-repetition 84
Shelley, Mary 157
Short Message Service, SMS 264
solecism 193
spondee 195
stanza 193
syllabic 194
synonym 37

tabloidese 175
Thackeray, William M. 178
The Devil Wears Prada 90
The Elements of Style 237
The Holiday 89
"The Killers" 179
The Remains of the Day 267
The Very Hungry Caterpillar 14
The Wind in the Willows 158
Timese 170
trochee 193
Twitter 228
Vanity Fair 178
variety 73, 135
Wells, J. C. 10, 31
Wordsworth, William 192

執筆者一覧

編者

豊田　昌倫（1・3・7章）

堀　　正広（5・19章）

今林　　修（はしがき・2章・読書案内）

※編者の略歴は奥付を参照

著者（掲載順）

野村　恵造（4章）	東京女子大学教授
菊池　繁夫（6章）	関西外国語大学教授
山﨑のぞみ（8章）	関西外国語大学准教授
椎名　美智（9章）	法政大学教授
瀬良　晴子（10章）	兵庫県立大学教授
山口美知代（11章）	京都府立大学准教授
阿部　公彦（12章）	東京大学准教授
魚住　香子（13章）	神戸国際大学准教授
高見　敏子（14章）	北海道大学准教授
佐々木　徹（15章）	京都大学教授
中川　　憲（16章）	安田女子大学教授
富岡　龍明（17章）	鹿児島大学教授
奥　聡一郎（18章）	関東学院大学教授
竹下　裕俊（19章）	尚絅大学教授
野口ジュディー（20章）	神戸学院大学教授
斎藤　兆史（21章）	東京大学教授

◎編者紹介

豊田昌倫（とよた・まさのり）
京都大学名誉教授、関西外国語大学名誉教授。専門分野は英語文体論。著書に『英語のスタイル』（研究社、1981 年）、共訳書にケーティ・ウェールズ『英語文体論辞典』（三省堂、2000 年）、共編著に *New Horizons in English Language Teaching: Language, Literature and Education*（IRI, Kansai Gaidai University, 2013）などがある。

堀　正広（ほり・まさひろ）
熊本学園大学教授。博士（文学）。専門分野は英語学・文体論・コーパス言語学。著書に、*Investigating Dickens' Style: A Collocational Analysis*（Palgrave Macmillan, 2004）、『例題で学ぶ英語コロケーション』（研究社、2011 年）、『コーパスと英語文体』（ひつじ書房、編著、2016 年）などがある。

今林　修（いまはやし・おさむ）
広島大学教授。文学博士（広島大学）。専門分野はディケンズの言語・文体研究。著書に、*Charles Dickens and Literary Dialect*（Keisuisha, 2006）、*Aspects of the History of English Language and Literature*（Peter Lang, 編著、2010）、*Language and Style in English Literature*（Keisuisha, 編著、2016）などがある。

英語のスタイル――教えるための文体論入門

2017 年 3 月 1 日　初版発行

編　者	豊田昌倫・堀　正広・今林　修
発行者	関戸雅男
印刷所	研究社印刷株式会社

KENKYUSHA
〈検印省略〉

発行所　株式会社　研究社
http://www.kenkyusha.co.jp

〒 102-8152
東京都千代田区富士見 2-11-3
電話（編集）03(3288)7711(代)
　　（営業）03(3288)7777(代)
振替　00150-9-26710

© Masanori Toyota, Masahiro Hori, and Osamu Imahayashi, 2017
装丁：堀　由佳里
ISBN 978-4-327-41096-4　C 3082　　Printed in Japan